¿Cuándo se jodió Venezuela?

¿Cuándo se jodió Venezuela?

Sobre cómo el país con las reservas petroleras más ricas del mundo acabó sumido en la ruina, otra vez

RAÚL GALLEGOS

Traducido por Raúl Gallegos

Ariel

Obra editada en colaboración con Centro Libros PAPF., S.L.U. – España

Título original: *Crude Nation*
Publicado por Potomac Books, sello editorial de University of Nebraska Press, Estados Unidos, 2016

© Diseño de portada: microbiogentleman.com
Ilustración de la portada: © John Moore/Getty Images
Imágenes interiores: cortesía de Vladimir Marcano
Cartografía: ©Erin Greb

© 2016 Raúl Gallegos
© 2016 Raúl Gallegos, de la traducción

De todas las ediciones en castellano
© 2016, Centro de Libros PAPF., S.L.U. – Barcelona, España
Deusto es un sello editorial de Centro Libros, S.L.U.

Derechos reservados

© 2016, Ediciones Culturales Paidós, S.A. de C.V.
Bajo el sello editorial ARIEL M.R.
Avenida Presidente Masarik núm. 111, Piso 2
Colonia Polanco V Sección
Deleg. Miguel Hidalgo
C.P. 11560, Ciudad de México
www.planetadelibros.com.mx
www.paidos.com.mx

Primera edición impresa en España: septiembre de 2016
ISBN: 978-84-234-2561-7

Primera edición impresa en México: noviembre de 2016
ISBN: 978-607-747-301-5

Impreso en los talleres de Litográfica Ingramex, S.A. de C.V.
Centeno núm. 162-1, colonia Granjas Esmeralda, Ciudad de México
Impreso en México — *Printed in Mexico*

Para Emma

Sé escéptica. Sé pragmática. Aprende como funciona el mundo del dinero.

¡Cuando estabais festejando, debisteis desconfiar de la hipocresía de aquel tiempo! Pero llega la sospecha cuando lo habéis perdido todo.

WILLIAM SHAKESPEARE, *Timón de Atenas*

Pero como el que quiere conseguir fama de pródigo entre los hombres no puede pasar por alto ninguna clase de lujos, sucederá siempre que un príncipe así acostumbrado a proceder consumirá en tales obras todas sus riquezas y se verá obligado, a la postre, si desea conservar su reputación, a imponer excesivos tributos, a ser riguroso en el cobro y a hacer todas las cosas que hay que hacer para procurarse dinero. Lo cual empezará a tornarlo odioso a los ojos de sus súbditos, y nadie lo estimará, ya que se habrá vuelto pobre.

NICOLÁS MAQUIAVELO, *El Príncipe*

Sumario

NOTA

En algunos casos, los nombres y detalles de las personas que accedieron a hablar para este libro han sido modificados para proteger su identidad. En Venezuela, aquellos que hablan públicamente sobre la economía y sus negocios pueden afrontar problemas legales. Y muchos venezolanos se dedican a actividades ilegales para sobrevivir o salir adelante.

Introducción

La economía más loca del mundo

En mi primer viaje a Venezuela, en junio de 2004, logré introducir de contrabando más de 9.000 dólares escondidos en un cinturón de dinero. Era arriesgado hacerlo, pero en aquel momento creía que no tenía otra opción. Acababa de aceptar el cargo de corresponsal en Caracas para *Dow Jones Newswires* y el periódico *The Wall Street Journal* y varios colegas me habían advertido de que Venezuela tenía reglas estrictas en cuanto a divisas extranjeras que hacían muy difícil introducir dólares en el país de manera legal. Mi trabajo me pagaba en dólares en una cuenta bancaria en Estados Unidos y mis jefes me habían asegurado que mi salario sería más que suficiente para vivir cómodamente en esta nación rica en petróleo. Había escuchado historias de expatriados que gozaban de una vida de cinco estrellas en Caracas: vivían en apartamentos de lujo en las mejores zonas residenciales del país, contrataban cocineras y señoras de servicio y frecuentaban los mejores restaurantes, bares y discotecas. Algunos de ellos tenían apartamentos en la playa, se desplazaban en vehículos todoterreno y conseguían ahorrar mucho dinero.

Pero existía un problema. Convertir un salario en dólares a bolívares era un proceso complicado. Las transacciones de dólares eran un negocio ilegal y oscuro en Venezuela. Los extranjeros cambiaban su dinero haciendo transferencias bancarias a nombre de personas que no conocían. Todo el mundo tenía un contacto sin nombre que secretamente convertía sus dólares a bolívares. Como extranjero tenías dos opciones: lidiar con comerciantes de dólares en el mercado negro o cambiar dólares en bancos a la tasa oficial fijada por el Gobierno, pero a esa tasa la vida en Venezuela se tornaba muy cara. Cambiar dólares a la tasa legal quería decir que un expatriado ya no podía permitirse ningún lujo. El incentivo por seguir el camino ilegal era demasiado poderoso.

No tenía contactos en ese submundo del dólar, de hecho no conocía a nadie en este país, y no me sentía cómodo haciendo una transferencia bancaria a un completo desconocido. Pero contaba con que alguien estaría dispuesto a comprarme dólares en efectivo, cara a cara, sin necesidad de hacer transferencias bancarias secretas. Mientras preparaba mis maletas, decidí contrabandear un poco menos de los 10.000 dólares que los viajeros normalmente deben declarar a las autoridades aeroportuarias. Tenía los nervios de punta pero intentaba no demostrarlo.

Introducir demasiados dólares secretamente en Venezuela podía traerte problemas y no sólo con los oficiales de aduanas. Bandas criminales que operaban en la zona del aeropuerto tenían la fama de atacar a extranjeros ingenuos recién llegados al país. Alguien me aconsejó que tuviese el cuidado de tomar el taxi adecuado para evitar ser víctima de un robo. Únicamente la flota de camionetas Ford Explorer negras estacionadas a la salida del aeropuerto se consideraba un transporte seguro. Cualquier otro taxi podría llevarme a un barrio donde un grupo de «malandros», como les llamaban en Venezuela, me robaría mi dinero y mis pertenencias. Por suerte, logré pasar por la aduana sin problemas, y luego abordé una camioneta negra que me llevó por la carretera serpenteante que conecta la costa con Caracas. Mientras mi gentil conductor intentaba iniciar una conversación, yo observaba los barrios ubicados en la parte alta de las montañas que rodean la ciudad, y mantenía instintivamente mi brazo aferrado al cinturón de dinero atado a mi cintura. Sólo pude relajarme cuando el taxista me dejó en mi hotel.

Pronto conocería a una gran cantidad de venezolanos ansiosos por comprar dólares. Parecía que casi cualquier persona estaba dispuesta a darme una gran cantidad de bolívares a cambio de mis dólares. A la mayoría les parecía cómico que yo hubiera introducido dinero de contrabando cuando fácilmente podría haberles hecho una transferencia bancaria a sus cuentas en bancos fuera del país. Prácticamente todos los venezolanos de familias acomodadas mantenían cuentas bancarias en el exterior. No obstante, mi cinturón de dinero me ayudó a alquilar un apartamento y a sobrevivir por un tiempo en mi nuevo hogar. Ya que no tenía donde guardar mi dinero, pues los bancos locales tenían prohibido aceptar depósitos en dólares, guardaba mi efectivo en la mesita de noche junto a mi cama como un traficante de drogas de poca monta. Era una manera muy extraña de vivir.

Venezuela atravesaba en esa época un momento único en su historia. El país estaba bajo el liderazgo de Hugo Chávez, un exparacaidista de las fuerzas armadas venezolanas con ideas de izquierda, quien se había hecho famoso por un intento fallido de golpe de Estado. Chávez finalmente había logrado ser elegido presidente en 1999 tras prometer a la población que acabaría con décadas de gestión corrupta en el Gobierno y que redistribuiría la riqueza petrolera del país entre los más pobres. Era un líder carismático que quería transformar Venezuela, y para hacerlo, había aprobado grandes cantidades de leyes nuevas y había logrado además reescribir la Constitución. Incluso cambió el nombre del país por República Bolivariana de Venezuela, en honor a su héroe personal, el libertador de Sudamérica, Simón Bolívar. El presidente parecía además ser un hombre indestructible. Sobrevivió a un golpe de Estado en 2002 que logró sacarlo del poder 47 horas y se sobrepuso a un paro petrolero de dos meses, ambos orquestados por sus enemigos políticos.

La economía no se mantuvo inmune a los grandes cambios ordenados por el presidente. Chávez fijó la tasa de cambio y reguló el flujo de dólares en Venezuela. Fijó además los precios de productos básicos de consumo, lo que los hizo muy baratos, e ilegalizó que las empresas hicieran recortes de personal. El presidente tenía claras simpatías de izquierda, pero nadie entendía en aquel entonces las implicaciones que esto tendría para una de las economías petroleras más importantes del mundo. Chávez había dicho que no era «marxista, pero tampoco antimarxista». Desarrolló una amistad muy cercana con Fidel Castro en Cuba, pero al mismo tiempo se acercaba a banqueros en Wall Street ansiosos por hacer negocios con su Gobierno. Poco después de ser elegido presidente, Chávez tocó la campana de cierre de la Bolsa de Nueva York, un bastión del capitalismo, pero a la vez satanizaba a empresarios venezolanos llamándolos «capitalistas salvajes». Más importante todavía era que Venezuela, bajo su mando, buscaba que los precios del petróleo subieran tan alto como fuese posible a costa de los consumidores de gasolina en Estados Unidos y muchos otros países importadores de petróleo. Chávez pedía a sus colegas miembros de la Organización de Países Exportadores de Petróleo (OPEP), el cartel petrolero global, que recortaran su producción de crudo para mantener los precios elevados. Chávez incluso se acercó al dictador iraquí Saddam Hussein como parte de su campaña por incrementar los precios del petróleo. El presidente quería más dinero para gastar en Venezuela, pero nunca hablaba en detalle sobre sus futuros planes económicos. Chávez era un inteligente operador político, no un tecnócrata o un especialista en políticas económicas.

Mi trabajo era informar a lectores estadounidenses sobre cómo manejaba este hombre una nación que era un jugador importante en el mundo del petróleo. Venezuela es un país ubicado apenas a unos 4.300 kilómetros al sur de la frontera de Estados Unidos. Pocos estadounidenses conocen Venezuela, a pesar de que cada vez que llenan el depósito de gasolina de su coche, unos cuantos céntimos van a ese país. El asfalto que se usó originalmente para pavimentar las carreteras en Estados Unidos provenía del crudo venezolano. El Gobierno venezolano es dueño de Corporación Citgo, una importante refinadora de petróleo en Estados Unidos y un nombre muy conocido para los amantes del béisbol en Boston, quienes están acostumbrados a ver el icónico letrero gigante de Citgo desde las graderías del estadio Fenway Park. El producto principal de exportación de Venezuela tiene una importancia mundial. El petróleo es el origen del plástico y la goma usada para los neumáticos de los coches, ordenadores, zapatos, televisores, bolígrafos, muebles, ropa, móviles, champú, bolsas de basura, e incluso para las bases de béisbol, el deporte favorito en Estados Unidos. Venezuela controla la reserva de petróleo más grande del mundo, un vasto océano de un producto básico sin el cual todos nos encontraríamos aislados, aburridos, ignorantes, hambrientos, malolientes y desnudos. El petróleo hace que Venezuela ocupe un lugar destacado en el mundo, y Chávez no quería desaprovechar esa oportunidad de poder.

Encontré en Venezuela, sin embargo, algo mucho más interesante que el régimen de un presidente populista con un discurso incendiario. Los venezolanos mostraban un comportamiento económico muy extraño. Y ese comportamiento incluía mucho más que simplemente su tendencia por comprar y vender dólares en la sombra. El día que decidí comprar un automóvil en Venezuela me encontré con una anomalía interesante. Era muy difícil encontrar coches nuevos en medio de un *boom* petrolero, y los coches usados valían muchísimo más de lo que valdría el mismo auto, con el mismo modelo, en Estados Unidos. Más extraño aún, los coches retenían su valor en el tiempo. En 2005 compré un Ford Fiesta usado que mantuve cuatro años y cuando lo vendí logré recuperar los dólares que utilicé para comprarlo. Comprar un coche era la manera perfecta de proteger dinero de la inflación y de la pérdida de valor del bolívar, como una cuenta de ahorros sobre ruedas. Durante muchos años los venezolanos se habían dedicado a la compra y venta de coches que no perdían valor, incluso en los tiempos en los que la inflación se mantenía relativamente baja y cuando el valor del bolívar frente al dólar permanecía estable.

Otra de las anomalías que me llamó la atención fue el ridículo precio de la gasolina. La primera vez que llené el depósito de mi coche me costó menos de un dólar. Pagué al empleado de la estación de servicio con las monedas que llevaba en el bolsillo. La gasolina en Venezuela es la más barata del mundo y escribir esto no hace justicia al sentimiento que experimentas cuando llenas tu depósito prácticamente gratis. En resumidas cuentas, el Gobierno de Venezuela paga a las personas para que conduzcan su coche. Y los venezolanos esperan que el Gobierno venda gasolina barata, y a eso se han acostumbrado por muchas décadas.

Al pagar por el alquiler de mi apartamento me enfrentaba a otra situación anómala. Pagaba el alquiler a mi casero en bolívares, pero ya que la moneda local se devaluaba constantemente con respecto al dólar, el alquiler de mi apartamento era más y más barato cada mes. Los caseros que tuve buscaban constantemente renegociar el contrato de alquiler, pero éste era cada vez menor durante mis cinco años en Venezuela, lo que me permitió ahorrar una buena cantidad de dinero.

En el mundo de los negocios encontré situaciones raras también. En 2005 los bancos prestaban dinero a los venezolanos para pagar por sus cirugías plásticas. La gerente de una pequeña caja de ahorros me contó la historia de algo muy común en su oficio. Una venezolana de escasos recursos se acercó, junto con su hija adolescente de catorce años, al banco para solicitar un crédito con el que pagarle una cirugía de implantes mamarios a la niña como regalo para celebrar su cumpleaños número quince. La gerente me dijo que ocasionalmente aprobaba préstamos para las cirugías estéticas de adolecentes pero que «quince años era demasiado joven». Ella tenía por costumbre aprobar créditos únicamente para niñas que tenían por lo menos dieciocho años. Dejando de lado por un momento la costumbre de regalar implantes mamarios a una adolecente, me parecía ilógico que una venezolana de escasos recursos optara por endeudarse por una cirugía plástica. Me parecía igualmente arriesgado por parte de los bancos financiar el consumo de personas que tenían una capacidad muy limitada de poder pagar el crédito a futuro. Sin embargo, durante el *boom* petrolero de la primera década del siglo XXI este tipo de cosas ocurría todos los días en Venezuela.

Al visitar los barrios llenos de chabolas y viviendas sociales me llamaron la atención las decenas de antenas de televisión por satélite DirecTV sujetas a los techos de hojalata. Optar por gastar el dinero en un servicio de televisión parecía una prioridad extraña para las familias más pobres del país. Los venezolanos gastaban su dinero tan rápido como podían en prácticamente cualquier bien de consumo —un televisor, una unidad de aire acondicionado, ropa de marca— sin ahorrar un céntimo. De hecho, los venezolanos nunca ahorraban dinero y se endeudaban consistentemente. Aceptaban con ansia cualquier crédito que les otorgara un banco casi sin importar la tasa de interés que les cobraran. Durante décadas, los venezolanos han sido educados para pensar que ahorrar dinero en un banco es la manera más fácil de perderlo porque la riqueza petrolera es impredecible y, con el tiempo, el dinero pierde su valor.

Un siglo de riqueza petrolera que aparece y desaparece con facilidad ha formado los hábitos de consumo y las creencias políticas de varias generaciones de venezolanos. Han aprendido a apreciar los bienes más fugaces y efímeros, como la belleza física, los coches o los bienes de consumo ostentosos, pues mañana pueden no tenerlos. La historia está repleta de ejemplos de fenómenos económicos extraños, pero éstos ocurren principalmente en lugares que sufren altos índices de inflación, usualmente en países en guerra. Pero en una Venezuela que ha estado en paz durante décadas, algo puso de cabeza la realidad económica del país y así se quedó. Lo raro se convirtió en algo habitual. Los venezolanos toman decisiones económicas inusuales como parte de su vida diaria. Viví en Venezuela cinco años y cuando finalmente decidí irme, encontré que también estaba peligrosamente acostumbrado a este tipo de vida irreal. Cuanto más tiempo permanecía en el país, más dinero lograba ahorrar. Muchos expatriados y diplomáticos que vivían allí lograban ahorrar suficiente dinero como para comprar casas en sus propios países pagando en efectivo. ¿Qué motivo había para irse?

Las personas se acostumbran a vivir en un mundo en el que el dinero del petróleo fluye con facilidad. Aquellos que ganan salarios en dólares desean que la moneda local se debilite al punto de ser inservible pues de esa manera se hacen cada vez más ricos. Los venezolanos que tienen coches esperan que sus vehículos usados se revaloricen con el tiempo, quieren que la gasolina no les cueste nada, buscan consumir con desenfado y endeudarse sin consecuencias negativas. Y los dueños de negocios quieren hacerse ricos de la noche a la mañana satisfaciendo la demanda desenfrenada de los consumidores venezolanos. La gran mayoría de ellos quiere obtener las más altas tasas de retorno haciendo lo mínimo posible, sin innovar o crear cosas nuevas. ¿Para qué criar y alimentar una vaca cuando puedes importar los mejores cortes de carne de Argentina y Brasil? ¿Por qué fabricar sillas cuando puedes importarlas de Europa? ¿Para qué lanzar una marca de ropa cuando puedes traer la última moda desde Estados Unidos? Durante años, los venezolanos han confundido el emprendimiento con la importación de bienes que pueden revender en el país a precios altos que les garantizan generosos márgenes de ganancia.

Los venezolanos piensan que viven en un país rico y ante esto esperan que los líderes que controlan la riqueza petrolera inunden el país con dinero fácil. Los votantes eligen a políticos que prometen milagros económicos y que reparten tanto dinero como les es posible repartir. Después de todo, piensan, ese dinero le pertenece al pueblo. La volátil riqueza petrolera también ha distorsionado las prioridades de gasto de los políticos. Bajo el movimiento chavista, el Gobierno dedicó miles de millones de dólares a aviones de combate, helicópteros y tecnología militar avanzada para unas fuerzas armadas que nunca han luchado en una guerra. Los políticos gastaron enormes sumas de dinero en financiar programas sociales pero dejaron de invertir lo suficiente para continuar produciendo petróleo, que después de todo es la fuente de la fantástica riqueza del país. Chávez, convencido de que su Gobierno podía manejar empresas mejor de lo que lo hacía el sector privado, nacionalizó docenas de empresas en todas las industrias pero las convirtió en corporaciones zombis. Las empresas operan, emplean grandes cantidades de trabajadores y parecen estar vivas. Pero producen muy poco, pierden grandes cantidades de dinero y sólo sobreviven porque el Gobierno las sostiene de manera artificial.

Los políticos, así como los consumidores venezolanos, gastan dinero petrolero de manera generosa mientras lo tienen, pues los precios del crudo eventualmente caen. Y cuando eso ocurre, Venezuela usualmente termina desamparada sin nada que mostrar como resultado de su orgía de gasto, y sin un mínimo ahorro. Pronto me pareció más que obvio que Chávez y su movimiento de izquierdas eran sólo un pequeño episodio en una larga historia de líderes desbordantes de carisma que han prometido a los venezolanos utilizar el petróleo para transformar el país en una nación moderna y poderosa, y al final han decepcionado a muchas generaciones. Durante gran parte del siglo XX Venezuela ha sido un cuento aleccionador, una triste moraleja para muchas otras naciones ricas en recursos naturales, un ejemplo de lo que deben evitar ser.

Los problemas de Venezuela van más allá de ideas políticas de izquierda y derecha: el país con las reservas petroleras más grandes del mundo aún no ha aprendido a manejar su riqueza de manera responsable. Venezuela es una nación que ha desempeñado, y que continuará desempeñando, un papel importante en la industria energética global, siempre que los coches funcionen con gasolina y no con electricidad, agua o estiércol de vaca. Dentro de tres siglos, cuando la mayor parte del crudo del mundo se encuentre agotado, Venezuela podría continuar bombeando petróleo si ningún otro recurso energético ha hecho del crudo algo obsoleto. La realidad de Venezuela es el resultado de una historia en la que la arrogancia, la dependencia del petróleo, el despilfarro y la ignorancia económica han llevado a un país a la ruina. Venezuela nos puede dar a todos una lección muy importante: tener demasiado dinero mal gestionado es peor que no haberlo tenido nunca.

1

1-800-LEO

Hospedarse en el piso 20 del Renaissance Caracas La Castellana, un hotel de la cadena Marriott, es una experiencia extraña. Las habitaciones tienen las comodidades típicas de un hotel de lujo: amplias vistas de la ciudad, una cama tamaño *king*, un televisor de pantalla plana de 42 pulgadas, internet de alta velocidad y servicio de habitaciones las 24 horas. Los huéspedes pueden nadar en la piscina infinita del hotel, hacer ejercicio en el gimnasio y disfrutar de un desayuno tipo bufé muy variado todas las mañanas. En enero de 2015 una noche en una habitación sencilla costaba 9.469 bolívares, o 1.503 dólares calculado a la principal tasa de cambio de Venezuela.[1] A ese precio, el Renaissance habría sido uno de los hoteles más caros del mundo. Pero la realidad en este país no es tan sencilla. Utilizando el segundo tipo de cambio, el hotel habría costado 789 dólares la noche, el equivalente a un billete de ida y vuelta entre Nueva York y Barcelona en clase económica.[2] A la tercera tasa de cambio de Venezuela la habitación costaba 190 dólares por no-

1. Calculado a la tasa de cambio principal de 6,3 bolívares por dólar estadounidense.
2. Calculado a la tasa de cambio de 12 bolívares por dólar, el Sistema Cambiario Alternativo de Divisas 1, o SICAD 1.

che.[3] Ése debería haber sido el precio más cercano a la realidad, pero no lo era.

Pagar por una cena era una experiencia igualmente confusa. Podías tomar el ascensor y bajar hasta el restaurante Mijao, ubicado en el entresuelo, y disfrutar de un plato de pollo tandoori por 520 bolívares. ¿Cuánto costaba realmente ese plato en dólares? Todo dependía de cuál de los tres tipos de cambio legales se utilizaba para calcularlo: 83 dólares, 43 dólares o, el caso más realista, 10 dólares. Es difícil entender cómo un plato de pollo puede tener tres valores tan distintos. Pero el rompecabezas económico es aún más complejo de lo que parece. Me hospedé en el Renaissance tres semanas en enero durante el período de investigación de mi libro, e intercambié mis dólares en secreto en el mercado negro a una cuarta tasa de cambio que se consideraba ilegal, distinta a las tres anteriormente mencionadas.[4] A esa tasa, la tarifa del hotel me costó 53 dólares la noche, y mis comidas diarias en Mijao, por lo general de dos platos cada una, nunca me costaron más de 5 dólares, una fracción de lo que me costaría hospedarme en un hotel o comer en un restaurante de similar calidad en cualquier otro lugar del mundo.

Así es Venezuela, una nación en la cual el dólar puede tener hasta cuatro precios distintos y donde el coste de la vida puede ser el más barato y el más caro del mundo al mismo tiempo. El dólar estadounidense define el valor de todo lo que se vende en ese país, desde el precio de una caja de cerillas hasta el de un coche o una casa. ¿Cuánto logró facturar en Venezuela la empresa de televisión vía satélite DirecTV en 2014? ¿Fueron realmente los 900 millones de dólares que la empresa reportó en sus estados financieros, o fueron acaso 216 millones de dólares, o menos aún, 60 millones de dólares? Las ganancias de DirecTV dependen de la tasa de cambio utilizada para calcular el valor de sus ventas totales.

3. Calculado a la tasa de 50 bolívares por dólar, conocida como Sistema Cambiario Alternativo de Divisas 2, o SICAD 2.
4. La tasa de cambio en el mercado negro a finales de enero de 2015 era de 180 bolívares por dólar.

Las tasas de cambio múltiples del dólar también afectan al tamaño de la economía venezolana. ¿Cómo valoras el tamaño del producto interior bruto (PIB) venezolano en términos nominales convertido en dólares?[5] ¿Es acaso de 658.000 millones de dólares, más grande que la economía de Suecia y el doble de grande que el PIB de Dinamarca, o de 346.000 millones de dólares, un poco más grande que la economía de Malasia, o de 83.000 millones de dólares, poco menos que las ventas trimestrales de la petrolera gigante ExxonMobil en 2014? Podría ser menos aún, si el valor de la economía venezolana se calculara a la tasa del mercado negro. A esa tasa, el valor de todos los bienes y servicios producidos en Venezuela ese año equivaldría a 23.000 millones de dólares, el equivalente al patrimonio neto del magnate chino Jack Ma, el fundador del Grupo Alibaba, la empresa de comercio electrónico por internet.[6] Durante años los venezolanos han vivido en diferentes dimensiones económicas. Una dimensión —la más privilegiada— es la del pequeño porcentaje de personas que gana salarios en dólares. En ese mundo, un Big Mac costaba 270 bolívares a principios de 2015, o 1,50 dólares, una fracción del precio que uno pagaba por la misma hamburguesa en cualquier lugar del mundo, según datos del famoso índice Big Mac publicado por la revista *The Economist*.[7] ¿Cuánto costaba una lata de Coca-Cola? El precio era 52 bolívares, o 29 centavos de dólar, un precio que sería irrisorio en Estados Unidos. Los que vivían en esta estratosfera económica podían contratar un vehículo con chófer para que los llevara de un lado a otro de la ciudad por menos de 50 dólares al día.

La realidad a la que se enfrentaba la mayoría de los venezolanos era muy distinta. Para ellos, un televisor de pantalla plana marca LG de 42 pulgadas podía costar 80.000 bolívares, o 6.667

---

5. El banco de inversión Barclays estimó el producto interior bruto (PIB) nominal de Venezuela en 2014 en 4.150 millones de bolívares.

6. Los tipos de cambio utilizados para estimar los diferentes tamaños del PIB en Venezuela son 6,3, 12, 50 y 180 bolívares por dólar, respectivamente.

7. El precio de la hamburguesa fue calculado usando la tasa de cambio del mercado negro de 180 bolívares por dólar.

dólares calculado a la segunda tasa de cambio más alta en Venezuela.[8] El precio del televisor equivalía a poco más de un año de salario para un trabajador que ganara el salario mínimo.[9] Un venezolano que ganara su salario en bolívares y ansiara comprarse el iPhone 6 con 16 gigabytes de Apple, considerado un artículo de lujo en Venezuela, lo tenía muy difícil. El teléfono inteligente de Apple costaba 208.000 bolívares en mercadolibre.com, la versión sudamericana de eBay, lo que equivalía a 17.333 dólares por un teléfono que podía costar unos cuantos cientos de dólares con un contrato de servicio telefónico en cualquier otro país. Un venezolano que ganara el salario mínimo habría tenido que ahorrar cada bolívar devengado durante tres años consecutivos para poder comprar ese teléfono.[10]

El precio que pagan los venezolanos por un dólar depende de quiénes son y a qué actividad se dedican. El Gobierno de Venezuela vendía dólares a 6,30 bolívares —la tasa más ventajosa— a un grupo muy exclusivo de personas y empresas, particularmente aquellos involucrados en el procesamiento de comida, en la fabricación de productos de cuidado personal y farmacéuticas. La razón detrás de esta exclusividad es que estas empresas requieren el acceso a divisas para adquirir la materia prima que necesitan para producir productos de uso diario en Venezuela. Aquellas personas que importan papel o ropa a veces también obtenían dólares a la tasa de 6,30 bolívares. Y un número no determinado de personas bien conectadas —y existen muchas en Venezuela— también lograba obtener dólares a la tasa oficial más barata.

La segunda tasa, de 12 bolívares por dólar, era la más favorable que podía obtener una persona natural con mucha suerte. Los

8. El valor del televisor LG en dólares fue estimado usando la tasa de 12 bolívares por dólar, la tasa más barata a la que un venezolano, con mucha suerte, podía obtener dólares del Gobierno.

9. Tomando como referencia el salario mínimo vigente en febrero de 2015, de 5.622,48 bolívares al mes, el precio del televisor equivalía a 14 meses de salario mínimo.

10. Con precisión serían 37 meses de un salario mínimo de 5.622,48 bolívares.

venezolanos podían por ley cargar hasta 3.000 dólares en su tarjeta de crédito a la tasa de 12 bolívares, pero únicamente podían gastar esos dólares en el extranjero. Y los usuarios sólo podían adquirir estos dólares después de haber logrado sobrevivir largas horas llenando solicitudes burocráticas con información personal, y tras esperar muchas semanas y hasta meses a que un burócrata decidiera aprobar su solicitud de compra del cupo en dólares. Teóricamente, las empresas extranjeras con base en Venezuela podían repatriar sus ganancias a esta tasa de cambio también, pero el Gobierno dejó de vender dólares para ese propósito a empresas en 2012.

La tercera tasa de cambio, de 50 bolívares por dólar, estaba reservada para todos aquellos que no habían podido obtener dólares a tasas más favorables. El Banco Central de Venezuela realizaba subastas de dólares a ese precio para industrias y empresas que cabildeaban con suficiente insistencia para obtener los dólares que necesitaban para seguir operando. El banco ha realizado subastas de dólares para empresas de repuestos para automóviles que se han quedado sin repuestos para vender, fabricantes de vidrio que necesitan dólares para importar el carbonato de sodio necesario para producir vidrio, fabricantes de calzado que necesitan cuero o los pequeños anillos metálicos necesarios para atar los cordones o que buscan importar zapatos terminados, dentistas que necesitan importar anestesia o el material para rellenar caries, incluso para oculistas que ya no tienen líquido necesario para preservar las lentes de contacto. De vez en cuando, las personas naturales tenían la oportunidad de participar también en estas subastas. Los extranjeros pagaban un dólar por cada 50 bolívares cada vez que utilizaban sus tarjetas de crédito en Venezuela. Todas las demás personas que estaban desesperadas por obtener dólares se veían forzadas a recurrir al mercado negro, donde un dólar a comienzos de 2015 valía 180 bolívares, Pero eso era temporal, porque en el mercado ilegal el precio de un dólar aumenta constantemente, cada día, cada semana y cada mes. Mientras edito este texto, en marzo de 2016, el precio del dólar en el mercado negro está casi en 1.200 bolívares por dólar, un incremento de un 5.600 por ciento en menos de un año. La verdad es que la pérdida de valor del bolívar es tan grande y acelerada que este capítulo se quedará corto cuando llegue a ojos del lector. En este país, aquellos que ganan salarios en dólares viven como reyes; todos los demás hacen hasta lo imposible por obtenerlos.

Llegué al Renaissance un sábado a las 10 de la mañana pero no tenía dinero en mi cartera y tampoco tarjetas de crédito. Sin embargo, mi habitación estaba lista. Alguien se había encargado ya de cubrir el coste de mi estancia. Unos quince minutos después de llegar, ese «alguien» llamó a mi habitación y me invitó a reunirme con él en el café de al lado, para hacer negocios. Unos minutos más tarde me encontré a mí mismo sentado frente a mi contacto en un café muy concurrido en el corazón de La Castellana, un área de Caracas conocida por sus relucientes edificios de oficinas, hoteles de lujo y algunos de los mejores restaurantes de la ciudad. Tras conversar unos minutos, y como quien no quiere la cosa, el hombre me deslizó un sobre manila sobre la mesa con 40.000 bolívares en efectivo. Decidí no contar el dinero, no por temor a ofenderlo pero porque la discreción es muy importante en este negocio y sacar un fajo de billetes con el grosor de un ladrillo en público es suficiente motivo para ser asaltado o arrestado en Caracas.

Lo que mi amigo y yo hacíamos era ilegal y nos convertía inmediatamente en enemigos del Estado. En lo que al Gobierno le concernía, un dólar valía legalmente 6,3, 12 o 50 bolívares. Negociar dólares a cualquier otro precio fuera del sistema bancario era el tipo de actividad que podía traerte muchos problemas. En el mercado negro, donde mi contacto hacía negocios, un dólar valía 29 veces más que un dólar vendido por el Gobierno de manera legal a la tasa más barata. A esos precios, cualquier persona con básicos conocimientos de matemática, un mínimo de sentido común y suficientes dólares en el bolsillo tenía un poderoso incentivo para vender moneda estadounidense en algún callejón oscuro, o en un concurrido café. Esto explica por qué llegué a Venezuela sin efectivo ni tarjetas de crédito. Siempre había alguien dispuesto a darme todo el dinero en efectivo que necesitara. Ningún extranjero informado de cómo funcionan las cosas en Venezuela habría usado una tarjeta de crédito internacional para consumir lo que es necesario. Si yo hubiese hecho eso, mi cuenta de hotel por una estancia de veintiún días habría sumado más de 4.000 dólares. Gracias a mi amigo el mercader de divisas, el coste de mi estancia de tres semanas en el Renaissance sumó 1.105 dólares.

El nombre de mi contacto no es relevante. Es suficiente con decir que es conocido por algunos de sus clientes como 1-800-LEO. Obviamente ése no es un número de teléfono real, sino un juego de palabras que dice mucho de la naturaleza de su trabajo. ¿Necesitas pagar por muebles nuevos en Venezuela? Llama a 1-800-LEO. ¿Quieres que alguien pague tu cuenta de teléfono, de televisión por cable, o hasta el arriendo de tu apartamento en Caracas? Llama a 1-800-LEO. Él es un hombre, de más de dos metros de altura y economista de profesión, que abandonó su carrera para convertirse en un mercader profesional de dólares en el mercado negro y es impecablemente profesional para ser alguien que hace algo considerado ilegal. Pagaba puntualmente mi cuenta de hotel cada semana, me daba bolívares en efectivo cuando los necesitaba, me conseguía transporte de ida y vuelta al aeropuerto, se encargaba de reservar y pagar por billetes de avión y me proveía de un teléfono móvil que podía usar durante mi estancia. Cuando concluía sus servicios, me enviaba un correo electrónico con un estado de cuenta en un PDF o en un archivo excel. Nunca le pagué en efectivo, por lo menos nunca en Venezuela. Normalmente le enviaba dinero a través de una transferencia bancaria a su cuenta en Estados Unidos. En muchos casos, ni siquiera le pagaba a él, sino a algún cliente a quien él le debía dinero. Este tipo de anonimato es preferible. Si su nombre nunca aparece en un cheque o transferencia bancaria eso le hace invisible para las autoridades. Y es así como a él le gusta manejar el negocio.

Mi amigo 1-800-LEO es una tarjeta de crédito andante para una cantidad de diplomáticos, ejecutivos petroleros, periodistas y cualquier otra persona en Venezuela que necesite convertir un salario en dólares a bolívares. Él compra dólares de quienes los tienen y los vende a quienes los necesitan desesperadamente.

Opera en secreto, pues a los ojos del Gobierno su oficio no existe. Obviamente cobra una comisión por sus servicios y, desde que comenzó esta línea de trabajo hace ya más de una década, ha tenido mucho éxito. Vive en un apartamento de más de doscientos metros cuadrados con unas vistas de la ciudad envidiables y lleva a su familia de vacaciones al extranjero casi cada año, cuando no está demasiado ocupado haciendo negocios con gente como yo.

Algunos consideran este tipo de trabajo como algo turbio o, peor aún, como una plaga económica. Chávez, que ganó la presidencia con promesas de empoderar a los pobres, calificaba a todos aquellos que interactuaban con el mercado negro —gente como yo o como 1-800-LEO— de especuladores. El movimiento político que construyó, conocido como «chavismo», culpaba a aquellos que libremente compraban y vendían dólares de alentar una «guerra económica» contra su revolución socialista.

En 2003, cuatro años después de asumir la presidencia, Chávez prohibió la compra-venta de dólares. Eran tiempos de mucha inestabilidad política. Sus enemigos políticos en la industria petrolera, cansados de lo que ellos percibían como «la mano invasiva del presidente» en el negocio energético, organizaron un paro petrolero nacional con miras a sacarle del poder. Los ingenieros y ejecutivos petroleros abandonaron sus puestos de trabajo. Muchos pozos dejaron de producir y durante muchas semanas los barcos flotaron encallados cerca de los puertos del país sin poder cargar petróleo. El suministro de combustible se colapsó y causó largas colas de coches en estaciones de servicio en todo el país, y las exportaciones de crudo, el principal ingreso de Venezuela, se desplomaron. Al ver semejante implosión económica, los venezolanos hicieron lo que han aprendido a hacer una y otra vez en tiempos de crisis, compraron cantidades cada vez más grandes de divisa dura, especialmente dólares, para proteger sus ingresos de una inevitable devaluación del bolívar.

Bajo circunstancias normales una moneda debilitada no tiene por qué destruir el bolsillo de los ciudadanos, pero en Venezuela, donde prácticamente todo lo que la gente consume es importado, especialmente de Estados Unidos, cuando el bolívar pierde valor frente al dólar, absolutamente todo lo que una familia puede necesitar, desde comida, hasta ropa, televisores, neveras, lavadoras o teléfonos móviles, se encarece en cosa de días. Y a medida que la gente demandaba más y más dólares, el valor del bolívar frente al dólar caía cada vez más, lo que dificultaba a los venezolanos importar la comida, las medicinas y la maquinaria que el país necesitaba. Prácticamente siete de cada diez productos que se venden en los supermercados, tiendas y centros comerciales en Venezuela son importados.[11] La mayoría de la ropa y el calzado viene de Estados Unidos, el pollo congelado a veces viene de Jamaica, y la carne llega desde Brasil. Si el país andino suspendiera de repente todas sus importaciones, la gran mayoría de los venezolanos se encontrarían a sí mismos desnudos y hambrientos, pues en Venezuela se produce muy poco de lo que se consume. Sin embargo, los venezolanos están acostumbrados a consumir de todo y en grandes cantidades.

El Gobierno suspendió la venta libre de dólares en 2003 y fijó el tipo de cambio por ley con la esperanza de detener la locura por adquirirlos, pero no funcionó. Los venezolanos comenzaron a vender y a comprar dólares de manera ilegal, y un mercado negro de dólares surgió en las calles, hoteles, casas y cafés de Venezuela. Se suponía que la regulación del flujo de dólares, conocida como «controles de capital», duraría unos seis meses, mientras se estabilizaba la situación política, pero a comienzos de 2016 los controles de capital seguían vigentes. Los chavistas creen que el país necesita esas restricciones para sobrevivir. Los políticos de izquierda argumentan que un mercado libre de divisas sabotea la economía y hace que todo tipo de productos de consumo básico se encarezcan. Ésa es la razón por la que consideran que la gente como 1-800-LEO y yo somos peligrosos para la estabilidad de su Gobierno.

En realidad, casi todos los venezolanos con suficiente capacidad económica acaban siendo especuladores. Los empresarios y sus empresas, los políticos, médicos, abogados, chefs, taxistas y más de una prostituta, todos participan de una u otra manera en el mercado negro de dólares.[12] En un mundo ideal, las empresas

11. Rosati, Andrew, «BRICS and beyond: Currency controls leave Venezuelan food sector in crisis», *Just-Food*, 14 de mayo de 2014.

12. Kurmanaev, Anatoly, «Venezuelan prostitutes earn more selling do-

deberían dedicarse a servir a los consumidores, los médicos deberían enfocarse en cuidar a sus pacientes y los abogados a defender a sus clientes. Pero los venezolanos tienen un incentivo perverso que les lleva a comprar y vender dólares para generar ingresos adicionales, que incluso les lleva a abandonar sus profesiones para comercializar dólares de manera ilegal.

Prácticamente todo producto que tenga un precio límite fijado por ley por un período largo de tiempo tiende a escasear por un incremento en la demanda, y los dólares no son una excepción. Las subastas de divisas que organiza el Gobierno de Venezuela generan una demanda casi insaciable. La desesperación es similar a la que se da en países pobres de África cuando camiones llenos de víveres llegan a sus pueblos. La gente se pelea por obtener lo poco que hay disponible. Los venezolanos hacen lo imposible por obtener apenas una fracción de los dólares en venta. El incremento desenfrenado del precio del dólar en el mercado negro es un indicador claro de esta locura. A finales de mayo de 2015 el precio del dólar en el mercado negro había alcanzado los 400 bolívares por dólar, un incremento del 120 por ciento en apenas cuatro meses. A ese paso, el billete de denominación más alta, el de 100 bolívares, que valía 55 centavos de dólar en enero, tenía un valor de 25 centavos de dólar en mayo de 2015. Cuando mis editores y yo editamos y revisamos este texto en marzo de 2016, con un precio en el mercado negro de casi 1.200 bolívares por dólar, ese mismo billete valía 8 centavos de dólar, y cuando leas este texto el billete de 100 bolívares será prácticamente inservible valorado en términos de las principales monedas mundiales.

Venezuela no tendría por qué sufrir de escasez de divisas. En años recientes el Gobierno logró obtener alrededor de 100.000 millones de dólares al año de sus ingresos petroleros. Eso es el equivalente hoy en día a lo que Estados Unidos invirtió en el Plan Marshall que permitió que Europa se recuperara de la devastación de

---

llars than sex», *Bloomberg*, 9 de junio de 2014. http://www.bloomberg.com/news/articles/2014-06-09/venezuela-prostitutes-earn-more-selling-dollars-than-sex.

la segunda guerra mundial.[13] Desde el día en que Chávez asumió la presidencia hasta finales de 2014, Petróleos de Venezuela, PDVSA, la empresa petrolera estatal, recibió 1,36 billones de dólares en ventas de petróleo, más de 13 veces el gasto del Plan Marshall.[14]

El flujo anual de dinero es tan grande que equivale a alrededor del 60 por ciento del PIB, que el banco de inversión Barclays estimó en 181.000 millones de dólares en 2014.[15] Y Venezuela tiene la capacidad de obtener aún más dólares al vender parte de sus 299.000 millones de barriles en reservas probadas de petróleo que yacen atrapadas en su subsuelo, la reserva de crudo más grande del planeta. Esto es más petróleo del que se encuentra bajo las arenas del suelo de Arabia Saudí. Y aun con toda esa riqueza petrolera, no tiene suficientes dólares para invertir en su dañado sector petrolero. El malogrado país carece de suficiente dinero para importar leche, pollo, carne, teléfonos móviles o incluso para importar el poliéster y la fibra de algodón que sus empresas de papel necesitan para producir papel higiénico. Las reservas internacionales del Banco Central, un indicador de cuántos dólares tiene Venezuela para pagar sus importaciones y sus deudas, se situaban en 13.500 millones de dólares en marzo de 2016, el nivel más bajo de los últimos diecisiete años.

El meollo del problema es que mantener un tipo de cambio múltiple crea múltiples oportunidades para la corrupción. Du-

13. El Plan Marshall costó alrededor de 13.000 millones de dólares a finales de la década de los cuarenta. El Special Inspector General for Afghanistan Reconstruction, o SIGAR, el organismo estadounidense encargado de supervisar la reconstrucción de Afganistán, indicó en su informe de julio de 2014 que un dólar en 1950 tenía la capacidad de compra de 10 dólares en 2014. El estudio indicaba que el coste total del Plan Marshall actualizado para 2014 ascendía a 103.400 millones de dólares. Datos obtenidos de: https://www.sigar.mil/pdf/quarterlyreports/2014-07-30qr.pdf.

14. El cálculo incluye las ventas anuales de petróleo de PDVSA desde 1999 hasta 2014. Parte de ese dinero incluye el pago de costes de producción e inversión en petróleo, pero gran parte va a las arcas del Estado.

15. A comienzos de 2015 Barclays calculó el tamaño del PIB en Venezuela usando una tasa de cambio con un promedio ponderado de 22,9 bolívares por dólar.

rante años, gente sin escrúpulos compró dólares al tipo de cambio más barato para venderlos en el mercado negro obteniendo ganancias fabulosas. A comienzos de 2015 comprar dólares a 6,3 bolívares y venderlos en el mercado negro a 180 bolívares generaba una ganancia del 2.800 por ciento. Ningún negocio genera esos retornos, excepto quizá el tráfico de cocaína. Numerosas empresas de maletín que no producen nada o le cobran al Gobierno precios inflados por lo que producen han aparecido y desaparecido durante los últimos trece años desde que se impusieron los controles de cambio con el objetivo único de engañar al Gobierno, hacerse con dólares baratos, revenderlos en el mercado negro y hacerse con fortunas fáciles. Algunos han utilizado los bolívares obtenidos tras vender dólares en el mercado negro para volver a comprar dólares baratos del Gobierno que poder revender de nuevo, una y otra vez, en un ciclo que nunca acaba y que ha servido para convertir a muchos venezolanos en multimillonarios de la noche a la mañana. Para eliminar estos vicios y tener mayor control político sobre las empresas, el Gobierno eliminó la práctica de entregar dólares directamente a los empresarios y se tomó la labor de pagar directamente a acreedores y proveedores de materias primas internacionales.

El Gobierno de Venezuela se ha convertido, además, en un importante importador de comida, medicinas y productos de higiene personal, con el objeto de mantener el control sobre cómo se gastan sus preciadas divisas. Muchos venezolanos, sin embargo, han encontrado la manera de beneficiarse de este esquema también, creando empresas fantasma en el exterior para hacer negocios directamente con el Gobierno venezolano. En 2014 el Gobierno pagó 125 millones de dólares a tres empresas recién creadas por importaciones de productos de cuidado personal, como champú y desodorante. Alrededor de 64 millones de dólares llegaron a manos de una empresa conocida únicamente como Sunflower Extra, que había sido registrada en el estado de Delaware, en Estados Unidos, en el año anterior.[16] Sunflower no te-

---

16. Delgado, Antonio María, «Gobierno de Venezuela otorgó $125 millones a empresas de maletín», *El Nuevo Herald*, 15 de febrero de 2015. http://

nía un historial como fabricante de productos de cuidado personal como Procter & Gamble o Colgate Palmolive. Una investigación del Gobierno venezolano determinó posteriormente que Sunflower y las otras dos empresas habían inflado el precio de cada champú, desodorante y rollo de papel higiénico enviado a Venezuela en más del 30 por ciento, en efecto cometiendo fraude contra el Gobierno venezolano.

Jorge Giordani, un ingeniero electricista de setenta y seis años de edad con ideas radicales de izquierda, conocido como «el Monje» por sus costumbres de asceta y devoción casi religiosa por el socialismo, fue durante años el principal arquitecto de las políticas económicas del chavismo. Giordani admitió públicamente que el Gobierno de Venezuela perdió aproximadamente 20.000 millones de dólares a manos de empresas de maletín en 2012,[17] el equivalente a un tercio de las importaciones totales de ese año. Visto de otra manera, el manejo corrupto de las divisas en manos del Estado le costó alrededor de 658 dólares a cada uno de los más de 30 millones de ciudadanos venezolanos en un solo año.[18] Eso es el equivalente a veinte veces la cantidad de dinero que el difunto dictador Saddam Hussein y su también difunto hijo Qusay supuestamente robaron del Banco Central de Iraq justo antes de que las tropas estadounidenses comenzaran a demoler su régimen.[19] Bajo circunstancias distintas, perder esa cantidad de dinero se consideraría uno de los mayores atracos de la historia.

Los venezolanos de a pie también han encontrado atajos para hacer dinero bajo estas circunstancias. En noviembre de 2014, las autoridades venezolanas detuvieron a Zuely José Rodríguez en el aeropuerto de Maiquetía justo antes de que tomara un vuelo con destino a Madrid en posesión de 165 tarjetas de crédito a

---

www.elnuevoherald.com/noticias/mundo/america-latina/venezuela-es/article9369356.html.

17. «Venezuela Politics: The Billion-Dollar Fraud», *The Economist*, 10 de agosto de 2013.

18. El cálculo asume una población de 30,4 millones de venezolanos.

19. «Saddam 'Took $1bn from Bank'», BBC *News*, 6 de mayo de 2003. http://news.bbc.co.uk/2/hi/middle_east/3004079.stm.

nombre de diferentes personas.[20] Zuely no era un ladrón de tarjetas de crédito, sino un cómplice en una organización criminal dedicada a un negocio conocido en Venezuela como el «raspao» o raspado. El nombre viene de la acción de pasar («raspar») la tarjeta de crédito por un lector de código de barras. Aparentemente Zuely actuaba en confabulación con un grupo de venezolanos, entre ellos autoridades del aeropuerto, quienes presumiblemente intentaron que tomara su vuelo sin problemas.

El «raspao» funciona principalmente de dos maneras. En la primera, un venezolano que no puede viajar obtiene la autorización del Gobierno para gastar su límite de 3.000 dólares, y para hacerlo le paga al Gobierno 12 bolívares por cada dólar adjudicado a su cuenta de tarjeta de crédito. Luego vende esa tarjeta de crédito a alguien que viaja al exterior y que puede usar la tarjeta. Con el precio del mercado negro a 150 bolívares por dólar cuando Zuely fue atrapado por las autoridades, vender la tarjeta a alguien como Zuely le habría generado al propietario de una tarjeta una ganancia del 1.150 por ciento sin hacer esfuerzo alguno.[21] Para mayor contexto, esa ganancia equivalía a siete años de trabajo para un venezolano que ganara el salario mínimo en diciembre de 2014.[22]

Bajo la segunda modalidad del «raspao», un venezolano obtiene su cuota de tarjeta de crédito en dólares, viaja al exterior y convierte ese crédito en efectivo. Numerosas empresas han surgido de la nada en ciudades como Bogotá, Panamá, Miami o Quito que le cargan servicios ficticios a una tarjeta de crédito y le dan el dinero en efectivo al usuario a cambio de una comisión. El viajero

20. «Detienen a un hombre con 165 tarjetas de crédito en Maiquetía», *Ultimas Noticias*, 19 de noviembre de 2014. http://www.ultimasnoticias.com.ve/noticias/actualidad/sucesos/detienen-a-un-hombre-con-165-tarjetas-de-credito-e.aspx.

21. El poseedor de una tarjeta de crédito le paga al Gobierno 12 bolívares por cada dólar adjudicado a su tarjeta, o 36.000 bolívares a cambio de 3.000 dólares. Y luego vende esa tarjeta a 150 bolívares por dólar generando 414.000 bolívares de ganancia neta, o 11,5 vences el precio que pagó originalmente.

22. Tomando como referencia el salario mínimo vigente en ese momento, de 4.889,11 bolívares al mes, la ganancia por el negocio de la tarjeta equivalía a 84,7 meses de salario mínimo, o 7,05 años de trabajo.

regresa a Venezuela con los dólares en efectivo, los vende en el mercado negro y así obtiene suficientes bolívares para cubrir el coste del vuelo, el hotel y las compras que realizó en el exterior, y con dinero de sobra para gastar en Venezuela. Durante mucho tiempo, los venezolanos se acostumbraron a cruzar la frontera con Colombia para «raspar» dólares en efectivo con su tarjeta en algún negocio turbio en la ciudad fronteriza de Cúcuta sólo para regresar a casa unas horas después con una pequeña fortuna. Las leyes cambiarias de Venezuela se han convertido en un enorme subsidio que ha permitido a miles de venezolanos viajar gratis durante varios años y obtener una ganancia al mismo tiempo.

El Centro Nacional de Comercio Exterior, Cencoex, la institución del Gobierno que aprueba la venta de dólares a individuos y compañías, ha intentado hasta lo imposible erradicar esta práctica, pero siempre alguien logra un atajo para hacerse con dólares baratos. Alguien encontrado culpable del «raspao» no sólo puede purgar varios años de cárcel en Venezuela, más aún, alguien culpable de especulación cambiaria es puesto en una lista negra en Cencoex que le impide comprar dólares del Estado en el futuro. Aun así, una gran cantidad de venezolanos lo ha hecho, ya que el riesgo de ser atrapado por las autoridades es mínimo y las ganancias potenciales son fabulosas.

En la lucha contra el «raspao», la fiscal general de Venezuela, Luisa Ortega Díaz, anunciaba regularmente en su cuenta de Twitter los nombres y números de cédula de venezolanos condenados por crímenes cambiarios. A mediados de mayo de 2015, Ortega envió en un tuit una lista con los nombres de 277 personas como prueba de la lucha del Gobierno contra la corrupción.[23] Pero el incentivo a dedicarse a la comercialización ilegal de dólares es tal que incluso empleados del Gobierno se ven tentados a entrar en el oficio. Unas semanas antes de que Ortega publicase su tuit, oficiales de Contrainteligencia Militar arrestaron a seis

23. «Fiscal publicó lista con 277 personas condenadas por uso irregular de divisas», *El Tiempo*, 12 de mayo de 2015. http://eltiempo.com.ve/venezuela/medida/fiscal-publico-lista-con-277-personas-condenadas-por-uso-irregular-de-divisas/181467.

empleados de Cencoex acusados de manipular el sistema informático de la institución para borrar los nombres de personas en la lista negra y que éstas pudieran comprar de nuevo dólares baratos de manos del Gobierno.[24] Claramente alguien había pagado a los funcionarios por eliminar esos nombres de la lista.

El mercado negro de dólares se ha convertido en un dolor de cabeza tal para el sucesor y discípulo de Chávez, el presidente Nicolás Maduro, que en 2013 éste lanzó una guerra contra páginas web que publicaban el precio del dólar negro, y ordenó el cierre de siete sitios, incluido uno muy popular conocido con el curioso nombre de «lechugaverde.com». Maduro los calificó de un «mecanismo perverso» montado y manejado por la «burguesía venezolana».[25] Los periódicos locales que en algún momento publicaron en sus páginas la tasa de Lechuga Verde ahora tienen prohibido por ley publicar cualquier referencia a un tipo de cambio no oficial. La lucha del Gobierno contra las páginas web se convirtió en una farsa unos días después de que Maduro ordenara su cierre, pues al menos otras seis nuevas páginas surgieron anunciando el precio del dólar negro, entre ellas lechugaverde.net. Desde entonces, el término «lechuga verde» se ha convertido en un eufemismo que algunos venezolanos usan para referirse a la tasa del dólar negro. En octubre de 2015, el Gobierno de Maduro culpó a otra página web muy popular, dolartoday.com —una página con base en Estados Unidos—, por el desplome del valor del bolívar y demandó a sus dueños en las cortes estadounidenses. La demanda no llegó a nada y dolartoday.com continúa publicando el precio del dólar negro.

El Gobierno ha intentado hacer cada vez más difícil a los venezolanos obtener dólares a la tasa oficial. A comienzos de 2014 aprobó una ley que limitaba la cantidad de dólares que un venezolano podía obtener para viajes, dependiendo del destino y el

24. «Presos seis funcionarios del Cencoex por sabotaje informático», Últimas Noticias, 6 de mayo de 2015. http://www.ultimasnoticias.com.ve/noticias/actualidad/sucesos/presos-seis-funcionarios-del-cencoex-por-sabotaje-.aspx.
25. «Maduro anuncia cierre de Dolar Today y La Lechuga Verde», 19 de noviembre de 2013. https://www.youtube.com/watch?v=w69Ij8klAew.

tiempo de estancia. Sólo aquellos que viajaban a un país fuera del continente americano por más de ocho días podían obtener la cuota de 3.000 dólares en sus tarjetas de crédito. Aquellos que viajaban a París siete días, por ejemplo, únicamente podían hacerse con 2.000 dólares, no más. Y los venezolanos acostumbrados a viajar a Miami o a Bogotá para convertir su crédito en efectivo sólo podían obtener 300 dólares.

El objetivo de la ley era hacer inviable a los venezolanos viajar al exterior con el único objeto de obtener dólares para revender en el mercado negro. Eso explica por qué Zuely portaba 165 tarjetas de crédito. En esa época aún era un negocio rentable enviar a una sola persona al exterior con varias tarjetas de crédito para hacerse con dinero fácil. En abril de 2015 Cencoex restringió aún más el acceso a dólares para viajeros, con la excepción de aquellos que lo hacían a Cuba; en ese caso se permitía una cuota de 1.500 dólares para quienes viajaran a la isla por ocho días o más. Desde entonces, la isla comunista se convirtió en el destino favorito para los venezolanos obsesionados por obtener dólares, una ambición notablemente capitalista.

Y las restricciones para obtener dólares son cada vez mayores. En abril de 2015 el Gobierno redujo el límite de gasto de las tarjetas de crédito en el exterior a 2.000 dólares y prohibió a los bancos privados procesar tarjetas de crédito en dólares, en un intento de reducir la cantidad de divisas que los venezolanos utilizan para viajar. Desde ese momento únicamente los bancos del Estado pueden procesar los pedidos de cuotas en dólares, y eso lo ha convertido en un proceso engorroso que puede prolongarse hasta seis meses o más. Y para empeorar las cosas los bancos se han atrasado aún más debido a la escasez de plástico importado y de las bandas de seguridad que necesitan para fabricar nuevas tarjetas de crédito.

Sin embargo, los esfuerzos del Gobierno por eliminar la especulación con el dólar no están dando fruto. La cantidad de reglas bizantinas que rigen el mercado cambiario únicamente ha incrementado el apetito por dólares en Venezuela. Los venezolanos están dispuestos a vender sus casas, sus muebles, sus coches, incluso la ropa que llevan puesta, si con todo ese dinero pueden comprar dólares a las tasas de cambio irreales que dicta el Gobierno.

El sistema de controles de cambio y la corrupción resultante han causado estragos en la economía del país. Empresas como Ford, Fiat Chrysler Automobiles y General Motors paralizaron sus plantas en Venezuela durante ocho meses en 2015 porque el Gobierno no les vendía suficientes divisas para importar las piezas necesarias para ensamblar los automóviles. Las ensambladoras en Venezuela deben miles de millones de dólares a sus proveedores internacionales, y tienen dividendos acumulados durante años aún por pagar a sus empresas matrices.

La planta local de General Motors, por ejemplo, suspendió operaciones durante cuatro meses en 2015, lo que quiere decir que los 3.000 empleados de la empresa no tuvieron absolutamente nada que hacer durante casi la mitad del año en una fábrica con una capacidad de ensamblar alrededor de 600 automóviles al día. General Motors se vio forzada a enviar a la mayoría de sus empleados a casa con vacaciones pagadas porque, bajo una ley aprobada durante el Gobierno del presidente Chávez, estaba prohibido que las empresas redujeran personal sin una autorización previa del Gobierno, incluso si esas reducciones de personal eran necesarias como resultado directo de la misma política cambiaria del Gobierno. En abril de 2015 General Motors anunció que había reducido personal y había despedido a 446 trabajadores con una aprobación especial del Estado, pero poco después el Ministerio de Trabajo se retractó y ordenó a la compañía recontratar a los empleados.

Las tres empresas automovilísticas estadounidenses produjeron menos de 11.000 vehículos en total en 2015. En cambio, ocho años antes, la industria automovilística producía mucho más que eso cada mes. A finales de 2015 la industria había acumulado 3.000 millones en órdenes de compra de dólares con el Cencoex en los últimos cinco años, porque el Gobierno no tenía suficientes dólares disponibles para vender.

Cuando Ford amenazó con cerrar su planta, a principios de 2015, el Gobierno le ofreció la oportunidad de vender en Venezuela sus camionetas estilo pick up y sus todoterreno en dólares.

Era la primera vez que el Gobierno contemplaba permitir a una empresa cobrar en dólares en el país. El Gobierno contempló además permitir que Ford exportara automóviles manufacturados en Venezuela a países vecinos para que la ensambladora lograra obtener las divisas que el Gobierno no podía proporcionarle. La agencia internacional de noticias Reuters comunicó en mayo de 2015 que, con precios en dólares, una camioneta Ford Explorer Limited se vendería en Venezuela a un precio de 69.000 dólares. Tal precio, que incluiría un impuesto a los artículos de lujo, equivaldría a 170 años de trabajo para alguien que ganara el salario mínimo en el país. Ante la posibilidad de que Ford vendiera sus productos en dólares, los sindicatos de trabajadores de la empresa inmediatamente pidieron que sus salarios también fuesen retribuidos en dólares. En marzo de 2016 Ford llevaba casi un año vendiendo coches en dólares y aún pagaba los salarios de sus trabajadores en bolívares. Sin embargo, muy pocos clientes en Venezuela tenían la capacidad de comprar automóviles pagando por ellos en divisas, por lo que las ventas eran bajas.

Las aerolíneas han reducido el número de vuelos con destino a Venezuela, y algunas de ellas, como Air Canada o Alitalia, ya no viajan a ese país porque el Gobierno venezolano rehúsa convertir en divisas los bolívares que éstas obtienen vendiendo pasajes. A comienzos de junio de 2015 Alitalia tenía 250 millones de dólares en órdenes de compra pendientes con Cencoex. American Airlines, Delta y Lufthansa comenzaron a vender billetes a venezolanos dispuestos a pagar en dólares. La escasez de dólares en el negocio de las aerolíneas es tal que incluso la aerolínea estatal Conviasa —creada por Chávez— cobra a sus clientes en dólares por vuelos internacionales porque no puede obtener suficientes divisas del Gobierno para continuar con sus operaciones.

Las agencias de viajes en Venezuela ya no se dedican al negocio de elaborar planes de viaje para sus clientes, sino a advertir a los que viajan sobre los posibles problemas existentes a la hora de intentar salir del país. «Le decimos al cliente, esto es lo que hay: tómelo o déjelo», dice Nelly, una veterana agente de viajes en Caracas. Gente como Nelly tiene suerte de seguir teniendo un trabajo. La venta de billetes cayó un 35 por ciento en 2015 después de caer un 84 por ciento en 2014, de acuerdo con cifras de la Asociación Venezolana de Agencias de Viajes y Turismo, debido a menos vuelos disponibles y a los precios en dólares que pocos podían pagar.

La escasez de pasajes de avión ha creado un mercado oscuro dominado por los revendedores, una mafia organizada en el aeropuerto de Maiquetía conocida como «los querubines». Éstos se confabulan con empleados de las aerolíneas para vender una cantidad de billetes en cada vuelo a viajeros a cambio de una «coima» o soborno. Un vuelo podrá aparecer lleno en el sistema informático de una aerolínea, pero un viajero aún puede hacerse con un asiento pagando una comisión a un querubín bien conectado. Algunos estiman que en 2013 los querubines operaron hasta cuatro pasajes por cada vuelo que salió de Maiquetía. La guardia nacional de Venezuela patrulla regularmente el aeropuerto para eliminar esta práctica y ocasionalmente arresta a algunas personas.

A finales de 2015 la industria de las aerolíneas había acumulado 3.800 millones de dólares en órdenes de compra de divisas con Cencoex en los últimos seis años, una cifra que el Gobierno de Maduro ha rechazado pagar. Maduro incluso ha acusado a las aerolíneas de cobrar precios inflados por sus billetes en bolívares con la intención de cambiar esa moneda local por una mayor cantidad de dólares a las tasas oficiales de cambio. La incertidumbre asociada a cuándo o a qué precio el Gobierno venderá dólares en el futuro ha llevado a las aerolíneas a incrementar los precios de los pasajes tan frecuentemente como sea posible para asegurarse más divisas en el futuro. En un mundo donde un dólar tiene varios precios insosteniblemente bajos decretados por el Gobierno, y donde existen oportunidades para obtener niveles de lucro igualmente irreales de esas tasas cambiarias, eventualmente todos tienen un incentivo para abusar del sistema.

Los dolores de cabeza para las empresas no cesan a la hora de obtener dólares. Cuadrar las cuentas de una empresa en Venezuela es una verdadera pesadilla. ¿A qué tasa de cambio debería una empresa evaluar sus costes, cuando algunas materias primas se importan con dólares adquiridos a 6,3 bolívares por dólar, otros a 12 bolívares y otros a 50 bolívares, etc.? Valorar las ventas de una empresa en Venezuela es otro gran problema. La proveedora de televisión por cable DirecTV, por ejemplo, estimó sus ventas en Venezuela en 900 millones de dólares en 2014, asumiendo que podría cambiar sus bolívares a la tasa oficial de 12 bolívares por dólar. Pero considerando que en la práctica era casi imposible para empresas comprar dólares a esa tasa, DirecTV estaba sobrevalorando sus ventas. En enero de 2015 una tasa más realista habría sido 50 bolívares por dólar, lo que habría reducido el valor de las ventas de la operadora a menos de un tercio de la estimación original, o 216 millones de dólares. A la tasa vigente en el mercado negro, las ventas habrían sido aún más bajas, 60 millones de dólares.

Muchas empresas extranjeras que operan en Venezuela calculan el valor de sus activos y dinero en efectivo a la tasa de cambio que hace que sus estados financieros se vean mejor, pero pagan un precio alto por esa práctica. Cuando Venezuela devaluó la moneda de 4,3 a 6,3 bolívares por dólar a principios de 2013, DirecTV se vio forzada a recalcular el valor de sus activos, registrando una pérdida de 166 millones de dólares. Un año más tarde, cuando Venezuela anunció que las empresas únicamente podrían repatriar sus dividendos a 12 bolívares por dólar, el valor de los activos de la operadora cayó de nuevo otros 281 millones de dólares. Numerosas empresas estadounidenses, incluidas Ford y PepsiCo, han sufrido drásticas reducciones de capital cada vez que el Gobierno venezolano devalúa su moneda, algo que ha ocurrido unas ocho veces en la última década. En abril de 2015 la agencia de noticias Bloomberg News estimó que 46 empresas que cotizaban en Bolsa y que representaban un 10 por ciento del índice Standard & Poor's 500, estaban regularmente expuestas a los vaivenes cambiarios de Venezuela.

Las empresas que operan en Venezuela nunca saben con certeza el valor real de sus ventas y activos convertidos a dólares, y se ven forzadas a adivinar y rezar para que esos estimados se mantengan. «Nadie conoce la verdadera tasa oficial de cambio que puede obtener hasta que el Gobierno decide venderle dólares», me dijo Juan Socias, el principal experto de las complicadas leyes cambiarias venezolanas. Durante años Socias logró ganarse la vida explicando las reglas cambiarias a decenas de grandes empresas. Tras años de estudio de los controles de cambio en Venezuela, Socias aprendió una importante lección: las empresas nunca pueden asumir que el Gobierno les permitirá cambiar sus bolívares a divisas. Los tipos de cambio oficiales se asemejan a un perverso juego de sillas musicales. Todo va bien mientras existan suficientes sillas para todos, o cuando el Gobierno vende suficientes dólares a las empresas. El juego acaba cuando el Gobierno se queda sin dólares para vender, y muchas empresas terminan arruinadas con sus cuentas llenas de bolívares inservibles.

Las consecuencias de un sistema económico distorsionado comienzan a tener un efecto en un hermético y misterioso complejo industrial de 23 héctareas 130 kilómetros al oeste de Caracas. Ahí está ubicada la Casa de la Moneda de Venezuela, la institución responsable de imprimir y acuñar billetes y monedas. La Casa de la Moneda está ubicada en una antigua finca en el valle de La Placera, rodeada de montañas y protegida por dos rejas electrificadas, cámaras de vigilancia de circuito cerrado y un contingente de guardias. Dentro de una enorme estructura del tamaño de un hangar en el ala oeste del complejo, técnicos vestidos con camisetas polo blancas manejan dos líneas de impresión de dinero, que incluyen la Super Simultan IV, una máquina alemana que forma parte del proceso de impresión de billetes, conocida afectuosamente en ese mundo con el diminutivo de SUSI. El Gobierno, con la ayuda de SUSI, puede imprimir más de 750 millones de billetes al año de varias denominaciones. Venezuela modernizó sus operaciones de impresión de dinero con la última tecnología en 2011 para doblar su capacidad de impresión, con la idea de poder imprimir todos los billetes que el país pudiera necesitar sin tener que contratar a compañías privadas o a otros bancos centrales para hacerlo.

Hoy día la Casa de la Moneda tiene un serio problema. Resulta que SUSI no tiene la capacidad para imprimir la cantidad de billetes que el Banco Central requiere, particularmente el billete de 100 bolívares, el de mayor denominación. Venezuela se ha visto obligada a contratar a empresas europeas que se especializan en la impresión de billetes como De La Rue (Reino Unido) o Giesecke & Devrient (Alemania), y a bancos centrales de países amigos, para producir las toneladas de billetes de 100 bolívares que el Banco Central venezolano no logra imprimir por sí solo. Venezuela ha subcontratado la impresión de la gran mayoría de sus billetes a empresas extranjeras en los últimos dos años.

Aviones Boeing 747 de fuselaje ancho[26] aterrizaban en el aeropuerto de Maiquetía cada dos semanas en 2015 con cargamentos de billetes que pesaban entre 150 y 200 toneladas (el equivalente a 150 millones de billetes), empaquetados en grandes embalajes que sólo podían descargarse de los aviones usando un sistema de rieles.[27] Expertos en impresión de billetes estiman que Venezuela necesitará 10.000 millones de billetes nuevos en 2016, y eso equivale a un tercio de la capacidad total de impresión de 30.000 millones de billetes que poseen todas las empresas privadas en el mundo que se dedican a la impresión de dinero. Tras bajar el cargamento de los aviones, el dinero es transportado en camiones blindados protegidos por convoyes militares a altas horas de la noche o temprano en la madrugada hasta llegar a las bóvedas del Banco Central, un primer paso en su travesía hasta terminar en los bolsillos de los venezolanos.

Imprimir dinero no es en sí un problema pues prácticamente cualquier nación con una línea de impresión de billetes y suficiente papel con marcas de agua y elementos de seguridad imprime su propia moneda. El problema en Venezuela es la cantidad de dinero que se imprime y cómo se crea ese dinero. En términos sencillos, mientras una economía produce más bienes y servicios y mientras genera cada vez más divisas de sus exportaciones, mayor es la can-

26. Entrevistas con dos ejecutivos de empresas internacionales que imprimen dinero y que hacían negocios con Venezuela.
27. Véase nota 26.

tidad de billetes que el Banco Central tiene que imprimir para hacer posible la cantidad de transacciones que ocurren en la economía. Pero el Banco Central de Venezuela hace algo que se considera económicamente peligroso: crea dinero de la nada.

El ente monetario venezolano crea más dinero del que normalmente resultaría de la producción de bienes y servicios del país y de la entrada de divisas a la economía por la venta de petróleo. De hecho, durante años ha prestado dinero a la petrolera estatal PDVSA para que ésta pueda pagar los salarios de sus empleados y pueda financiar los programas sociales entre otros gastos del Gobierno. A cambio, PDVSA entrega al Banco Central pagarés que constatan esta deuda pendiente. A finales de 2015 PDVSA había acumulado una deuda con el Banco Central de 145.000 millones de dólares, el equivalente a más de un año de sus ventas de petróleo. Esto ha agravado el problema de gasto excesivo que sufre el país.

Durante casi una década, el país se enriqueció cuando el precio del petróleo se quintuplicó llegando hasta 147 dólares por barril en 2008.

La bonanza petrolera fue una de las más grandes de la historia, y venía además acompañada de una subida en los precios de todos los productos básicos, o *commodities*, como el cobre, el oro y el zinc, que economías emergentes como China necesitaban para continuar creciendo. Desde 2003 Venezuela ha dedicado una gran parte de sus ingresos petroleros a pagar por grandes programas sociales, incluyendo transferencias en efectivo para los pobres, subsidios de comida y casas a precios subsidiados, así como subsidios para productos del hogar, electricidad, agua y servicios de telefonía. El Gobierno también ha vendido dólares a precios preferenciales, ha ofrecido petróleo a países amigos con generosas condiciones de financiamiento, ha vendido la gasolina más barata del mundo a sus ciudadanos, ha financiado las pérdidas de una gran cantidad de empresa estatales mal administradas y ha doblado el tamaño de su nómina de empleados públicos. Todo esto ha creado un enorme agujero en las finanzas del Estado pues el Gobierno no ha ahorrado absolutamente nada y muy poco de su gasto se ha utilizado para crear infraestructura productiva.

En 2001 Chávez dejó de ahorrar ingresos petroleros en un fondo de estabilización económica que tenía como objetivo financiar el gasto del Gobierno en tiempos de precios bajos.[28] Cuando ese dinero no fue suficiente para sostener el gasto del Gobierno, el presidente sacrificó la inversión del sector petrolero —el sector que genera la riqueza del país— para continuar pagando sus programas sociales. Posteriormente, comenzó a gastar las reservas internacionales del Banco Central.

Que un banco central preste dinero al Gobierno se considera una pésima política económica en cualquier parte del mundo. De hecho, la idea de hacer de los bancos centrales entes autónomos de las decisiones del Gobierno tiene como objetivo evitar la inflación galopante que casi siempre ocurre cuando el banco ayuda a financiar el gasto del Estado. Aquellos que cuestionaron la decisión de Chávez de convertir el Banco Central en su «alcancía» personal, fueron ignorados y hasta intimidados por el Gobierno y sus seguidores.

En agosto de 2007, Giordani, *el Monje*, ofreció una rueda de prensa televisada para responder preguntas sobre una reforma constitucional, aprobada por los venezolanos, que permitía al presidente eliminar la independencia del Banco Central y gastar sus reservas internacionales. Ya que cada dólar de las reservas respalda una cantidad de bolívares en circulación a una tasa de cambio establecida, gastar esos dólares implicaría imprimir más bolívares y esto devaluaría el bolívar.

En aquel año yo trabajaba como corresponsal en Caracas para *The Wall Street Journal* y asistí a la conferencia de prensa. Cuando el ministro me dio la palabra le pregunté si el cambio de ley, al dar al presidente demasiada discrecionalidad, no podría derivar en abusos por parte de mandatarios en el futuro. Además, agregué, gastar las divisas del Banco Central podía provocar que el banco imprimiera el doble de bolívares por la misma cantidad de dólares.

El Monje se puso furioso. Su respuesta fue una diatriba de casi cuarenta minutos en la que me acusó de mostrar «una falta

---

28. Eventualmente Chávez gastó 7.100 millones de dólares que se habían ahorrado en el fondo.

de respeto» por los miembros del directorio del Banco Central, y por el propio presidente Chávez. «Las reservas le pertenecen a la nación, no al Banco Central», me dijo. «¿De qué discrecionalidad estamos hablando?» A juicio del ministro, el presidente Chávez, al ser el representante electo del pueblo, tenía todo el derecho a decidir cómo gastar ese dinero. Las cámaras del canal de televisión estatal VTV, el único canal que tenía autorización para emitir, enfocaban mis expresiones faciales mientras el ministro arremetía contra mi pregunta. Los otros periodistas sentados en la sala observaban atónitos la respuesta furibunda del ministro.

Unas horas más tarde, por la noche, un amigo me llamó para informarme de que un presentador de la televisión chavista me estaba etiquetando de «enemigo de la revolución» en *La Hojilla*, un popular programa de propaganda gubernamental prochavista. *La Hojilla* era conocido por atacar a todos aquellos a quienes el Gobierno y sus aliados consideraban enemigos. El conductor del programa, un activista político de barba blanca rodeado de imágenes de Chávez, Lenin y Marx, reprodujo el vídeo del incidente y me acusó a mí y a mi empleador, Dow Jones & Co., de manipular información económica. El Monje y el aparato mediático del Gobierno habían intentado ridiculizarme en televisión frente al país entero, una manera de intimidar a todos aquellos que cuestionaban las políticas económicas del Gobierno. El mensaje era claro: el Gobierno no toleraría que se debatiera la idea de convertir el Banco Central en la caja chica del presidente de la república.

Gastar las divisas del Banco Central no fue suficiente y pronto Venezuela comenzó a pedir dinero prestado a bancos y a Gobiernos amigos, como China, y a vender grandes cantidades de bonos a inversores extranjeros. Y cuando el Gobierno de Chávez gastó ese dinero, comenzó a presionar al Banco Central para que imprimiera más bolívares y se los prestara a PDVSA. Esta estrategia ha inundado el país de un océano de billetes. Hay más dinero circulando por las calles de Venezuela que productos que se puedan comprar con él. Como resultado, los precios de todo, desde lápices y televisores hasta automóviles y casas, se incrementan de manera acelerada. La inflación anual en 2015 superó el 180 por ciento, siendo la más alta del planeta; en otras palabras, el bolívar perdió muchísima capacidad de compra en apenas doce meses, a medida que los precios aumentaban. A medida que el Banco Central continúe prestando dinero al Gobierno, y mientras más billetes imprima, el bolívar será cada vez más inservible.

En marzo de 2016 se necesitaban varios billetes de 100 bolívares para comprar una taza de café, lo que obligaba a los venezolanos a manejar fajos de billetes cada vez más gruesos. Durante uno de nuestros encuentros furtivos 1-800-LEO me dio una caja de whisky Johnny Walker etiqueta negra repleta de dinero. Era el único contenedor lo suficientemente grande y a la vez discreto para esconder 40.000 bolívares en efectivo sin levantar sospechas. La avalancha de bolívares recién impresos, combinada con la disminución de las reservas internacionales del Banco Central, ha causado estragos también con el tipo de cambio de la moneda. La escasez de dólares en Venezuela ha llegado a tal punto que la Casa de la Moneda en 2015 se había atrasado en el pago a las empresas extranjeras que contrata para imprimir bolívares. En términos sencillos, Venezuela debe dinero a las empresas que se dedican a imprimir su dinero.

Admitir que el bolívar cada vez vale menos es un tema delicado en Venezuela. Los funcionarios de la Casa de la Moneda siguen una norma general muy simple a la hora de imprimir dinero: el billete de más baja denominación debería ser el equivalente a un día de salario mínimo y el más grande debería representar dos semanas de salario mínimo. El Banco Central abandonó esta regla hace mucho tiempo. Si Venezuela realmente siguiera esta regla, en marzo de 2016 el billete más pequeño en circulación debería valer entre 300 y 400 bolívares y el más grande debería ser de 6.000 bolívares, o 60 veces más que el actual billete de 100 bolívares. Los funcionarios del banco están al tanto de esto, pero la idea de imprimir denominaciones de billetes cada vez más grandes es considerada un tabú entre los procuradores del Gobierno. Hacer esto sería el equivalente a admitir públicamente que la inflación está fuera de control. Sin embargo, la inflación desbocada ya está afectando a la vida diaria de millones de venezolanos.

Castor, un abogado de cuarenta años que se especializa en propiedad intelectual, conoce de primera mano lo que significa la inflación. Castor compró un apartamento en 2008 por 340.000 bolívares en una de las zonas más exclusivas de Caracas. Siete años después, el precio de compra del apartamento es apenas suficiente para comprar un Iphone 6 en Venezuela. La distorsión inflacionaria es peor aún. Castor pidió un préstamo bancario para poder pagar la mitad del inmueble y cuando conversamos, en mayo de 2015, aún continuaba haciendo pagos hipotecarios de 1.200 bolívares al mes, más o menos el equivalente a lo que costaba un viaje en taxi desde Caracas hasta el aeropuerto.[29]

Le pregunté a Castor por qué no cancelaba de una vez el saldo de una deuda risiblemente ínfima y su respuesta dice mucho sobre cómo funcionan las cosas en una economía al revés. Castor me explicó que continuaba haciendo los pagos mensuales porque cuanto más tiempo tarde en cancelar la hipoteca en un país donde la moneda local cada día vale menos, menos dinero terminará pagando. De acuerdo con Castor, únicamente pagará la deuda el día que decida vender el apartamento. En una situación igualmente absurda, 1-800-LEO compró una camioneta Ford Escape en enero de 2006 por 66.000 bolívares,[30] pero con esa misma cantidad en marzo de 2016 un venezolano compraba apenas dos botellas de whisky escocés de doce años. Aparte de los dólares, los automóviles y los bienes raíces son los únicos activos que un venezolano puede comprar para proteger su dinero. Los precios en bolívares de las casas y los automóviles se incrementan con el tiempo, siguiendo de cerca el valor del dólar en el mercado negro.

El viejo adagio que dice «el tiempo es dinero» tiene un significado especial en Venezuela. Cada minuto que pasa, el bolívar vale menos. En esta realidad tan absurda, la gente tiene tres op-

29. Castor obtuvo un préstamo a una tasa fija del 12 por ciento anual.

30. El precio de la camioneta Ford fue ajustado como resultado de la redenominación del bolívar en 2008, la cual eliminó tres ceros al valor de la moneda local.

ciones: gastar su dinero lo más pronto posible antes de que los productos se hagan demasiado caros, comprar dólares y guardarlos en cuentas bancarias en el extranjero o debajo del colchón, o bien endeudarse lo máximo posible a una tasa de interés fija. Ahorrar bolívares en un banco en Venezuela no tiene sentido porque la tasa de interés que los bancos pagan a sus depositantes es más baja que la inflación.[31] Para la gran mayoría de consumidores sin capacidad de ahorrar, la mejor opción es gastar todo el dinero cuanto antes, en comida, ropa, educación y todo lo demás antes de que los precios suban. Cada minuto que el dinero pasa en una cuenta bancaria sin usarse pierde valor.

El bolívar pierde su poder de compra tan rápido que los venezolanos han aprendido a llevar sus tarjetas de crédito al máximo y a jugar con la fecha de corte de éstas para sacar partido a la inflación. Gente como Castor o 1-800-LEO hacen grandes compras de supermercado o productos costosos el día después de la fecha de corte de sus tarjetas. Esa compra aparecerá en el extracto de la tarjeta treinta días después y su propietario tiene en ese momento otros treinta días para pagar la cuenta, en otras palabras, pagará unos sesenta días después de haber hecho la compra original. Ese tiempo es sumamente valioso en un país donde la inflación sube un mínimo de un 9 o un 10 por ciento cada mes. Ese mismo producto podría valer un 18 por ciento más en un par de meses. Y ése no es todo el beneficio que los consumidores pueden obtener del sistema financiero en un país inflacionario. En Venezuela, el Gobierno ha decretado que los bancos no pueden cargar a los usuarios de tarjetas de crédito una tasa superior al 29 por ciento anual. Pero dado que la inflación es varias veces más alta que la tasa por créditos de consumo, los bancos cobran a los usuarios tasas de interés negativas. En otras palabras, los bancos dan dinero gratis a los usuarios de tarjetas de crédito. «Eso es un tremendo incentivo para consumir», me dijo Castor.

El fenómeno se observa claramente en las estadísticas de con-

---

31. En junio de 2015 los bancos pagaban una tasa de interés máxima del 14,5 por ciento por los certificados de depósito de cualquier duración. Y al mismo tiempo la inflación se situaba en el 70 por ciento.

sumo de Venezuela. El Economist Intelligence Unit, la unidad de análisis de *The Economist*, ha estimado que la industria de comercio en Venezuela incrementará sus ventas en bolívares a una tasa del 35 por ciento anual durante los próximos cinco años hasta el 2019, pero al mismo tiempo espera que el volumen de productos en venta se contraerá o se mantendrá casi igual.[32] En otras palabras, más y más dinero en efectivo flotando en la economía servirá a la gente para comprar cada vez menos, pero la burbuja de dinero fácil generada por el Gobierno crea la ilusión de prosperidad.

El tema de la inflación es tan delicado políticamente en Venezuela que las autoridades del Banco Central en 2014 cesaron la práctica de publicar las cifras de inflación cada mes como era costumbre. Hasta diciembre de 2015 el banco no hizo públicas cifras parciales de inflación y crecimiento. La inflación en 2015 alcanzó el 180,9 por ciento, siendo ésta la más alta en la historia del país. Pero esconder la realidad de la economía no resuelve el problema de fondo. A este ritmo, Venezuela se acerca peligrosamente a la hiperinflación, una realidad que pocos países han experimentado.[33] Cuando Alemania sufrió este fenómeno en 1923, el marco alemán valía tan poco que los alemanes usaban el dinero como papel tapiz para adornar las paredes de sus casas.

Naturalmente, las autoridades del Banco Central han optado por no dar conferencias de prensa y los directores del banco evitan apariciones públicas en las que puedan afrontar preguntas incómodas. A juicio de los directores del banco y de funcionarios del Gobierno, cualquier persona interesada en darle un vistazo crítico a la economía es considerada sospechosa. Después de varios meses de pedir cita para conversar con el presidente del Banco Central, Nelson Merentes, para este libro, en mayo de 2015

32. Economist Intelligence Unit, Consumer Goods and Retail, Venezuela, febrero de 2015.

33. Los economistas definen la hiperinflación como un incremento inflacionario mensual de un 50 por ciento.

recibí una llamada de la oficina de Merentes para invitarme a una reunión inicial con dos funcionarios del banco.

Unos días más tarde me reuní con dos funcionarios con cara de pocos amigos en el último piso del Banco Central, César Maza, del Departamento de Estadísticas, y Rafaela Cusati, la encargada del Departamento de Prensa del banco, quienes me informaron de que no podían responder preguntas. La reunión era una oportunidad para conocerme, pero rápidamente el encuentro se convirtió en algo que puede describirse mejor como un interrogatorio. Maza, con muy poco disimulo, intentaba ver qué escribía yo en mi libreta de apuntes cada vez que alzaba el lápiz. Ambos me bombardearon con preguntas sobre a quiénes había entrevistado para mi libro, a quiénes planeaba entrevistar, y además intentaban indagar mis opiniones sobre la economía de Venezuela. Les di respuestas vagas y no mencioné los nombres de mis entrevistados por una muy buena razón. Altos funcionarios del Gobierno en Venezuela tenían el poder de intimidar a cualquier líder de negocios medianamente interesado en darme información para el libro, y podían además hacer que las autoridades me expulsaran del país.

Venezuela desarrolló bajo el chavismo la tendencia de arrestar a periodistas o a investigadores bajo la excusa de ser espías para Estados Unidos. En 2013, por ejemplo, el reportero del *Miami Herald* Jim Wyss fue arrestado y acusado de espionaje mientras realizaba investigaciones para un artículo sobre la escasez y el contrabando de productos en las zonas fronterizas del país. Afortunadamente, las autoridades militares lo dejaron en libertad unos días después, pero no sin antes haber revisado el disco duro de su portátil y los contactos de su teléfono móvil. Durante nuestra charla, expliqué a los funcionarios del Banco Central que mi libro se enfocaría estrictamente en lo económico y en el mundo de los negocios en Venezuela sin meterme demasiado en el tema político. «La economía es un tema controversial en este país», me dijo Cusati. La reunión terminó y mi entrevista con el presidente del banco nunca fue aprobada. Fue una experiencia muy distinta a los cinco años que viví en Caracas, una época en la que Merentes era ministro de Finanzas y ocasionalmente hablaba abiertamente conmigo y con otros periodistas.

Quizá estaba siendo paranoico, pero después de esa tensa conversación en el Banco Central decidí guardar todos mis apuntes en la nube mientras visitaba Venezuela y opté por guardar mi portátil en la caja de seguridad de mi habitación cada vez que dejaba el hotel. Escribir sobre los problemas económicos que se derivan de la inflación y la débil moneda venezolana ha traído muchos problemas a varios medios de comunicación en Venezuela. El Gobierno ha utilizado los controles cambiarios como arma para restringir los dólares a periódicos cuya cobertura no está alineada con las ideas del Gobierno chavista. La Sociedad Interamericana de Prensa ha denunciado que numerosos medios han tenido problemas para obtener las divisas necesarias para comprar papel y tinta, y muchos de ellos se han visto forzados a cesar en sus operaciones y limitarse a publicar noticias por internet únicamente debido a lo que consideran un premeditado estrangulamiento de las críticas a través de la restricción de divisas.

Venezuela tiene un pasado oscuro en materia de controles cambiarios. El país experimentó una seria devaluación cambiaria por primera vez el 18 de febrero de 1983, un día infame en la historia de Venezuela conocido como el «Viernes Negro», cuando el bolívar sufrió la mayor devaluación en un solo día respecto al dólar. La debacle ocurrió por una razón muy sencilla: varios presidentes venezolanos habían gastado generosas cantidades de dinero público en el sector agrícola y en el sector industrial, entre otros proyectos, y no habían hecho esfuerzo alguno por ahorrar parte de la riqueza petrolera, pensando que los precios del petróleo se mantendrían altos eternamente. Cuando el precio del crudo finalmente cayó, esos gastos extravagantes y el elevado valor del bolívar dejaron de ser sostenibles.

Poco después del Viernes Negro, el Gobierno impuso un tipo de cambio dual de 4,3 y 6 bolívares por dólar y creó un sistema llamado Régimen de Cambio Diferencial, o Recadi, para manejar el control de cambio, una versión inicial del actual Cencoex. Se prohibió además el uso de divisas para importar bienes que el Gobierno consideraba lujos, como perfumes o lencería. Los controles de cambio duraron seis años y dieron paso a una corrupción a gran escala. Años más tarde, en 1989, cuando un nuevo presidente, Carlos Andrés Pérez, decidió eliminar Recadi, encontró una cultura de sobornos que usuarios pagaban a funcionarios de Recadi a cambio de la venta de dólares a las tasas de cambio preferenciales. El presidente encontró, además, sobrefacturación de importaciones de todo tipo de productos, desde comida hasta repuestos del automóvil, un método bastante común para desangrar al Gobierno de dólares.

El proceso de limpieza de corrupción que ocurrió después terminó afectando a exmandatarios, a altos funcionarios del Gobierno y a ejecutivos de las empresas más poderosas que operaban en Venezuela. Los políticos venezolanos habían desperdiciado la riqueza petrolera, derrochado las reservas de divisas y oro del Banco Central y habían dejado al país cargado de deudas. Cuando los controles de cambio llegaron a su fin en 1989, el Gobierno permitió que los precios de todo tipo de productos, como la comida, la gasolina, los servicios públicos o el transporte, aumentaran y esto llevó a una ola de violencia, saqueos y protestas en Caracas, conocida como «El Caracazo», que dejó un saldo de más de trescientos muertos.

A mediados de la década de los noventa, una crisis bancaria llevó a Venezuela de nuevo a imponer controles de cambio manejados por una oficina conocida como Oficina Técnica de Administración Cambiaria (OTAC), la cual también terminó siendo sumamente corrupta. Todo terminó muy mal cuando el Gobierno se vio forzado a devaluar el bolívar un 38 por ciento dos años después. Cuando cerraron la OTAC, los empresarios se preguntaban qué pasaría con sus órdenes de compra de dólares que aún estaban pendientes de procesarse. El ministro de Planificación de ese momento informó a los empresarios de que el Gobierno únicamente asumiría las peticiones que ya habían sido aprobadas, todas las demás se perderían.

La fiesta de los dólares baratos, aquel mundo en el que los políticos decidían quién recibía dólares, cuántos y a qué precio, había llegado a su fin. Todo lo que quedó fueron pérdidas monumentales para aquellas empresas que no lograron convertir sus bolívares inservibles en divisas, y una dura lección para todos los venezolanos: nunca confíes en tu propia moneda.

La pérdida de valor del bolívar ha cambiado la manera de vivir en Venezuela. Un bolívar inservible hizo posible que Girish Gupta, un periodista del Reino Unido, pudiera permitirse un estilo de vida extraño pero muy cómodo. Cuando conocí a Gupta, en enero de 2015, llevaba viviendo en el piso 21 del Marriott Renaissance más de un año, pagando más o menos 1.000 dólares al mes por una habitación que incluía servicios como electricidad, agua y teléfono, y todas las comodidades de un hotel de lujo. Su gasto mensual de vivienda incluía una cantidad ilimitada de papel higiénico, además de champú y pastillas de jabón gratis. Eso valía mucho en un país como Venezuela, que por el mal manejo de sus divisas tenía además una escasez de productos de higiene personal, entre otros bienes básicos. Para comparar, alquilar un apartamento de una habitación en una de las zonas más exclusivas de Caracas costaba entre 1.200 y 1.500 dólares al mes. «Algunas personas creen que estoy loco o que simplemente me gusta la vida de lujo, pero si haces bien tus cálculos, todo esto tiene sentido», me dijo Gupta.

Gupta gozaba además de otro beneficio de vivir en un hotel de lujo, los puntos de recompensa que la cadena Marriott da a sus clientes más leales. En aquel entonces, los huéspedes del Renaissance obtenían diez puntos de recompensa por cada dólar que gastaban en el hotel, y los huéspedes de largo plazo acumulaban una gran cantidad de puntos que luego podían canjear por noches gratis en cualquier Marriott del mundo. Los puntos acumulados permitían a Gupta asegurar sus vacaciones a bajo coste también.

En enero de 2015 el sistema de puntos de recompensa de Marriott calculaba que 50 bolívares equivalían a un dólar, lo que convertía los puntos de recompensa en otra forma de hacerse con dólares baratos que podían usarse para pagar por noches de hotel en el exterior. Desde entonces, algunos venezolanos han usado los puntos del Marriott como dinero. A veces Gupta vendía los puntos que ganaba por cada mes de estancia en el hotel a 200 o hasta 300 dólares, lo que hacía que ésta fuese aún más económica. Cualquier persona con suficientes ingresos en dólares fácilmente puede acostumbrarse a este estilo de vida. Durante mis años viviendo en apartamentos arrendados en Caracas, mis caseros preferían encontrar un nuevo inquilino cada año en lugar de renegociar mi contrato pues de esa manera podían fácilmente incrementar el alquiler un 40 o un 50 por ciento para seguir el ritmo de alza del dólar en el mercado negro. Me vi forzado a cambiar de apartamento tres veces durante mis cinco años en Venezuela. Pero en 2015 el bolívar valía tan poco que los extranjeros podían prescindir de alquilar apartamentos y optar por vivir en un hotel todo el año.

2

Demanda infinita

Los venezolanos tienen un serio problema al sentarse en el retrete. Una escasez crónica de papel higiénico los ha obligado a usar
servilletas, papel toalla, cualquier cosa que sirva como sustituto
del rollo tradicional de papel higiénico, que prácticamente ha
desaparecido del país. Afortunadamente, en mis visitas a Caracas
siempre tuve dos rollos nuevos en el baño de mi hotel que alguien
reemplazaba como por arte de magia cuando se agotaban. En
cambio, los supermercados, tiendas o farmacias de Venezuela pasaban días y semanas sin colocar un solo rollo en sus estanterías.
Me tomé la tarea durante tres semanas de encontrar y comprar
un rollo de papel higiénico en algún lugar de la zona metropolita-
na de Caracas.

En enero de 2015 en Venezuela escaseaban los bienes básicos
de consumo diario. Alimentos como el arroz, la leche, azúcar, carne o pollo eran difíciles de conseguir. Y productos de higiene personal como desodorante y champú eran productos prácticamente
inexistentes, de la misma manera que el papel higiénico. Habían
pasado casi dos años desde que las estanterías de las tiendas habían tenido suficiente papel higiénico a la venta en Caracas, la
ciudad de Venezuela donde los consumidores podían encontrar
este tipo de productos con mayor facilidad. En otras ciudades del
país los consumidores se enfrentaban a un cuadro aún más deso-

lador, sus estanterías estaban vacías casi todo el tiempo. Mucha gente viajaba a Caracas desde poblaciones alejadas con el único objetivo de encontrar jabón, detergente o papel higiénico en algún lugar de la capital.

Cuando los camiones cargados de papel higiénico llegaban a una tienda, cientos de venezolanos pasaban horas esperando en colas kilométricas que se alargaban varias calles, con la única esperanza de comprar cualquier cantidad de papel higiénico posible o lo que una tienda decidiera venderles. Algunos establecimientos vendían únicamente doce rollos por persona para que la mayor cantidad de clientes posible pudiera comprar el producto. Los que lograron una amplia reserva de rollos de papel higiénico en la Venezuela de 2015 eran personas con mucha suerte y que habían pagado un alto precio por los rollos en el mercado negro, o bien que habían pasado días y hasta semanas buscando rollos por toda la ciudad, haciendo horas de cola fuera de toda clase de establecimientos para comprarlos al precio regulado.

Cuando el papel higiénico desaparece en un país, suceden cosas extrañas. En el café La Nugantina, un establecimiento emblemático en Los Palos Grandes, en el este de Caracas, me encontré con una pila voluminosa de papel toalla sobre el único retrete del café, el mismo tipo que se usa para secarse las manos. No había papel higiénico disponible para los clientes. Un empleado me confesó que el café se había visto forzado a cerrar el aseo varios días porque los clientes tenían por costumbre robar los pocos rollos de papel higiénico que el local tenía disponibles. Los empleados optaron por usar rollos de papel industrial anchos y pesados, que son más fáciles de encontrar en el mercado, pero la gente robaba esos también, llevándose grandes cantidades de papel a manotadas o simplemente escondiendo el rollo entero en carteras grandes antes de salir del aseo. Los empleados del café optaron eventualmente por no ofrecer papel higiénico y en su lugar dejaban suficiente papel toalla. Algunos restaurantes toman otro tipo de precauciones. Catar, un restaurante de comida mediterránea muy de moda entre los venezolanos acaudalados, atornilló un rollo de papel higiénico de tamaño industrial dentro de un dispensador de plástico para evitar su robo.

Los rollos normales de papel higiénico que se utilizan en los hogares son tan difíciles de obtener que los consumidores a veces se ven en la necesidad de comprar rollos de papel de tamaño industrial si pueden encontrarlos. Melquíades Pulido, un expresidente de la Cámara Venezolana Americana de Comercio e Industria, Venamcham, experimentó este problema de primera mano. Me reuní con Pulido en un café de Caracas porque me interesaba escuchar de boca de alguien con su experiencia las dificultades que el sector privado experimentaba haciendo negocios en Venezuela. Hasta hacía poco tiempo, Pulido había sido el presidente de Venamcham, la cámara que representa a las empresas multinacionales más grandes que operan en Venezuela, como McDonald's, Coca-Cola o la aerolínea American Airlines, y por muchos años fue además el presidente de la petroquímica DuPont en la zona andina. Pero nuestra conversación pronto se orientó de manera inevitable al tema de la escasez de papel higiénico. Pulido había logrado hacerse con una pequeña reserva de rollos industriales de papel higiénico para su hogar. «Aún no los he necesitado, pero eso podría cambiar muy pronto», me dijo.

Durante las celebraciones de Semana Santa de 2015, unos tres meses después de mi charla con Pulido, algunos hoteles de la ciudad de Mérida, un centro turístico muy importante en los Andes cerca de la frontera con Colombia, comenzaron a pedir a sus huéspedes que trajeran su propio papel higiénico para las vacaciones.[34] Un hotel de lujo como el Marriott Renaissance tiene relaciones privilegiadas con sus proveedores que le permiten obtener suficiente papel higiénico cuando hay un nuevo cargamento listo para la venta, pero los hoteles más modestos no tienen la misma suerte. Un gerente del Renaissance me comentó que el hotel tomaba la precaución de acumular una reserva de papel higiénico suficiente para tres meses. «La clave está en tener buenos proveedores, y tener muchos además», me dijo el gerente. El Renaissan-

34. Rueda, Manuel, «Hoteles venezolanos piden a huéspedes traer su propio papel higiénico», Univision.com. 3 de abril de 2015. http://www.univision.com/noticias/noticias-de-latinoamerica/hoteles-venezolanos-piden-a-huespedes-traer-su-propio-papel-higienico

ce tenía todo un piso entero dedicado exclusivamente a guardar su preciado inventario de artículos de tocador.

Ir de compras a por papel higiénico o cualquier otro producto de uso diario es una experiencia agotadora. Después de visitar durante varios días más de una docena de supermercados en distintos puntos de Caracas, aún no había tenido éxito en mi misión por encontrar al menos un rollo. Cientos de venezolanos se dedicaban a hacer cola en uno u otro supermercado a cualquier hora del día. Y cuando me acercaba a preguntarles qué producto les llevaba a hacer cola, la mayoría de ellos me respondía que había llegado azúcar o leche, pero nunca nadie me respondía que había papel higiénico. Visitar supermercados del Estado es una experiencia especialmente deprimente. Un sábado por la tarde en el supermercado Bicentenario, ubicado en la plaza Venezuela, una zona de familias de clase media, cientos de venezolanos se acercaban para ir de compras. El Bicentenario ocupa una estructura masiva de más de 14.000 metros cuadrados —el tamaño de un pequeño centro comercial—, con 52 cajas registradoras, en la que 6.500 personas al día compraban toda una gama de productos, desde pollos congelados hasta televisores de pantalla plana, a precios subsidiados por el Gobierno. Fuera del Bicentenario, varios cientos de personas con sombrillas hacían cola bajo el sol en un estacionamiento de tierra, sentados en sillas plegables mientras esperaban varias horas para entrar. Familias enteras de venezolanos de pocos recursos, muchas de ellas con niños pequeños, esperaban pacientemente bajo un calor infernal.

En un lateral del estacionamiento había un puñado de baños portátiles para aquellos que necesitaban hacer sus necesidades, pero el número de retretes era insuficiente para la creciente masa de gente que seguía sumándose a la cola. Obviamente los usuarios tenían que traer su propio papel higiénico para usar los baños. En la entrada principal del Bicentenario, dos funcionarios del Gobierno vestidos con chalecos rojos —el color del partido político fundado por Hugo Chávez— advertían a los compradores que no se colocaran en la fila si buscaban papel higiénico. Hacía ya varios días que el Bicentenario no tenía rollos de papel y no se sabía cuándo llegarían más.

Unos días después, a mediodía de un miércoles, logré ver a un hombre caminando por la calle con un paquete de cuatro rollos de papel higiénico dentro de una bolsa de plástico transparente. Le pregunté de inmediato dónde los había comprado y el hombre me indicó un supermercado cercano, pero me advirtió que no perdiera el tiempo. «Ya se acabó todo», dijo. Los venezolanos ya no van de compras cada semana como hacían hace unos años, sino diariamente, incluso varias veces al día. La llegada de papel higiénico o cualquier otro producto escaso a una tienda se convierte en un acontecimiento que se difunde rápidamente por las redes sociales y lleva a que muchos venezolanos abandonen sus puestos de trabajo para irse de compras. Los empleadores en Venezuela no tienen más que resignarse a los altos niveles de absentismo laboral, porque todos sus empleados, desde el personal de limpieza hasta el gerente de la compañía, necesitan tomarse el tiempo necesario para encontrar los productos de consumo básico que tanto escasean.

Es muy común en Caracas ver a venezolanos caminando a cualquier hora por las calles con una bolsa de plástico de la compra. Y cada uno de ellos tiende a observar de reojo las bolsas de los demás para ver qué productos han logrado obtener. Descubrí este fenómeno cuando salía de un supermercado después de comprar fruta. Pronto me di cuenta de que extraños caminando por la calle enfocaban su mirada en mi bolsa cuando se cruzaban en mi camino, sin duda queriendo ver si yo había logrado comprar leche, pollo, detergente o cualquier otro producto valioso. Encontrar un rollo de papel higiénico es casi como ganar la lotería y aquellos que lo logran sienten un sentimiento de satisfacción y orgullo casi indescriptible.

La primera vez que los venezolanos montaron una protesta por la escasez de papel higiénico fue en 2013. Muchos lanzaron campañas en Twitter y otros tantos se apertrecharon frente a ministerios, pero el problema sólo empeoró con el tiempo. El Gobierno ha responsabilizado a sus enemigos políticos de ser los culpables de causar la escasez de papel higiénico. Según el Gobierno, existen tres tipo de enemigos: empresas internacionales que producen menos papel higiénico de manera intencionada; distribuidores o intermediarios que acaparan los rollos con la intención de venderlos aún más caros a los consumidores, y venezolanos «irresponsables» que compran más rollos de papel de los que realmente necesitan. En lo que al Gobierno respecta, un verdadero revolucionario es aquel que resiste de manera estoica la falta de papel higiénico y tiene la suficiente paciencia para esperar a que los políticos logren crear un sistema socialista con el dinero de la renta petrolera. En junio de 2013, Elías Jaua, el entonces ministro de Relaciones Exteriores, tuvo un famoso arranque de enojo durante un encuentro político multitudinario cuando la gente le exigió a viva voz una solución al problema del papel higiénico. El ministro, micrófono en mano, preguntó a la multitud: «¿Ustedes quieren patria o papel toilet?».[35]

Otros funcionarios del Gobierno intentaron dar un énfasis positivo a la escasez de papel higiénico, pero terminaron ridiculizados. Ese mismo mes, Elías Eljuri, el presidente del Instituto Nacional de Estadística (INE), dijo en una entrevista televisada que la escasez de papel higiénico era de hecho una muy buena señal. Demuestra que en Venezuela «la gente come más», dijo, porque tienen más acceso a comida gracias a las políticas sociales impulsadas por el Gobierno chavista.[36] En otras palabras, más consumo de papel indica que los venezolanos defecan más y esto es prueba de su bienestar. En mayo de 2013 el Gobierno estimaba que Venezuela consumía alrededor de 125 millones de rollos de papel higiénico cada mes, pero el mercado pedía otros 40 millones de rollos para satisfacer un exceso de demanda. El Gobierno prometió importar 50 millones de rollos para dejar el mercado bien abastecido y el presidente incluso ordenó la toma de una

35. «Jaua critica a Capriles y pregunta ¿quieren patria o papel toilet?», *El Nacional*, 22 de junio de 2013. http://www.eluniversal.com/nacional-y-politica/130622/jaua-critica-a-capriles-y-pregunta-quieren-patria-o-papel-toilet

36. «Eljuri: 95% de los venezolanos comen tres y cuatro veces al día», *Últimas Noticias*, 22 de mayo de 2013. https://www.youtube.com/watch?v=YM-dpK5veC_A

planta de papel higiénico para forzar a la empresa a producir más, pero eso no resolvió el problema.[37] El Ministerio de Comercio importó 80 millones de rollos de papel en 2014, pero la escasez continuó.[38]

El venezolano promedio utilizó 2,6 kilos de papel higiénico en 2014, una cifra bastante modesta. Es una cantidad mayor de la que consume un habitante promedio en India, que es cero (en ese país se usa la mano izquierda), y una fracción de los 9 kilos por persona que se consumen anualmente en Estados Unidos.[39] El consumo de papel higiénico en Venezuela refleja de cerca el ascenso y la caída de la fortunas petroleras del país. En 2008, en el punto más álgido de la bonanza petrolera, los venezolanos consumían alrededor de 3,6 kilos de papel higiénico, un 60 por ciento más de lo que consumían siete años antes, durante la época de precios petroleros bajos.[40] El consumo de papel higiénico en 2014 cayó a los niveles de catorce años atrás, pero esto era un sinsentido pues para entonces la población de Venezuela había crecido y su economía debía de ser más rica tras más de una década de percibir ingresos petroleros cuantiosos.

La raíz del misterioso problema del papel higiénico en Venezuela se encuentra en la falta de producción local de rollos. La empresa de papel Papeles Venezolanos, PAVECA, domina el mercado del papel higiénico en Venezuela con una marca llamada Rosal. La empresa tiene una capacidad de producción de 62 millones de rollos al mes, y ésta satisface casi la mitad de la demanda de papel higiénico en el país. PAVECA, no obstante, ha

37. «Gobierno importará 50 millones de rollos de papel higiénico», *El Nacional*, 14 de mayo de 2013. http://www.el-nacional.com/economia/Gobierno-importara-millones-rollos-higienico_0_190181237.html

38. Memoria y Cuenta 2014, Ministerio del Poder Popular para el Comercio. http://transparencia.org.ve/wp-content/uploads/2012/10/MEMORIA-Y-CUENTA-2014-Definitiva-Despacho.pdf

39. Euromonitor International, Tissue and Hygiene, edición 2015. Fuente: euromonitor.com

40. De acuerdo con datos de Euromonitor, los venezolanos usaban 2,2 kilos de papel higiénico al año por persona en el año 2000. Sin embargo, en el año 2008 el consumo acendía a 3,5 kilos por persona.

tenido problemas para mantener su producción, porque no logra obtener las divisas suficientes para pagar por las importaciones de poliéster y la fibra de algodón necesarios para producir los rollos. Sus competidores, la empresa estadounidense Kimberly Clark y la pequeña empresa venezolana MANPA, se enfrentan al mismo problema.

En junio de 2015 PAVECA informó a sus trabajadores que la compañía podría verse abocada a un cierre parcial o total de sus actividades en cosa de meses si continuaba teniendo problemas para importar materia prima.[41] Peor aún, el Gobierno obliga a las tres empresas productoras de papel higiénico a compartir la pulpa de papel que necesitan para producir cuando cualquiera de las tres se queda sin suficiente materia prima. La lógica detrás de esto es que el Gobierno no puede proveer a cada una de las empresas de suficientes dólares para que puedan importar el material que necesitan. Y cuando una empresa productora de papel higiénico finalmente logra importar materia prima, los oficiales de aduanas piden a menudo «coimas» y sobornos para permitir que el material abandone la aduana camino a las fábricas.[42]

La empresa PAVECA tiene otro problema añadido. Pierde dinero por cada rollo que produce. Los productores de papel higiénico en Venezuela se ven obligados a vender sus productos a un precio fijado por el Gobierno, pero cuando no existe suficiente materia prima para producir, la empresa debe seguir pagando a todos sus empleados y no puede hacer recortes de personal, pues en Venezuela toda empresa necesita una autorización del Gobierno para reducir el tamaño de su nómina laboral. PAVECA debe cubrir varios otros costes aun si no logra producir un solo rollo de papel higiénico. Y mientras el precio regulado de un rollo de papel se mantiene igual durante meses, el coste de producirlo, incluidos los salarios de los trabajadores en la fábrica, aumenta con la inflación.

41. Parra, Zueli, «Empresa de papel higiénico Paveca advierte riesgo de paralización en julio», *El Venezolano*, 2 de junio de 2015.

42. Entrevista con un ejecutivo de una empresa productora de papel higiénico que optó por mantener el anonimato.

El Gobierno chavista decretó controles de precios para productos básicos por primera vez en 2003, para hacer que éstos fuesen fácilmente adquiridos por los venezolanos, aun cuando el bolívar se debilitaba y la inflación se disparaba. Cualquier lección básica de economía enseña que los controles de precios rara vez funcionan, especialmente si se mantienen intactos durante largos períodos de tiempo, pues desincentivan la producción y generan una demanda excesiva; una combinación peligrosa. Sin embargo en 2015 el listado de productos con controles de precios había crecido tanto en Venezuela que incluía más de 1.400 productos farmacéuticos, 140 productos alimentarios y más de 240 productos de higiene personal, con el agravante de que el Gobierno rara vez ajustaba los precios de estos productos.[43] El papel higiénico es uno de los productos más importantes de esta lista. Por ley, el precio de un rollo de papel higiénico depende del número de los cuadrados que lo conforman.[44] Un grupo de burócratas chavistas decidió un buen día que los consumidores deberían pagar no más de 0,026 bolívares por cada pieza cuadrada de papel higiénico, sin importar la calidad del rollo. Nadie sabe con certeza cómo los contables del Gobierno acordaron este número arbitrario. El precio no toma en consideración el grosor o la calidad del papel y no existe un precio distinto para rollos de papel acolchado o simple, perfumado o sin olor. Al final, nada de eso importa ya porque el papel higiénico de alta calidad ha dejado de existir en los baños de los venezolanos.

La mayoría del papel higiénico disponible en el mercado es tan delgado como una gasa y de una textura áspera y acartonada.

---

43. Economist Intelligence Unit, Country Commerce Report, 2014. http:// www.eiu.com.

44. El rollo de papel higiénico más barato, con 193 cuadros, se vendía a un precio máximo de 5,17 bolívares (el equivalente a 82 centavos de dólar calculado a la tasa de cambio oficial de 6,3 bolívares por dólar), y el más caro, con 500 cuadros, se vendía por no más de 13,40 bolívares (2,12 dólares) cada uno. El listado de precios de la Superintendencia de Precios Justos del 6 de junio de 2014 se mantenía vigente a principios de 2015.

Ni pensar en un rollo acolchado de triple capa y perfumado de la marca Scott, producido por Kimberly Clark. Este tipo de rollo es una rareza equiparable al caviar, y quizá igualmente codiciado. En el mercado negro de productos de consumo, un paquete de papel higiénico básico de cuatro rollos puede costar varias veces el precio establecido por ley. En Venezuela es ilegal revender papel higiénico a un precio mayor al regulado, así como pasarlo de contrabando a los países vecinos. Quien revenda papel higiénico puede ser arrestado y terminar en la cárcel por un período superior a tres años; aun así, la gente se arriesga porque ante la escasez un rollo de papel higiénico se ha convertido en un objeto raro y valioso.

El Gobierno puede cerrar, multar y confiscar los activos de todas aquellas tiendas que acaparen papel higiénico, entre otros productos, y sus dueños pueden ser condenados a períodos de prisión de entre ocho y diez años. No obstante, en Venezuela no existe una definición legal de «acaparamiento». No se sabe en realidad qué cantidad de inventario de papel higiénico podría mantener un negocio legalmente sin meterse en problemas con el Gobierno. ¿Es acaso legal mantener un inventario equivalente a un día de ventas, a una semana o a un mes? Nadie lo sabe con certeza. En 2013 las autoridades venezolanas arrestaron a Limin Zheng y a Marco Zingg, dos comerciantes acusados supuestamente de acaparar papel higiénico.[45] En la tienda de Zingg las autoridades encontraron once bultos, o paquetes, de 96 rollos de papel higiénico, y en la tienda de Zheng, 220 bultos. Ambos terminaron en la cárcel.[46] Los consumidores compran tanto papel higiénico como les es posible, pues no existe una ley que lo prohíba. Acumulan grandes cantidades de rollos de papel en casa, por-

45. «Maduro anunció intervención de empresa la Manpa, *El Universal*, 27 de septiembre de 2013. http://www.eluniversal.com/economia/130927/madu ro-anuncio-intervencion-de-la-empresa-manpa-imp
46. El anuncio oficial del Gobierno se refería a cada paquete de rollos de papel higiénico como un «bulto». La palabra «bulto» normalmente se refiere a 24 unidades de cuatro rollos de papel higiénico cada una, o lo que es lo mismo, 96 rollos de papel higiénico.

que no tienen certeza de cuándo volverán a encontrarlos en el supermercado. El Gobierno se refiere a este fenómeno como «compras nerviosas», y constantemente pide a los ciudadanos que no compren más de lo necesario.

La fiebre del papel higiénico ha repercutido de varias maneras en las operaciones de las empresas que lo producen. En 2015 Ana María, ejecutiva de ventas de una de las principales empresas productoras de papel higiénico del país, ocupaba una posición privilegiada en la cadena de valor de este producto. Su labor era despachar cargamentos de papel higiénico dirigidos a los principales supermercados del país. A principios de 2015 Ana María y sus colegas descubrieron que muchos de los camiones que salían cargados de la fábrica llegaban a su destino con menos rollos de los que llevaban al salir. Tras unas averiguaciones, se dieron cuenta de que los conductores habían acordado secretamente con los gerentes de algunos supermercados vender una porción de cada cargamento en el mercado negro para hacerse con una ganancia extra. El Gobierno obliga ahora a todas las empresas a hacer seguimiento de cada cargamento de papel higiénico desde el punto de salida hasta su destino final, pero como Ana María dice: «Nosotros no podemos controlar lo que el cliente hace con su producto cuando lo recibe». Ana María reconoció que ella también se aprovechaba de su posición para ayudar a su familia, y llevaba papel higiénico a su madre y a sus hermanos cuando lo necesitaban.

Mi búsqueda de papel higiénico en Caracas me llevó al barrio de Petare, conocido por la famosa «redoma de Petare», un redondel bordeado por pequeños comercios y tiendas en una zona con mucho tráfico de autobuses, motos, transeúntes y perros que vagabundean en busca de comida. Los comerciantes ocupan la mayor parte de las aceras para vender sus mercancías, lo que obliga a los transeúntes a apiñarse para poder circular. Envoltorios de comida, chatarra, pieles de plátano y vasos de plástico se acumulan en grandes cantidades en las calles, a lo que se une un inconfundible hedor a orina que flota en el aire.

Petare es el epicentro del mercado negro, donde toda una nueva clase de mercaderes informales llamados «bachaqueros» se gana la vida revendiendo productos regulados por el Gobierno a precios más elevados.

El nombre «bachaquero» se deriva de la palabra «bachaco», una hormiga gigante y trabajadora que se encuentra en el Amazonas venezolano. El nombre es muy certero pues las hormigas son conocidas por acarrear en su espalda un peso varias veces superior al suyo, de la misma manera que muchos venezolanos cargan bolsas llenas de mercancía que revenden en las calles. Pero me llamó especialmente la atención que los bachaqueros tuvieran muy poca mercancía a la venta. Un vendedor tenía una barra de desodorante Speed Stick y un paquete de pañales Pampers. Una mujer con un bebé en brazos vendía dos botellas de champú Head&Shoulders, cinco hojas de repuesto para una cuchilla de afeitar Gillette y una bolsa de detergente, todo cuidadosamente colocado sobre una manta extendida en la acera. Sin embargo, en medio de todo eso no había un solo rollo de papel higiénico.

Me acerqué y le pregunté a la mujer si sabía dónde podía encontrar un poco de papel higiénico. «Yo tengo algo», me dijo en voz baja, casi en secreto, pero no había un solo rollo sobre su manta. La mujer le hizo una señal a su hija adolescente y ésta rápidamente comenzó a escarbar en una enorme bolsa negra dentro de un carro metálico de la compra que la vendedora protegía con celo. En cosa de unos segundos la hija extrajo de la bolsa, como por arte de magia, un paquete de cuatro rollos de papel higiénico, el primero que yo veía en semanas. El precio era 80 bolívares, cuatro veces el precio fijado por ley.

Pagué a la adolescente y examiné con cuidado el envoltorio del producto, llamado Caricia, una marca importada que no conocía. El empaque plástico decía que el producto había sido importado por la Corporación Venezolana de Comercio Exterior, Corpovex, la institución del Gobierno encargada de importar comida y productos de uso diario. Y el fabricante resultó ser la empresa Sunflower Extra LLC, una de las compañías con base en Estados Unidos que fueron acusadas de haber sobrefacturado dólares por los bienes de consumo que vendieron al Gobierno venezolano. Irónicamente, estos rollos de papel higiénico que tenía en mis manos eran el resultado del tipo de manejos corruptos con divisas que generaban escasez de dólares y dificultaban producir papel higiénico localmente. Unos días después, en mi último día en el hotel Renaissance, le entregué una propina a la señora que se encargaba de limpiar mi habitación y ofrecí darle el paquete de papel higiénico que encontré en Petare. Ella aceptó de inmediato pero me pidió que le escribiera una nota firmada que dejara constancia de que era un regalo de mi parte, para que el personal de seguridad del hotel le permitiera llevarse los rollos a casa. Los hoteles usualmente se preocupan porque los empleados no roben artículos de valor a sus huéspedes, pero en Venezuela también intentan evitar que se robe el papel higiénico.

La tarde de un jueves de mayo de 2015 me encontraba realmente confundido ante las estanterías de una farmacia de la cadena Farmatodo, ubicada en el este de Caracas. Por algún extraño motivo, las estanterías rotuladas «Jabón» estaban llenas de pasta de dientes Colgate y botellas de enjuague bucal. Farmatodo no es cualquier farmacia, sino la cadena distribuidora de medicamentos y productos de uso diario más grande de Venezuela, con 167 locales alrededor del país y 8.000 empleados.

El negocio familiar existe desde hace casi un siglo y se ha convertido en la versión venezolana —si bien mucho más pequeña— de las cadenas Walgreens o CVS en Estados Unidos. Farmatodo incluso se ha expandido a la vecina Colombia con otras 32 tiendas, hasta el momento. Cuando un venezolano necesita una aspirina, una Coca-Cola Light, o incluso cosméticos, usualmente se dirige a su Farmatodo más cercano. Las tiendas Farmatodo están siempre impecables, bien iluminadas, y son fácilmente reconocibles por sus fachadas emblemáticas de colores azul y blanco. Los empleados visten batas blancas y mantienen las estanterías organizadas meticulosamente. Sin embargo, el día de mi visita encontré que en la sección de «Artículos de bebé» la estantería estaba repleta de bolsas de papel de colores para envolver regalos. La sección «Cosméticos» estaba atiborrada de cepillos de dientes y más enjuague bucal; y bajo «Mascotas» encontré almidón, betún para los zapatos y fiambreras Tupperware, incluso papel de aluminio. Era como si las personas encargadas de arreglar las estanterías, todas, sufrieran de dislexia.

De repente se formó un alboroto en la sección «Pícnic»; me pareció un lugar extraño para armar una conmoción. Los clientes, desesperados, se lanzaban a por bolsas de 2,7 kilos de detergente Ariel que la tienda vendía a 88,16 bolívares cada una, o 30 centavos de dólar, ubicadas junto a los platos y vasos de plástico.[47] «¿Cuántas bolsas por persona?», preguntó una mujer joven acompañada de su madre. «Dos», respondió otro cliente mientras se apresuraba a hacer cola en la fila de la caja registradora que ya se alargaba por varios pasillos. Ariel es un producto de Procter & Gamble (P&G) que es casi imposible encontrar en Venezuela.

La ausencia de cualquier tipo de detergente ha obligado a los venezolanos a crear una mezcla extraña compuesta por un líquido con jabón de uso industrial para lavar su ropa. Los vendedores ambulantes lo venden en botellas de plástico de un litro en las calles de Caracas, pero su contenido exacto es un misterio. Los venezolanos que lo han usado se quejan de que el tejido de la ropa tiende a romperse tras un par de lavadas. Ariel tiene el precio decretado por ley impreso en la bolsa, y junto al precio aparece una advertencia impresa con una bandera de Venezuela: «Sólo para la venta en Venezuela». La etiqueta es un ejemplo de lo que las empresas están dispuestas a hacer para mantener al Gobierno contento para así poder obtener las divisas que necesitan para producir o importar bienes a Venezuela. El Gobierno pidió a P&G que imprimiera esa advertencia en la bolsa con la esperanza de que, de alguna manera, sirviera para disuadir el contrabando de productos controlados a países vecinos. Los productos con precios regulados se han convertido en bienes especulativos, igual que el dólar en el mercado negro.

El Gobierno impuso precios máximos a bienes de limpieza

---

47. Calculado a la tasa del mercado negro de 300 bolívares por dólar.

del hogar como Ariel en abril de 2012. A medida que el valor del bolívar se deterioraba mientras los precios de los productos se mantenían inalterables durante mucho tiempo, se hacía cada vez más atractivo para un venezolano revender estos productos al otro lado de la frontera con Colombia a un precio diez veces mayor de lo que le costaba comprarlos. El contrabando hacia el país vecino llevó a que la demanda de Ariel se incrementara constantemente y eso eventualmente derivó en la escasez de estos productos. Cuando eso ocurrió, los bachaqueros comenzaron a revender bolsas de Ariel a precios más altos a unas cuantas calles de distancia de tiendas como Farmatodo. La bolsa de Ariel puede ser revendida por varias veces su precio regulado en el momento en que salga de Farmatodo, y ese mismo producto puede generar ganancias aún mayores al otro lado de la frontera.

P&G domina el 69 por ciento del mercado de detergentes en Venezuela con Ariel y otras dos marcas que la empresa produce en Barquisimeto, una zona industrial ubicada 270 kilómetros al oeste de Caracas. En enero de 2015 Alejandro Betancourt, el gerente de la división de detergentes de P&G, declaró a la revista venezolana *Producto* que la planta producía a su máxima capacidad bajo las circunstancias, pero explicó que la demanda de detergente en 2014 se había incrementado un 20 por ciento. Eso explica por qué el detergente desaparecía tan rápidamente de las estanterías.[48] En cosa de minutos, la estantería de Ariel en Farmatodo quedó vacía frente a mis ojos.

Los altos estándares de atención al cliente de Farmatodo no son sostenibles en un mundo donde la escasez de productos es crónica. Bajo esas circunstancias, es casi imposible para una cadena como Farmatodo mantener una oferta diversa y completa de productos. Dejar las estanterías vacías no se considera una buena práctica en el mundo del comercio, por lo tanto los empleados de Farmatodo se ven forzados a colocar en ellas cualquier producto que tengan a mano. Y así, la clasificación de productos por zonas o pasillos y la preocupación por la comodidad

48. «Mantenerse es el norte», *Producto*, 28 de enero de 2015. http://www.producto.com.ve/pro/negocios/mantenerse-norte

del cliente dejan de ser una prioridad. Lo mismo ocurre en prácticamente todas las tiendas y supermercados de Venezuela. La demanda de productos sujetos a controles de precios es tan alta que los establecimientos optan muchas veces por no colocarlos en los anaqueles. Los supermercados dejan frecuentemente embalajes enteros de leche o aceite para cocinar en medio de un pasillo o a unos cuantos pasos de distancia de la caja registradora. A fin de cuentas, ningún producto regulado se mantiene en las estanterías mucho tiempo.

Repentinamente, un empleado de Farmatodo hace un anuncio rápido: la tienda únicamente vende una bolsa de Ariel por persona. Un hombre devuelve cabizbajo una de sus dos bolsas a la estantería. «Mala suerte la nuestra en la vida», dice en voz alta. Otros clientes se ven obligados a devolver una bolsa en la caja registradora. Una montaña de bolsas de Ariel está ubicada al lado de una de las cajeras, y no me queda claro si está ahí porque la gente devuelve las bolsas o porque ha sido colocada estratégicamente para hacerles más fácil a los clientes comprar el producto sin tener que esperar en fila cargando con una pesada bolsa de detergente.

Ariel es sólo un ejemplo de la tensa atmósfera a la que los venezolanos se enfrentan cuando compran comida, medicinas o productos de limpieza. Los pañales son casi inexistentes y cuando reaparecen en las tiendas, los anaqueles se llenan con un solo tamaño, pequeño, medium o cualquier otro que el azar determine. Los venezolanos se han acostumbrado a intercambiar pañales de distintos tamaños en Facebook o cualquier otra red social y son un producto tan demandado que parejas sin hijos, o incluso personas solteras, los compran para luego intercambiarlos con amigos, familia, o incluso con extraños, por productos que verdaderamente necesitan. Esta práctica ha causado tales problemas a la cadena de distribución de pañales que las autoridades de San Cristóbal, la ciudad capital del estado de Táchira, en el suroeste del país, han obligado a los empleados de Farmatodo a pedir a sus clientes el certificado de nacimiento del bebé para justificar una legítima necesidad a la hora de comprar pañales. Únicamente las mujeres visiblemente embarazadas están exentas de este requisito.

Los productos de higiene femenina como tampones o compresas también han desaparecido de los anaqueles. Farmatodo ofrecía a la venta grandes cantidades de Always, un protege slip producido por P&G y vendido a 19,70 bolívares el paquete de ocho unidades, el equivalente a 7 centavos de dólar. Sin embargo, las compresas femeninas que son más absorbentes rara vez estaban a la venta. Una empleada de Farmatodo me explicó que casi siempre hay suficiente Always a la venta, pues el producto no es tan absorbente como una compresa normal. En la crisis de Venezuela, marcada por una escasez galopante de productos, «Always», que significa «siempre» en castellano, o «todo» en Farmatodo, se ha convertido en una palabra poco adecuada para describir un producto de consumo masivo o una empresa que se dedica a venderlos. En la Venezuela de hoy nunca hay de todo.

El canal estatal de televisión Vive TV, un canal cultural, se atrevió una vez a plantear una supuesta solución a la escasez de compresas en un vídeo lanzado a comienzos de 2013, cuando la escasez apenas comenzaba a ser un problema. Vive TV hizo un llamamiento a las venezolanas para que comenzaran a elaborar sus propias toallas sanitarias en casa. El vídeo es un tutorial en el que una mujer vestida con una bata de practicante de enfermería explica cómo elaborar toallas sanitarias que pueden ser reutilizadas, hechas de un tejido como lona y capas de algodón. Al hacer estas toallas en casa, «no entramos en el ciclo comercial del capitalismo salvaje. Somos más conscientes y en armonía con el medio ambiente», dice la mujer en el vídeo. «Nuestros ancestros, nuestras abuelas, usaban toallas de tela.» El vídeo de la estación estatal estaba pidiendo a los consumidores volver a las prácticas de casi un siglo atrás para adaptarse a una realidad económica que no hacía más que empeorar.

Mantener productos de higiene femenina en los anaqueles es tan difícil como tener a la venta detergente Ariel, porque los precios artificialmente bajos crean un exceso de demanda por ellos. Producir este tipo de bienes era rentable para las empresas únicamente si el Gobierno les proveía de divisas a la tasa preferencial de 6,3 bolívares por dólar para importar la materia prima que necesitaban para elaborarlos. En junio de 2015 P&G introdujo en el mercado Always Postparto, compresas diseñadas para mujeres que recientemente habían dado a luz, y las vendió a un precio 70 veces más alto que el establecido para las Always regulares. El precio era el equivalente a una quinta parte de un salario mínimo mensual en Venezuela.[49]

El lanzamiento de este producto a ese precio le valió a P&G una reprimenda por parte de la ministra de la Mujer, Gladys Requena, quien acusó a la empresa de cometer un «acto criminal contra el pueblo de Venezuela» y de ejercer un papel importante en «la guerra económica». La empresa respondió inmediatamente explicando que el producto era nuevo y como tal no estaba sujeto a las regulaciones de precios. La empresa indicó, además, que había expandido su capacidad de producción en Venezuela un 56 por ciento en los últimos tres años para manufacturar detergente, compresas, maquinillas de afeitar y champú. Incluso una empresa como Procter & Gamble, que había invertido para incrementar su producción en el país, estaba expuesta al hostigamiento del Gobierno de Venezuela.

Las empresas y los comercios buscan varias maneras de vender productos que no están sujetos a controles de precios para compensar las pérdidas que muchas veces sufren al vender productos controlados. Sin embargo, a algunos comercios se les va la mano a la hora de marcar precios por sus productos. El supermercado El Patio, ubicado en el elegante barrio de Los Palos Grandes, es posiblemente el supermercado con los precios más altos del país. El Patio vendía una botella de 2,72 litros de detergente Tide combinado con suavizante Downy por 14.216,68 bolívares, o 47,30 dólares, más de 2,5 veces lo que costaba comprar la misma botella en Estados Unidos a través de Amazon, la tienda online, incluyendo el coste del envío.[50] Lo mismo ocurría con una

49. Gupta, Girish, y Corina Pons, «Venezuela chides Procter & Gamble over sanitary pad prices», Thomson Reuters, 16 de junio de 2015. http://www.reuters.com/article/us-venezuela-procter-gamble-idUSKB-N0OW2D620150616

50. El precio estimado usando la tasa del mercado negro vigente en mayo de 2015 de 300 bolívares por dólar.

caja de endulzante Splenda de mil sobres, que se vendía por 15.570,13 bolívares, o 52 dólares, el doble de lo que costaba en Estados Unidos.

De más estaría decir que muchísimos venezolanos no pueden pagar esos precios. Un venezolano que gane el salario mínimo tendría que trabajar dos meses y medio para poder comprar esa caja de Splenda.[51] Algunos empresarios llaman a este sobreprecio el «coste de reposición», o lo que le cuesta al negocio reemplazar ese producto en sus anaqueles después de venderlo. En Venezuela los comerciantes asumen que no podrán obtener los dólares necesarios para poder reemplazar ese producto y por ende cobran más por si se ven obligados a comprar dólares en el mercado negro para poder importar el producto de nuevo. De la misma manera, asumen que siempre habrá algún consumidor lo suficientemente desesperado por comprar Splenda como para pagar un precio alto.

Los venezolanos se han inventado maneras creativas de sobrevivir ante la escasez de productos como, por ejemplo, el desodorante, otro producto que frecuentemente desaparece de los anaqueles de Farmatodo. Solisbel, una organizadora comunitaria de la comunidad La Pastora, un barrio de familias de escasos recursos en Caracas, compartió conmigo los ingredientes que una amiga le recomendó usar para hacer su propio desodorante en casa. La receta incluye una cucharada de ácido úrico, dos cucharadas de loción corporal y una cucharadita de bicarbonato de sodio, todo mezclado hasta formar una sustancia cremosa. Solisbel me dijo que algunas personas guardaban la crema en un frasco de plástico como los que usan los laboratorios para muestras de materia fecal o pruebas de orina, uno de los pocos materiales médicos que aún se podían encontrar en el mercado.

La escasez de divisas ha causado la desaparición de gasas, jeringas y otros materiales médicos que los hospitales necesitan para poder tratar las dolencias más básicas. Los preservativos y las pastillas anticonceptivas, que también deben ser importadas

---

51. El salario mínimo vigente en mayo de 2015 ascendía a 6.746,97 bolívares al mes. La caja de Splenda costaba el equivalente a 2,3 salarios mínimos.

pues no se producen en el país, han desaparecido de las farmacias desde hace meses, un problema que tiene a muchos médicos preocupados por un posible aumento de enfermedades sexuales infecciosas.[52] Una caja de 36 preservativos marca Trojan se vendía a través del sitio de ventas de internet mercadolibre.com por 4.760 bolívares en febrero de 2015, casi el equivalente a un mes de salario mínimo.[53]

Enfermar en Venezuela puede ser un problema grave. Atamel, la marca local de acetaminofén producida por la empresa farmacéutica estadounidense Pfizer, era un producto con muchísima demanda en 2015, por la epidemia de chikunguña, un virus propagado por mosquitos que causa fiebre alta y dolor en las articulaciones y que en algunos casos puede llevar a la muerte. Pfizer ha intentado mantener su producción del medicamento aun cuando a veces le resulta difícil obtener los dólares necesarios para importar la materia prima que necesita para continuar produciéndolo.[54] Por esa misma falta de dólares el gigante Pfizer ha tenido problemas para encontrar repuestos básicos para las máquinas que usa en el proceso de producción. El resultado es que encontrar Atamel en el mercado es muy difícil. El precio absurdamente bajo de las tabletas de Atamel las ha convertido además en un producto que se presta para el negocio de los bachaqueros. La ley venezolana obligaba a farmacias como Farmatodo a vender cada caja de 20 tabletas de Atamel de 500 miligramos por 5 bolívares, o el equivalente a menos de 2 centavos de dólar, un

52. Bolívar, Johangely, «Aumentan los embarazos adolescentes ante la escasez de anticonceptivos», *El Nacional*, 1 de julio de 2015. http://www.el-nacional.com/sociedad/Aumentan-alarmante-embarazos-adolescentes-anticonceptivos_0_656934335.html

53. Kurmanaev, Anatoly, «The $755 condom pack is the latest indignity in Venezuela», Bloomberg, 4 de febrero de 2015. http://www.bloomberg.com/news/articles/2015-02-04/the-755-condom-is-the-latest-indignity-in-venezuela

54. Castellanos, Marlene, «Pfizer está recibiendo menos de la mitad de las divisas», *Notitarde*, 8 de abril de 2015. http://www.notitarde.com/Valencia/Pfizer-esta-recibiendo-menos-de-la-mitad-de-las-divisas-2387553/2015/04/08/505396

precio simplemente irreal. En el mercado negro, esa misma caja se vendía por 120 bolívares, más de veinte veces el valor fijado por el Gobierno.

Las tabletas de Atamel ofrecen un ejemplo bastante particular de como los controles de precios han creado distorsiones en el valor relativo de las cosas en esta economía inusual. Al precio dictado por ley, 50 cajas de Atamel costaban un poco menos de lo que costaba comprar una hamburguesa Big Mac en un restaurante MacDonald's en Venezuela.[55] Sería impensable encontrar acetaminofén a un precio tan irrisorio en cualquier otra parte del mundo. Bajo estas circunstancias, es lógico que el medicamento desaparezca de las estanterías en casi todas las farmacias del país. El venezolano tiene un poderoso incentivo para comprar grandes cantidades de Atamel, guardar algunas cajas en casa para uso personal y luego vender el resto en el mercado negro o, mejor aún, en Colombia, donde podrá obtener muchísimo más dinero por el medicamento. Para mi viaje a Caracas en enero, llené una maleta entera con acetaminofén, botellas de champú, paquetes de café y un par de cajas de Splenda para amigos que los necesitaban desesperadamente. Los venezolanos de prácticamente cualquier estrato económico sobreviven con la ayuda de amigos o familiares que logran viajar y traer estos productos de otros países.

Farmatodo comenzó a racionar la venta de productos controlados en abril de 2015 utilizando el último número en la cédula de identidad de sus clientes, adoptando una práctica que el Gobierno había implementado tres meses antes en las cadenas de supermercados del Estado. Bajo este sistema, a los consumidores se les asigna un día de la semana para comprar los productos controlados tales como detergente o pañales que necesiten. Los lunes, las personas con cédulas terminadas en 0 y 1 pueden comprar estos productos. Los martes son para los números 2 y 3, y así sucesivamente hasta llegar al 8 y 9 los viernes. En los fines de semana, las

55. Al precio de 5 bolívares por caja, el precio de 50 cajas era de 250 bolívares. Un Big Mac en Venezuela se vendía por 270 bolívares.

personas, sin importar su número, tienen la oportunidad de comprar de nuevo. El sistema computarizado de Farmatodo alerta cuando un consumidor intenta comprar un producto por segunda vez en cualquier tienda un día que no le corresponde, y cuando esto ocurre la farmacia no autoriza la venta. No existe ninguna ley en Venezuela que obligue a un establecimiento comercial a adoptar este mecanismo de racionamiento, pero el Gobierno solicitó adoptarlo a las cadenas comerciales como Farmatodo como una manera de reducir la reventa de productos por los bachaqueros. Para evitarse problemas con el Gobierno muchas empresas han obedecido. El sistema de racionamiento ayuda además a reducir las largas colas de consumidores que se han convertido en imágenes emblemáticas —reproducidas por medios de comunicación en todo el mundo— del mal manejo económico del país.

Muchos venezolanos piensan que el Gobierno ha rechazado codificar el sistema de racionamiento en una ley, pues hacer eso sería convertir al país en una versión de la Cuba comunista, pero con petróleo. En la Cuba de Fidel Castro se hizo famosa la «libreta de racionamiento», que determinaba cuánto de cada producto podía comprar una persona cada semana y cada mes. Venezuela no está muy lejos de esa realidad. De hecho, al lado de una caja registradora en Farmatodo un letrero anunciaba la lista de 33 productos con las respectivas cantidades que un consumidor tenía derecho a adquirir en una semana. «Estimado cliente: le recordamos que nuestro principal objetivo es contribuir al abastecimiento de medicamentos y productos para todos ustedes», rezaba el letrero, seguido por un listado de productos: 4 kilos de arroz, 2 kilos de café, 4 kilos de pasta, 2 kilos de harina de maíz, 3 unidades de crema dental, 2 botellas de champú, 2 paquetes de pañales, 3 jabones para el cuerpo, 12 rollos de papel higiénico, etc. Las cadenas como Farmatodo ya no están en el oficio de ofrecer opciones de compra al consumidor sino que se dedican al negocio de administrar escasez.

El racionamiento de productos comenzó en Venezuela en junio de 2013 en Zulia, un importante estado petrolero en el noroeste del país, junto a la frontera con Colombia. Un buen día, el gobernador de Zulia, Francisco Arias Cárdenas, un exoficial militar y aliado del Gobierno chavista, se dio cuenta de un problema que iba en aumento. Productos básicos como el arroz o la harina de maíz estaban desapareciendo de las tiendas en todo el estado, especialmente en aquéllas más cercanas a la frontera con Colombia, por el contrabando de productos al país vecino.

Los precios de muchos de los productos que desaparecían en Venezuela estaban congelados por ley desde hacía varios años, y dado que el bolívar perdía valor contra otras monedas constantemente, estos productos podían venderse a cambio de mucho dinero al otro lado de la frontera. Al gobernador se le ocurrió la idea de un experimento: su Gobierno pondría límites al consumo de los venezolanos, comenzando con 20 productos clave. El gobernador eligió 65 supermercados en la ciudad de Maracaibo y sus alrededores para realizar el ensayo. La medida pronto pareció dar resultado, pues se redujo la pérdida de productos dedicados al contrabando, pero al mismo tiempo enfureció a los venezolanos, que no estaban acostumbrados a un Gobierno que les limitara cuánto podían consumir.

Arias Cárdenas defendió el plan públicamente diciendo que era una medida necesaria para reducir el contrabando. «No estamos en Cuba, estamos en Maracaibo», dijo al defender la medida.[56] Pero el contrabando era un negocio tan lucrativo que pronto los mismos productos básicos comenzaron a desaparecer de estados vecinos que estaban más alejados de la frontera y en los que aún no se racionaba la venta. Un año después, tras regresar de un viaje a Cuba para visitar a su aliado político Fidel Castro, el presidente Nicolás Maduro decidió expandir el racionamiento al resto del país. Las cadenas de supermercados del Gobierno pronto adoptaron los sensores de identificación de huellas digitales para poder rastrear qué cantidad de un producto determinado compraba cada consumidor.

56. Rueda, Jorge, y Frank Bajak, «Restricciones en compra en un estado de Venezuela», Associated Press, 4 de junio de 2013. https://www.telemundo.com/noticias/2013/06/04/restricciones-en-compra-en-un-estado-de-venezuela?page=1

Cuando las luchas entre consumidores por productos escasos comenzaron a figurar en los periódicos, el Gobierno ordenó a las fuerzas militares mantener una presencia en tiendas para asegurar el orden. Cuando se descubrió que camiones llenos de productos de consumo se desviaban, desaparecían y terminaban en Colombia, el Gobierno estableció un sistema de guías para hacer un seguimiento de cada cargamento de pañales, champú, harina y detergente, entre otros, desde su origen hasta su destino final. Y cuando los venezolanos intentaron evadir estas restricciones enviando medicinas, bolsas de azúcar o harina a familiares y amigos por medio de servicios de envío, el Gobierno prohibió a empresas envío como UPS o DHL transportar productos controlados de un estado o región del país a otro.[57] En mayo de 2015 Farmatodo comenzó un ensayo para adoptar la misma tecnología de huellas dactilares en unas cuantas tiendas como complemento al sistema de números de cédula para limitar las compras de los clientes.

A comienzos de 2015, los ejecutivos de cadenas de farmacias como Farmatodo se enfrentaban a una serie de preocupaciones y de interrogantes poco convencionales para su industria. ¿Cuán largas deben ser las colas de clientes en las tiendas antes de convertirse en un problema de seguridad? ¿Debían pedir a los clientes que formaran una fila fuera de la tienda o dentro, entre los pasillos de productos? Mantener a muchas personas dentro de la tienda puede ser un problema en caso de riesgo de incendios. Tener demasiada gente ansiosa dentro de una farmacia incrementa además el riesgo de saqueo, o bien muchas personas pueden aprovecharse de la situación para robar otros productos mientras esperan en fila. Por otro lado, hacer esperar a los clientes fuera de la tienda podía causarles problemas con las autoridades que querían evitar que los medios de comunicación mostraran las colas

---

57. Orozco, Victoria, «Prohíben el envío de medicinas por correo», *Últimas Noticias*, 30 de abril de 2014. http://www.ultimasnoticias.com.ve/noticias/actualidad/economia/prohiben-el-envio-de-medicinas-por-correo.aspx.

como evidencia de los problemas económicos del país. En mayo de 2015 militares venezolanos se dieron a la tarea de arrestar a fotógrafos que captaban imágenes de gente haciendo cola fuera de las tiendas en un intento por impedir que los medios se centraran en la escasez de productos.

¿Debería Farmatodo vender productos regulados y escasos como azúcar o detergente, que a menudo causan peleas entre clientes desesperados por comprarlos? La venta de esos productos implica a veces apostar a militares en las entradas de las tiendas para mantener el orden, y también atrae a inspectores de Gobierno que vigilan las largas colas. Los ejecutivos se preguntaban además si valía la pena afrontar todos estos problemas logísticos por vender estos productos, que de todas formas generaban un margen muy bajo para el negocio. ¿Pueden acaso las autoridades venezolanas acusar a Farmatodo de sabotaje económico si la empresa opta por no vender ciertos productos? Y otra pregunta crucial: si una tienda únicamente recibe una pequeña cantidad de bolsas de detergente, ¿deberían los empleados colocarlas en los anaqueles inmediatamente o esperar a recibir una mayor cantidad antes de ofrecerlas a los consumidores? Por un lado, al vender sólo unas bolsas, los clientes se enfurecen y exigen más producto. Por otro, al mantener unas pocas bolsas guardadas, la compañía podría ser acusada de acaparamiento si inspectores del Gobierno decidieran hacer una visita sorpresa a la tienda, como ocurre con frecuencia.

Enrique, un ejecutivo de una cadena Farmatodo que optó por no revelar su nombre verdadero, me confiesa un día que los quebraderos de cabeza con los que se enfrentan los directivos de empresas como Farmatodo se derivan de una «demanda infinita» por productos controlados. «La demanda es literalmente infinita», me dijo.[58] «La demanda por cualquier producto que ofrezca un alto margen de ganancia para los bachaqueros en el mercado negro siempre será infinita. Todo el mundo quiere entonces que el suministro de esos productos sea infinito también.» Farmatodo no produce y no importa productos. Su negocio depende de la

58. Conversación, en enero de 2015, con un ejecutivo de Farmatodo, quien pidió mantener el anonimato.

producción local de grandes empresas como Procter & Gamble, Kimberly Clark o Colgate Palmolive.

Casi nueve de cada diez productos que vende Farmatodo son sujetos a controles de precios establecidos por el Gobierno. Y eso le da a cadenas como Farmatodo una visión única de cómo la regulación de precios afecta a los hábitos de compra de los consumidores. Enrique usa un ejemplo para explicar la demanda desmedida por los productos controlados: si una cadena como Farmatodo recibiera de repente cien camiones llenos de pañales para vender, los consumidores comprarían esos pañales en unas horas y pedirían más. No importa que las tiendas vendan más pañales o detergente del que habían vendido antes. Los consumidores continuarán comprando y revendiendo esos productos y muchos terminarán al otro lado de la frontera.

Normalmente, una bolsa de detergente que pesa 2,7 kilos debería ser suficiente para satisfacer las necesidades de lavado de cualquier consumidor por más de un mes. Ningún ser humano puede consumir dos botes de 400 mililitros de champú, un par de barras de desodorante o dos tubos de pasta dental de 171 gramos cada una en un espacio de siete días. Las restricciones de venta están realmente diseñadas para frenar el negocio de los bachaqueros. Los ejecutivos de Farmatodo decidieron adoptar los controles de racionamiento cuando se dieron cuenta de que los mismos clientes se subían en motocicletas o incluso abordaban autobuses llenos de gente que visitaban una tienda tras otra para comprar cajas enteras de productos. La mercancía desaparecía y las tiendas quedaban prácticamente vacías en cuestión de horas.

En realidad, el racionamiento no soluciona el problema. Los consumidores están dispuestos a pararse en filas kilométricas durante horas y a pelearse para obtener productos que al ser revendidos les generarán ganancias de un 1.000 o incluso un 1.500 por ciento. Ante la incapacidad de parar esta fiebre por productos baratos, el Gobierno ha optado por culpar a los supermercados y comercios por el problema. A finales de enero de 2015 oficiales de inteligencia venezolana arrestaron al presidente y al vicepresidente de operaciones de Farmatodo, acusados de «boicot y desestabilización económica» por no haber tenido suficientes cajas registradoras funcionando a la vez en una de las tiendas de la cadena.[59] Los ejecutivos fueron encerrados 56 días y luego se les otorgó la libertad condicional, que les obliga a presentarse ante la corte cada 15 días mientras continúa el proceso legal contra ellos.

Los bachaqueros se han convertido en sujetos de estudio desde que surgió su peculiar línea de trabajo. Y probablemente pocas personas han estudiado tan de cerca el fenómeno como Luis Vicente León, el director de Datanálisis, la firma de consultoría y encuestas más reconocida de Venezuela. León tiene acceso a datos verdaderamente apabullantes. Por ejemplo, se dio cuenta a principios de 2015 de que casi dos tercios de las personas que guardaban cola para comprar productos regulados eran bachaqueros que vivían de revender esos productos en el mercado negro.[60]

Una gran cantidad de venezolanos ha optado por abandonar sus trabajos en empresas bien establecidas para trabajar como bachaqueros, especialmente si en esos trabajos formales ganaban el salario mínimo, pues un bachaquero fácilmente puede ganar mucho más dinero con muy poco esfuerzo, esperando horas en una fila y luego revendiendo champú o papel higiénico a un generoso sobreprecio. León ha visto cómo varios de sus propios encuestadores de campo han abandonado la empresa para convertirse en bachaqueros. A su juicio, los controles de precios y la emergente clase social de los bachaqueros «han creado un sistema de redistribución económica de los más ricos a los más pobres».

La escasez de productos se ha convertido también en una forma forzada de integración social. En las colas que se extienden fuera de supermercados ubicados en las zonas más exclusivas del país

59. «Privan de libertad a presidente y vicepresidente de Farmatodo por boicot». El comunicado de prensa fue emitido por el Ministerio Público, República Bolivariana de Venezuela, 4 de febrero de 2015. http://www.mp.gob.ve/web/guest/pagina-rss/-/journal_content/56/10136/6971428?refererPlid=10139

60. Entrevista con Luis Vicente León en enero de 2015.

puede observarse a personas de todas las clases sociales juntas, desde un pobre albañil hasta las señoras de sociedad de las clases más acomodadas. Las tiendas que durante años sirvieron a una clientela compuesta de las personas más influyentes, ahora tienen una clientela más diversificada ya que los venezolanos más pobres se acercan a cualquier tienda en busca de productos controlados, incluso si eso implica desplazarse grandes distancias.

Aquellas personas que no viven de trabajar como bachaqueros, se preocupan por acumular tanta comida y productos de uso diario como les sea posible guardar en sus casas. Por ejemplo, León descubrió un dato curioso. Alrededor de 9 de cada 10 tiendas carecían de aceite para cocinar en mayo de 2015, un producto de consumo diario, pero menos de un tercio de los hogares afirmaba no tener aceite. Eso quiere decir que una buena parte del inventario de aceite que las tiendas mantenían en sus bodegas ahora se encuentra en las casas de los consumidores, y la otra parte termina como contrabando al otro lado de la frontera. Lo mismo ocurre con el café, un producto que según Datanálisis estaba ausente en el 88 por ciento de las tiendas revisadas en la encuesta. Sin embargo, únicamente tres de cada diez hogares encuestados por León afirmaba no tener café.

El Gobierno ha intentado todo tipo de tácticas para persuadir a los venezolanos de no comprar más de lo que necesitan. Al sintonizar cualquier canal de televisión en enero de 2015 el espectador podía ver anuncios financiados por el Gobierno en los que actores, cantantes y otras personalidades venezolanas famosas pedían a los consumidores no comprar demasiados productos con una frase coloquial muy común en el país: «Bájale dos a las compras nerviosas». El Gobierno insistía en que los consumidores no tenían por qué comprar grandes cantidades de productos. A juicio del Gobierno, los venezolanos debían confiar en que el Gobierno aseguraría el oportuno abastecimiento de productos.

Algunos altos cargos del Gobierno incluso le restaban importancia públicamente a la desesperación de los venezolanos por comprar bienes básicos. En una entrevista televisada en enero de 2015 el coronel Yvan José Bello Rojas, el entonces ministro de Alimentación y hombre responsable del abastecimiento de comida, respondió con humor negro cuando una periodista le preguntó si él se veía forzado a guardar cola para comprar comida como el resto de los venezolanos. «Yo he hecho bastante cola. Fui esta semana a [un] juego de [béisbol]... Hice la cola para entrar al estacionamiento... Y luego hice la cola para entrar al estadio. Y sabe qué, entrando también para ubicarme en mi sitio, también hice otra colita...», respondió el ministro con una sonrisa irónica.[61] Sus comentarios enfurecieron a muchos venezolanos pero ni el ministro Bello Rojas ni ningún otro cargo del Gobierno vieron la necesidad de pedir disculpas por esas declaraciones.

La escasez de comida es un problema tan delicado en Venezuela que en febrero de 2014 el Banco Central dejó de hacer públicas las cifras del índice de escasez que daba seguimiento al porcentaje de productos básicos que ya no aparecían en los anaqueles. La última cifra oficial era del 26 por ciento, en enero de 2014, lo que significa que uno de cada cuatro productos no se podía encontrar en las tiendas. León de Datanálisis ahora hace el trabajo que el Gobierno rehúsa hacer y da seguimiento a la escasez de productos como aceite para cocinar, margarina y café. El índice de escasez de Datanálisis alcanzó el 57 por ciento en el primer trimestre de 2015 y León advirtió que las cosas sólo empeorarían. León describe Venezuela como una «economía primitiva», en la que la gente aún no se muere de hambre, pero producir productos es casi imposible y no hay fuentes de trabajo reales y estables para la mayoría de la población. León calcula que Venezuela ha logrado evitar una explosión social porque muchas personas pueden ganarse la vida como bachaqueros y los consumidores han logrado acumular grandes cantidades de productos en casa que les permiten sobrevivir por el momento. «El día en que esa misma escasez de las tiendas exista en el hogar durante mucho tiempo, cuidado», me dijo León.

61. «Pese a largas filas, el ministro de Alimentación de Venezuela afirmó que se 'exagera' cuando se habla de crisis en el país», NTN24, 6 de enero de 2015. http://www.ntn24.com/video/ministro-de-alimentacion-de-venezuela-hablo-en-exclusiva-con-ntn24-sobre-crisis-en-el-pais-36423

Para ser testigo de la tendencia del venezolano a acumular cuanta comida y productos sean posibles, visité a Ramón Barrios, un policía jubilado de sesenta y ocho años de edad que vive solo en una modesta casa ubicada sobre una pendiente en el barrio de La Pastora. Barrios desarrolló el hábito de salir de su casa cada día con una bolsa de plástico doblada en un bolsillo trasero de su pantalón para poder cargar productos que encontrara a la venta en las calles. «Si hay gente haciendo cola en algún lado yo me meto sin importar lo que vendan, y si no es necesario mostrar la identificación para comprarlo», me dijo. Barrios es lo que el Gobierno de Venezuela define como un «comprador nervioso», un acaparador de comida. Barrios abrió las puertas de una vieja alacena de madera de su cocina y me permitió sacar todo lo que había dentro. Después de un buen rato, había logrado extraer alrededor de 10 kilos de arroz blanco, otros 9 kilos de azúcar, unos 4,5 kilos de frijoles negros, 12 paquetes de pasta, 7 kilos de harina de maíz, botellas de aceite, kétchup y mayonesa..., todos productos que eran muy difíciles de conseguir en grandes cantidades en cualquier lugar de Venezuela. Y su alijo era mucho más de lo que un hombre jubilado y viviendo solo podía necesitar en mucho tiempo.

Muchos de estos productos vienen de los supermercados del Estado y vienen empaquetados con propaganda del Gobierno impresa en el envoltorio plástico. Los mensajes muestran caricaturas en escenas políticas donde los pobres son los héroes. Una de ellas en particular muestra a personajes que representan al pueblo —venezolanos pobres, de tez oscura— propinando patadas a supuestos antichavistas y capitalistas, representados por un Satanás de tez blanca y vestido con traje y corbata. Barrios se jactaba de que había logrado acumular este botín durante un período de cinco meses, pero me confesó que su reserva era mucho menor de la que tenía unas semanas antes, pues frecuentemente ayudaba con comida a las familias de sus hijos y a amigos que necesitaban un paquete de arroz, de harina o una botella de aceite vegetal. «Algunas personas hacemos el esfuerzo de hacer cola y comprar», me dijo.

Muchos en Venezuela se han resignado a hacer pequeños sacrificios todos los días por la escasez de productos de consumo básico diario. Pietro Pitts, un corresponsal petrolero de cuarenta y cinco años para la agencia de noticias financieras Bloomberg en Caracas, me confesó que por las mañanas había decidido no comer cereales para que su hija de cuatro años se tomara la poca leche que él y su mujer lograban encontrar. «Ella la necesita más que yo», me dijo Pitts, un periodista que se educó en universidades en Estados Unidos y trabajó como analista financiero durante varios años. Pitts era uno de los afortunados que ganaba un salario en dólares y en teoría eso le permitía vivir cómodamente en ese país. Sin embargo, Pitts y su esposa no podían encontrar leche en polvo por ningún lado. La leche líquida es aún más difícil de conseguir, hasta el punto de que muchos cafés y restaurantes se quedan sin leche frecuentemente. Es muy común que un camarero se disculpe con sus clientes por no tener varios platos en el menú debido a la falta de la leche necesaria para hacer sopas o alguna salsa que llevan varios platos.

Durante nuestra conversación, Pitts inmediatamente puso la situación en perspectiva. «La gente no se está muriendo de hambre en las calles, pero la escasez de comida se ha convertido en un serio problema.» La última vez que Pitts encontró grandes cantidades de leche en polvo fue durante un viaje que hizo con su familia a la isla de Aruba en agosto de 2014. Pitts compró varias latas y las apiló la una sobre la otra en su maleta de mano para evitarse el riesgo de que los empleados del aeropuerto en Venezuela se las robaran de su equipaje facturado. Los incidentes de robos en las maletas facturadas se han convertido en un problema constante en Venezuela, pues muchos venezolanos que pueden viajar regresan a casa cargados de comida y otros productos.

El daño que la escasez de comida ha causado a la calidad de vida de la clase media me quedó claro en mayo de 2015 cuando mis amigos Marvin y Adriana, una jóven pareja de arquitectos rondando los cuarenta, me invitaron un sábado a un almuerzo casero con amigos. La pareja vive con sus hijas gemelas en Valle Arriba, una zona montañosa con magníficas vistas de la ciudad, rodeada de complejos de apartamentos muy modernos. Ese sábado se reunía un grupo de unos veinte amigos, profesionales, que incluía a dos ingenieros civiles, un ingeniero petrolero, una gerente de empresa y una ejecutiva de relaciones públicas. Todos esperaban con ansia degustar la especialidad culinaria de Marvin: los tacos mexicanos al pastor, unos tacos de cerdo marinados en salsa picante, cocinados sobre una llama de gas y servidos con cebolla, cilantro y piña. Todos los invitados habían contribuido con algo para el pequeño festín. Marvin me encargó comprar una botella de ron local y no me pidió whisky o vino porque esas bebidas importadas ahora son prohibitivas para la mayoría de los venezolanos por sus precios elevados.

Los tacos de Marvin fueron un éxito, y durante la sobremesa la conversación derivó en lo que cada uno de los invitados se había visto forzado a hacer para conseguir los ingredientes de la comida. Encontrar el cerdo se convirtió en una misión que le llevó a Marvin varios días de búsqueda en varios supermercados. Finalmente, Marvin encontró cerdo, pero a un precio sumamente alto. El aceite que usaron para cocinar el cerdo era parte de un modesto alijo que uno de sus amigos había logrado acumular tras ir de compras muchas veces. Las historias de cada uno de ellos me hicieron apreciar aún más los tacos que había comido. Y me hicieron sentir una vergüenza infinita cuando me di cuenta que yo había comido muchos más que todos los demás sentados a esa mesa. «Estos días lo peor que alguien puede hacerte es pedirte que pases por el supermercado y compres algunos tomates, o una soda, porque ir de compras es una pérdida de tiempo y tienes que hacer largas colas rodeado de bachaqueros», me dijo Marvin.

Marvin tenía razón pues yo pude experimentar en carne propia ese problema cuando intenté comprar la botella de ron. Estuve a punto de rendirme después de visitar tres supermercados en los que grandes multitudes guardaban cola más de una hora para llegar a las cajas registradoras. No existían cajas para pequeñas compras en las que pudiera pagar por mi botella. Todas estaban ocupadas por personas que tenían compras mucho más importantes y cuantiosas que mi botella solitaria. Cuando tomé un taxi en el camino a casa de Marvin, en mi desesperación por no llegar con las manos vacías, le pedí al taxista que me llevara a cualquier establecimiento donde pudiera comprar una botella de ron sin tener que pararme en una fila una hora o más. El taxista no sabía dónde llevarme, consultó con sus colegas por radio y finalmente me llevó a una pequeña tienda donde encontré una botella.

León, el director de Datanálisis, hizo otro descubrimiento interesante sobre los niveles de escasez de alimentos en Venezuela. Los peores casos de desabastecimiento de comida se dan en los supermercados del Estado como el Bicentenario. Las cadenas del Gobierno venden la cantidad más grande de productos regulados. Fui testigo de esto cuando visité un supermercado Bicentenario de tamaño mediano ubicado en la zona de Las Mercedes en el este de Caracas, un sábado por la tarde, horas después de que las multitudes hubieran hecho sus compras.

Encontré un supermercado en un estado más que desolador. Más de la mitad de los anaqueles y las neveras estaban vacíos. Una pared entera de refrigeradores estaba cubierta con bolsas de basura de plástico y cinta adhesiva porque la tienda no tenía mercancía para llenarlos. Los suelos se veían sucios y manchados, como si cientos de personas hubieran pasado por el lugar pero nadie se hubiera tomado la molestia de limpiarlos. En el pasillo de granos y pastas había granos sueltos de arroz esparcidos por los anaqueles y paquetes rotos. En la sección de frutas y vegetales unas cuantas zanahorias parecían estar dañadas y posiblemente podridas, y una familia de moscas de fruta volaba alegremente sobre ellas.

En una esquina del supermercado, en la zona de la charcutería, un frigorífico roto y vacío se encontraba apoyado contra una pared donde colgaba, prominente, una foto de Hugo Chávez. Al lado de la foto había un letrero que decía: «Por favor, ponga el pollo dentro de las bolsas de plástico». Sin embargo, no había bolsas por ninguna parte, y mucho menos pollo. Decidí tomar unas fotos de manera discreta con mi móvil, temiendo que los empleados del supermercado me vieran y me echaran del lugar. Pero mi discreción terminó siendo innecesaria. Los pocos empleados que aún pululaban por las cajas registradoras conversaban y se contaban chistes sin prestar atención a los clientes. Fue en ese momento cuando entendí que éste era el nivel más primitivo y abyecto de servicio al cliente que empresas bien dirigidas como Farmatodo luchaban desesperadamente por evitar a toda costa, aun bajo las circunstancias difíciles que atravesaban en Venezuela.

Tengo que confesar que experimenté de primera mano la lógica que se esconde detrás de ser bachaquero cuando se me acabó la libreta de apuntes tras mis primeras dos semanas de entrevistas en Venezuela. Cualquier cuaderno rayado habría sido más que suficiente para continuar con mi trabajo, pero yo tengo una preferencia por los cuadernos marca Moleskine, y pensé que sería un experimento interesante intentar encontrar uno en Caracas. Moleskine es una elegante marca italiana de cuadernos de tapa dura, encuadernados con papel estucado (yo los prefiero de color negro) y con una banda elástica que mantiene la libreta cerrada. Las libretas Moleskine no son nada baratas. Una libreta estilo periodista que mide 8,9 centímetros de ancho por 14 centímetros de largo puede costar 13 dólares en Estados Unidos. Usualmente uso las Moleskine únicamente para anotar ideas y datos importantes, como el material para escribir mi libro. Tras llamar a varias librerías no logré encontrar nada; sin embargo, el empleado de una de ellas me dio un dato interesante. Una tienda de ropa llamada Neutroni vendía libretas similares a las Moleskine a precios muy asequibles.

Visité la tienda en Sambil, uno de los centros comerciales más grandes del país, y examiné las libretas. Los cuadernos Neutroni resultaron ser una muy buena copia de los Moleskine. Tienen una encuadernación muy similar, una banda elástica, y además un pequeño bolsillo como el que tienen las Moleskine y que yo uso para guardar tarjetas de presentación. Dentro del encuadernado de las Neutroni una nota reza: «Diseñado en Caracas. Hecho en China». El precio de la libreta era de 120 bolívares, el equivalente a 67 centavos de dólar.

Compré veinte libretas —muchas más de las que iba a necesitar para el proceso de investigación de mi libro—por el mismo precio que habría pagado por una sola Moleskine en Estados Unidos. Cuando salía de la tienda sentí la tentación de comprar más libretas, pero decidí no hacerlo. Sin embargo, esa experiencia me dejó pensativo. Cualquier persona podría fácilmente ir a las tres tiendas Neutroni de Caracas a comprar absolutamente todas las libretas disponibles, llevarlas fuera de Venezuela y venderlas en el exterior a un precio varias veces superior al que pagó por adquirirlas. Si existiera un abastecimiento infinito de estas libretas, podrías seguir beneficiándote de ese diferencial de precios, podrías cubrir fácilmente los costes de transporte de las libretas y hacerte con mucho dinero.

Durante mi viaje a Caracas en mayo de 2015 pasé por Neutroni de nuevo esperando comprar unas cuantas libretas más para regalar a mis amigos. Sin embargo, la tienda había agotado su inventario hacía unos meses, más o menos durante la época de mi primer viaje de investigación. Uno de los vendedores me dijo que no tenía ni idea de cuándo el Gobierno vendería divisas suficientes para seguir importando Moleskines, quizá nunca. Salí de la tienda y pensé que probablemente alguien había decidido convertirse en bachaquero de libretas, las compró todas y las vendió en el exterior por varias veces su precio, o quizá alguien simplemente se dio cuenta de lo baratas que eran y las compró todas para su uso personal. Cualquiera que fuera la razón, me di cuenta de que yo mismo había contribuido a la extinción de un producto en Venezuela.

3

Hágase el petróleo

La vida cambió en Venezuela el 31 de julio de 1914 cuando un gran agujero en la tierra, de 135 metros de profundidad, vomitó un líquido negro y viscoso a un ritmo suficiente para llenar 250 barriles diarios. Los venezolanos sabían que éste era su primer gran descubrimiento de petróleo, pero no entendían lo que significaría para su futuro. Tanto el petróleo como Venezuela eran tan nuevos que las cosas y los lugares carecían de nombre. Ese pozo pronto se conocería con el nombre de Zumaque, el nombre indígena de un arbusto que crecía cerca del pozo en el noroeste de Venezuela. Un cerro ubicado a pocos metros de distancia se convirtió en el Cerro Estrella, tomando su nombre de la Star Drilling Machine, un taladro impulsado por vapor que las empresas usaban en aquella época para perforar pozos en búsqueda de petróleo. El descubrimiento pertenecía a la Caribbean Oil Company, una sucursal de la gigante Shell, uno de los varios buscadores de petróleo que se aventuraron a probar suerte en las selvas venezolanas, infestadas de mosquitos. Las compañías perforaban pozos hasta lo más hondo del subsuelo en busca de depósitos de petróleo que habían reposado sin ser perturbados desde el Mioceno, una época que se extendió entre 23 y 5,3 millones de años antes de nuestra era, un tiempo durante el cual la Tierra pasó por las edades de hielo y cuando los humanos finalmente se escindieron de los simios.

A principios del siglo XX Venezuela era una tierra vasta y virgen donde la mayoría de personas se desplazaban de un lugar a otro en caballos o mulas. La población era mayoritariamente analfabeta y la agricultura representaba más de la mitad de la actividad económica del país. Venezuela era regida con puño de hierro por un autócrata, el general Juan Vicente Gómez, un hombre que sabía cómo aprovechar las oportunidades que se le presentaban. Cuando aún ejercía el cargo de vicepresidente, Gómez se hizo con el poder a la fuerza, en 1908, cuando el presidente, su jefe, realizó un viaje a París, según cuentan, para buscar tratamiento médico por un caso grave de sífilis. Gómez lucía un bigote estilo húngaro muy poblado, con los extremos extendidos hacia los lados. Era soltero, pero tenía un par de amantes con las que engendró dieciséis hijos. Algunos cuentan que procreó hasta setenta y tres descendientes, pero nadie lo sabe con certeza. En esa época no había un verdadero Gobierno o un Estado de derecho. Gómez era el Estado. Él era la ley, él era prácticamente Dios. Y Venezuela era su Edén personal.

El petróleo se convirtió en un regalo divino para Gómez. La primera guerra mundial estaba en su momento álgido y las fuerzas navales de los principales poderes militares del mundo acababan de equipar sus flotas navales con barcos que consumían petróleo en lugar de carbón. La industria petrolera había comenzado en Pensilvania unos sesenta años antes y el crudo ya no era utilizado únicamente para iluminar lámparas de keroseno. Henry Ford llevaba ya más de seis años produciendo su primer automóvil, el modelo T, cuando Venezuela descubrió el pozo Zumaque. Para entonces, el crudo era un recurso muy preciado que confirió a Gómez el poder suficiente para gobernar Venezuela, de una u otra manera, durante veintisiete años. Gómez permitía que las empresas extranjeras bombearan petróleo sin pagar impuestos ni regalías, y a cambio las empresas apoyaban su régimen dictatorial. El dictador inicialmente otorgaba concesiones petroleras a sus amigos, familiares y compinches, quienes las revendían a las empresas petroleras por enormes sumas. Este tipo de chanchullo le granjeó muchos amigos y le permitió amasar una enorme fortuna personal. Cuando murió tranquilamente en su cama en 1935, Gómez se había convertido en uno de los hombres más ricos de América Latina. El dictador venezolano era dueño de grandes extensiones de tierra y controlaba la producción de papel, jabón y algodón, entre otras industrias del país. Hubo un momento en que cada vez que un venezolano comía carne, tomaba leche o encendía una cerilla, Gómez se hacía más rico.

El dictador tenía poca paciencia con aquellos que no le obedecían. Sus opositores desaparecían misteriosamente o eran torturados y envenenados en prisión. En esa época, una dictadura parecía la forma de Gobierno necesaria para el país. Venezuela apenas había superado décadas de guerras entre caudillos variopintos que se sucedieron durante el siglo XIX, conflictos que desembocaron en la cruda versión de Gobierno del que Gómez se adueñó. Gómez estaba destinado a ser el caudillo de todos los caudillos. El presidente de Estados Unidos Woodrow Wilson se refirió en una ocasión a Gómez como «pillo». Pero a las empresas petroleras les gustaba Gómez tal y como era. De hecho, los ejecutivos petroleros insistían en que el Gobierno de Venezuela bajo el mandato de Gómez se convirtiera en dueño de las tierras ricas en petróleo y que únicamente el presidente tuviese la última palabra en todo lo relacionado con el negocio petrolero en el país. Desde los primeros días del negocio petrolero en Estados Unidos, una ley de propiedad privada permitía a los dueños de las tierras el control sobre los derechos minerales en el subsuelo. Para las compañías petroleras suponía un quebradero de cabeza tener que negociar los derechos con cada terrateniente para perforar pozos en sus tierras. Así que las compañías lucharon por evitar que se impusiera una ley similar en Venezuela, y lo lograron. A juicio de las petroleras, mantener contento a un dictador que tenía la última palabra sobre las concesiones petroleras de un país era la forma más sencilla de hacer negocios.

Gómez creó la primera fuerza armada para proteger el poder central del país y llenó las instituciones de Gobierno de gente leal a su mandato. Empoderó al Tesoro nacional para que recolectara impuestos y pagó la deuda externa de Venezuela. Sin embargo, su legado más significativo fue la ley petrolera de 1922, una pieza legislativa diseñada por los abogados de las mismas empresas petroleras. La ley permitía a las empresas explotar grandes extensiones de tierra rica en petróleo por largos períodos de tiempo. Cuando Gómez murió, Venezuela se había convertido en un rico enclave petrolero manejado más como la hacienda personal de Gómez que como una nación. Los ingresos petroleros representaban dos tercios de los ingresos del Estado y más del 90 por ciento de las exportaciones del país. En apenas veinte años, Venezuela pasó de ser una provincia agrícola desconocida en algún lugar de los Andes a convertirse en el mayor exportador de crudo del mundo y en el segundo productor después de Estados Unidos. Gómez también dejó una marca duradera en la política venezolana. Tal y como dijo el historiador venezolano Elías Pino Iturrieta en su ensayo *Matar a Gómez*, publicado en 1985, un poco del carácter del dictador terminó arraigado en cada una de las generaciones de líderes y burócratas venezolanos que le sucedieron: «Cada cinco años, con cada nuevo Gobierno, nuestras vidas son determinadas por la autoridad de figuras como Gómez... quienes lo emulan, ejerciendo el poder y distribuyendo favores como [el mismo dictador lo hacía] en el pasado».[62]

La riqueza petrolera cambió la vida económica de Venezuela. Permitió la construcción de una red de carreteras que conectaban el país por primera vez, así como la llegada del telégrafo. Gómez creó los primero bancos, mostrando a los venezolanos lo que una dictadura con muchos recursos podía hacer. Durante la década de los veinte Gómez se mantuvo en el poder gracias a su forma dadivosa de gobernar, que beneficiaba a varias capas de sus compinches y funcionarios más leales, quienes a cambio no tuvieron ningún problema en acostumbrarse a sus caprichos. La industria petrolera también pagaba salarios muy altos a venezolanos que durante generaciones no habían hecho más que sembrar la tierra. Emergió una nueva clase de trabajador que ganaba mucho más dinero del que sabía como gastar. En 1930, mientras el mundo estaba hundido en la Gran Depresión, los venezolanos comenzaron a experimentar un fenómeno inusual. El torrente de dinero

---

62. Cita incluida en Coronil, Fernando, *The Magical State* (Chicago: University of Chicago Press, 1997).

del petróleo que el país ganaba cada año llevó a que el bolívar se apreciara ante el dólar. Peor aún, Estados Unidos había permitido que el dólar perdiera valor frente a otras monedas durante la Gran Depresión convirtiendo así al bolívar en una de las monedas más fuertes del mundo. A principios de la década de los treinta, un dólar americano equivalía a 7,75 bolívares, y en 1934 ese dólar lograba comprar menos de la mitad de esa cantidad de bolívares. El bolívar se apreció casi un 70 por ciento en esa década. Venezuela había ganado la lotería: la gran riqueza petrolera llegó justo cuando el resto del mundo afrontaba una debacle económica global.

El bolívar fuerte se convirtió en un infierno para los agricultores venezolanos que sembraban café y cacao, cultivos que en algún momento fueron las principales exportaciones del país. La apreciación del bolívar hundió el sector agrícola, por el encarecimiento de los productos venezolanos para la exportación. La manufactura en Venezuela se convirtió en una actividad sumamente cara e inviable. Sin embargo, la moneda fuerte era muy popular políticamente pues los venezolanos repentinamente podían importar lo que usaban, vestían y comían a diario. El gusto por la modernidad y los productos importados se convirtió en parte normal de la vida diaria en este feudo petrolero. Para entonces ya no había posibilidad alguna de cambiar las cosas a como eran antes de la llegada del petróleo. Todo en Venezuela, desde los costes de las empresas hasta los precios de los productos y los salarios de los trabajadores, dependía de un bolívar sobrevaluado. Los propietarios de tierras agrícolas poco productivas las vendieron y buscaron nuevas fortunas en el comercio, las finanzas y la especulación de bienes raíces en zonas urbanas, pues a fin de cuentas todo el mundo migraba a las ciudades buscando una vida mejor. El país que hacía poco había sido eminentemente rural, se urbanizó rápidamente. La oferta de vivienda en Caracas se hizo insuficiente para el nivel de demanda, y los precios de los bienes raíces comenzaron a competir con los de las capitales cosmopolitas más famosas del mundo. Venezuela estaba experimentando los primeros dolores de lo que eventualmente se conocería como «el mal holandés», el fenómeno que ocurre cuando el éxito económico de un recurso natural arruina al resto de la economía de un país.

Cuando el presidente estadounidense Franklin D. Roosevelt leyó en un informe del Departamento de Estado lo cara que era la vida en Caracas, pensó que los funcionarios que habían redactado el documento habían cometido un error en su análisis. En un memorando con fecha de junio de 1939, Roosevelt pidió a Harry Hopkins, uno de los artífices del New Deal y uno de sus más cercanos colaboradores, que revisara el análisis del Departamento de Estado. «¿Podría usted proporcionarme un memorando enfocado en el coste de vida relativo de vivir en Caracas, Venezuela, comparado con Washington, D.C., en dólares? El Departamento de Estado me informa de que con un salario de unos 2.000 dólares en Washington, la misma persona necesitaría ganar unos 5.000 dólares para poder vivir de la misma manera en Caracas. Yo no lo creo», escribió Roosevelt. «En el proceso de revisar esto, por favor no diga nada sobre esta consulta al Departamento de Estado.»[63] Una semana después, el Departamento de Comercio envió al presidente una respuesta escrita por Willard Thorp, uno de los economistas que diseñó el Plan Marshall. El informe de Thorp, de seis páginas, deja ver, de manera cruda y con un alto nivel de detalle, la realidad de Venezuela como una economía inundada por dinero proveniente de la riqueza petrolera. «Caracas es uno de los lugares más costosos para vivir en el mundo», decía el memorando. Thorp informó al presidente de que, debido a una moneda sobrevalorada, el coste en la capital venezolana de una habitación con un baño compartido, incluyendo alimentación, ascendía a 1.740 dólares anuales, mientras que un sondeo del coste de la vida para los empleados del Gobierno federal en Estados Unidos mostraba que la vivienda y la alimentación costaban 690 dólares al año en Washington, D.C. «Existe una escasez de vivienda en este momento y muchos estadounidenses se ven obligados a esperar entre dos y tres meses para encontrar una vivienda adecuada en Caracas», escribió Thorp.

Y eso no era todo. El agua no era potable en Caracas y tenía que ser hervida a diario. Los arrendatarios de viviendas tenían

---

63. Franklin D. Roosevelt, correspondencia sin firma, caja número 96, Harry Hopkins Papers, Biblioteca Presidencial de Franklin D. Roosevelt.

que pagar por el coste adicional de adecuar las instalaciones eléctricas de cada casa, pues los dueños rara vez lo hacían. «Artículos de baño, jabones, medicinas y farmacéuticos cuestan entre un 75 y un 200 por ciento más que en Estados Unidos», decía Thorp. «Los automóviles, algo esencial en Caracas, cuestan entre un 90 y un 110 por ciento más sobre el precio de venta en Estados Unidos.» La ropa de mujer también era importada y se vendía a un sobreprecio de un 200 por ciento en comparación con las tiendas de ropa estadounidenses. Hacerse un traje con un sastre costaba 70 dólares en Caracas, pero advertía Thorp: «la costura es de mala calidad». El punto más condenatorio del memorando de Thorp tenía que ver con la ética de trabajo de los venezolanos: «Los salarios de los sirvientes son más bajos que en Estados Unidos, pero son mucho menos eficientes y se limitan a hacer un solo tipo de trabajo». La vida en Caracas se asemejaba a la de un campo minero remoto y costoso por la necesidad de importar todo lo necesario para sobrevivir. Y vivir en ese campo minero era más caro que vivir a varias calles de la Casa Blanca.

Los días de bonanza económica en Venezuela no duraron mucho tiempo. La segunda guerra mundial trastornó el comercio global y al hacerlo dejó a esta nación, que dependía de las importaciones, en un caos económico, plagada por la escasez de productos. Venezuela pasó rápidamente de ser una nación con suficiente poder de compra para importar vinos de alta calidad a ser un lugar donde la gente tenía problemas para encontrar neumáticos para un automóvil.[64] El presidente Isaías Medina Angarita, un exministro de Defensa con fama de tener simpatías fascistas —algunos decían que era fanático seguidor del Duce—, respondió de la única manera que pudo: impuso controles de precios para servicios de transporte y productos de consumo diario. Los empresarios no estaban de acuerdo con esas medidas, pero ya era demasiado tarde para dar marcha atrás. El concepto de una fuerte

64. Urbaneja, Diego Bautista, *La renta y el reclamo* (Caracas: Editorial Alfa, 2013).

intervención gubernamental en la economía había llegado para quedarse y el sector privado no podía hacer nada al respecto. El Estado manejaba bancos y mataderos, incluso la producción de jabón que el Gobierno expropió a la familia de Gómez y a sus amigos. La amada hacienda de Gómez, La Placera, también terminó en manos del Gobierno y décadas después se convertiría en el sitio del complejo industrial donde la Casa de la Moneda de Venezuela imprimiría billetes. El papel del Gobierno como empresario comenzó casi por accidente, por la necesidad de confiscar la riqueza mal habida de un dictador fallecido. El control del Estado sobre estos negocios parecía ser la única manera de asegurar que todos los venezolanos se beneficiaran del enorme hurto orquestado por Gómez.

De cualquier manera, la gente en esa época ya clamaba por una mayor intervención del Estado. Arturo Uslar Pietri, uno de los más conocidos intelectuales del país, había captado la atención de la población unos años antes al publicar su ensayo *Sembrar el petróleo* en un periódico local.[65] En ese ensayo, Uslar Pietri advertía a los venezolanos de que la cultura de corrupción que venía con la riqueza petrolera fácilmente podía convertir al país en un «parásito petrolero». A juicio de Uslar Pietri, era sumamente importante que los venezolanos invirtieran la riqueza petrolera para ser más productivos, para estimular la agricultura y construir nuevas infraestructuras. Uslar Pietri creía que la mejor manera de hacer esto era a través de la intervención del Estado. En posteriores publicaciones, el intelectual argumentaba que sin una mano firme del Estado, Venezuela se convertiría en un «vastísimo campamento petrolero, poblado de empleados petroleros, de funcionarios públicos, de abogados, de médicos y de comerciantes importadores, y el día en que el petróleo desaparezca nos encontraremos... en la situación de morirnos de hambre, en un desierto sembrado de esqueletos de automóviles, de viejas refrigeradoras, y de cajas de avena despanzurradas.»[66] Uslar Pietri nunca se imaginó que la producción de petróleo duraría varias

65. «Sembrar el petróleo», *Diario Ahora*, 13 de julio de 1936.
66. Urbaneja, D.B., *op. cit*, pp. 110-111.

generaciones, y que ese mismo escenario catastrófico podía darse con un Gobierno que lo controlara todo.

El Gobierno de Medina estaba en aquel momento en la posición de corregir un enorme mal. Las empresas petroleras controlaban un gran número de concesiones petroleras otorgadas de forma irregular por el fallecido Gómez, y se habían acostumbrado a perforar pozos y bombear petróleo sin que el Gobierno las molestara. Pero una ciudadanía cada vez más empoderada demandaba mejores niveles de educación, salud y otros servicios públicos. Venezuela comenzó entonces una serie de conversaciones con las empresas petroleras para encontrar una mejor manera de repartir la riqueza obtenida de la producción petrolera. Los venezolanos naturalmente querían obtener más dinero de la producción de su petróleo. Medina escribió una carta a Roosevelt pidiéndole ayuda para lograr convencer a las empresas petroleras de que aceptaran términos impositivos menos favorables. Y Roosevelt con todo el gusto accedió a hacerle ese favor. Oficiales del Gobierno de Estados Unidos incluso ayudaron a los venezolanos a conseguir consultores que pudieran echarles una mano en las negociaciones con las empresas petroleras.[67]

El petróleo había elevado el perfil de Venezuela en el mundo. El país se había convertido en un proveedor importante de petróleo que impulsó a los aliados durante la segunda guerra mundial, a tal punto que los alemanes y los italianos enviaron submarinos al Caribe para desbaratar los suministros de sus enemigos torpedeando los buques que transportaban crudo venezolano. Más importante aún para Roosevelt era el futuro de la industria petrolera de Venezuela. México había nacionalizado su industria petrolera en 1938 y Roosevelt no quería que ocurriera lo mismo en el país sudamericano. Cuando los ejecutivos de la poderosa petrolera Standard Oil, la misma que fundara John D. Rockefeller, decidieron luchar contra el plan de Venezuela de forzarlos a aceptar condiciones contractuales menos favorables, el Gobierno

---

67. Yergin, Daniel, *The Prize* (New York: Free Press 1992), p. 435.

estadounidense dijo que no esperaran recibir ayuda de Washington en una disputa con Venezuela.[68] Los ejecutivos petroleros sabían que Venezuela era una zona petrolera demasiado importante como para abandonarla y decidieron entonces acatar los cambios que buscaba el presidente venezolano. Las empresas lo consideraban parte del coste de hacer negocios. Después de todo, fueron las empresas petroleras las que lucharon años antes por asegurarse de que el Estado venezolano fuese la autoridad única que tomara decisiones sobre el negocio petrolero en Venezuela.

En 1943 Venezuela aprobó una nueva ley petrolera que consagró un acuerdo histórico y sin precedentes con las compañías petroleras, conocido como el principio *fifty-fifty*, o cincuenta-cincuenta. Bajo los nuevos términos, Venezuela ganaría la misma cantidad de dinero que las empresas en ingresos netos, a través de la creación de impuestos sobre la renta, regalías y otros impuestos sobre la producción petrolera. El acuerdo forzaba también a las empresas a construir refinerías de gasolina en Venezuela. La idea detrás de este acuerdo era hacer que el Estado y las empresas se convirtieran en socios igualitarios en el negocio. Sin duda, el hecho de que las empresas pudieran descontar los impuestos que pagaban en Venezuela de los que debían pagar al Gobierno de Estados Unidos, bajo reglas establecidas para evitar la doble tributación, ayudó también en el proceso.[69]

Pero las empresas ganaron algo todavía más importante: el acuerdo con el Estado venezolano legitimaba las concesiones petroleras ilegales que habían logrado obtener años antes durante el período de Gómez y extendía su validez por otros cuarenta años.[70] Pero no todos los venezolanos estaban convencidos de las bondades de semejante acuerdo. Un congresista venezolano joven y apasionado, Juan Pablo Pérez Alfonzo, quien años más tarde se convertiría en uno de los más grandes dolores de cabeza para las principales empresas petroleras, argumentaba que semejante acuerdo era demasiado indulgente con las empresas

68. Yergin, D., *op. cit*, p. 434.
69. Coronil, F., *op. cit*.
70. Coronil, F., *op. cit*, p. 107.

pues les permitía quedarse con las ganancias mal habidas que acumularon durante el período de Gómez. Sin embargo, el acuerdo *fifty-fifty* se convirtió en un importante hito en la historia petrolera de Venezuela. Este acuerdo enseñó a los venezolanos que desde ese momento podían negociar con las empresas petroleras y aumentar sus impuestos cuando fuese necesario. Después de todo era más fácil políticamente incrementar los impuestos a las petroleras internacionales que imponer impuestos más elevados a los venezolanos. De acuerdo con el análisis que la académica Terry Lynn Karl hizo en su libro *The Paradox of Plenty* ('La paradoja de la abundancia'), Venezuela se habría convertido en ese momento en un petroestado.[71]

Los años de Medina Angarita en el poder no terminaron bien. En 1945 un grupo de militares descontentos con los bajos salarios y la falta de equipamientos en las fuerzas armadas lo derrocó, expulsándolo del país. Una junta revolucionaria de Gobierno tomó entonces el poder con la ayuda de un gobierno civil gerenciado por Rómulo Betancourt, un abogado y líder político, fumador de pipa y miembro del partido socialdemócrata Acción Democrática. La junta fue dura con el derrocado expresidente Medina, a quien acusó de gastar casi 7 millones de dólares en sobornos a políticos y periodistas. La junta incluso declaró haber encontrado una fotografía de Medina retozando con prostitutas desnudas, que era «demasiado obscena para ser publicada».[72]

El nuevo Gobierno nombró a Pérez Alfonzo, el legislador que tan virulentamente se había opuesto al acuerdo *fifty-fifty*, ministro de Fomento. Pérez Alfonzo, un hombre delgado que en sus años más avanzados llevaba la cabeza rapada, era un político con una voluntad férrea poco usual. Descendía de una familia acomodada que inicialmente había financiado sus estudios de medicina en la universidad norteamericana Johns Hopkins, pero poco después de comenzar la carrera se vio forzado a abandonarla cuando su familia se enfrentó con graves problemas financieros. Al retor-

---

71. Karl, Terry Lynn, *The Paradox of Plenty: Oil Booms and Petro-States* (Berkeley: University of California Press, 1997).

72. «Venezuela: Approval», *Time*, 12 de noviembre de 1945.

nar a Caracas, se hizo cargo de sus diez hermanos y hermanas y con mucho esfuerzo estudió leyes. La vida le enseñó a ser riguroso y austero; algunos decían que era casi monástico. Desde su nueva posición política, Pérez Alfonzo argumentaba que el acuerdo *fifty-fifty* no daba en realidad la mitad de las ganancias petroleras a Venezuela y decidió crear nuevos impuestos para corregir ese problema. Y eso no era todo lo que Pérez Alfonzo tenía en mente; exigía además que Venezuela obtuviese una parte de las ganancias que las empresas obtenían de la refinación, el transporte y la venta de gasolina. Pérez Alfonzo era un tipo tan inteligente y hábil que pronto se dio cuenta de que era más barato para las empresas producir petróleo en Oriente Medio que en Venezuela, pues los acuerdos contractuales en esos países eran más beningnos para ellas. Para hacer algo al respecto, envió a una delegación de venezolanos a los países de Oriente Medio con copias del acuerdo *fifty-fifty* traducidas al árabe, promoviendo su adopción. Pronto Arabia Saudí decidió obligar a las empresas petroleras a aceptar términos similares gracias a los esfuerzos de Pérez Alfonzo. El acuerdo *fifty-fifty*, creado en Venezuela, se convirtió así en una regla general aceptada en el negocio petrolero mundial.

A medida que aumentaba la renta petrolera, los venezolanos comenzaron a demandar más beneficios. El nuevo Gobierno decretó la reducción de los precios de la gasolina a nivel nacional en 1945 y obligó a las empresas que refinaban y distribuían el producto a que absorbieran el coste de ese nuevo subsidio.[73] El Gobierno también sacrificó parte de sus ingresos al recortar los impuestos sobre la gasolina, para hacerla aún más barata. Durante los cuatro años siguientes, la gasolina vendida en Venezuela se convertiría en la más barata del mundo.[74] Venezuela adoptó en aquel entonces el sufragio universal, y en 1947 sus ciudadanos eligieron a Rómulo Gallegos, un famoso novelista, como su primer líder democráticamente electo. Gallegos decidió mantener a

---

73. Betancourt, Rómulo, *Venezuela, política y petróleo* (Caracas: Academia de Ciencias Politicas y Sociales, 2007), p. 293.

74. Betancourt, R., *op. cit.*, p. 294.

Pérez Alfonzo en su puesto como ministro para continuar incrementando los impuestos a las petroleras. Sin embargo, su Gobierno llegó a su fin apenas ocho meses después de haber comenzado, con un golpe de Estado militar organizado por los mismos oficiales que habían derrocado a Medina Angarita apenas tres años antes. El incidente se conoce como el «golpe de teléfono», porque Gallegos supo por teléfono que las fuerzas armadas se habían apoderado del palacio presidencial. Las fuerzas militares se estaban convirtiendo en una institución envalentonada, difícil de controlar, que, como todos los venezolanos, había aprendido a esperar generosos beneficios del Estado.[75] Pero a diferencia del resto de la población, los militares tenían las armas para exigir más poder a los Gobiernos. La democracia aún no estaba al alcance del país petrolero.

Los líderes del golpe de Estado persiguieron a cargos de la administración de Gallegos y obligaron a los miembros de Acción Democrática a refugiarse en la clandestinidad. A Pérez Alfonzo lo enviaron a la cárcel, donde pasó muchos meses, a veces en confinamiento solitario. Eventualmente fue exiliado y se instaló con su familia en Washington, D.C., donde logró sobrevivir del dinero que obtenía de alquilar su apartamento en Caracas, y se convirtió en un ávido lector en la Biblioteca del Congreso. Venezuela y el mundo volverían a escuchar el nombre de Pérez Alfonzo en el futuro.

Una junta militar fue la encargada de gobernar el país tras el golpe, pero el general Marcos Pérez Jiménez eventualmente se convirtió en el verdadero poder en la sombra. Pérez Jiménez era un hombre regordete de treinta y seis años que gozaba de la pompa y la grandiosidad, y era popularmente conocido entre los estadounidenses que vivían en Caracas como «PJ».[76] El líder manipuló los resultados de las elecciones generales de 1952 que inicialmente había perdido. Pidió, según dicen, un recuento «más correc-

---

75. Coronil, F., *op. cit*, pp. 139-140.
76. «Venezuela: Skipper of the Dreamboat», *Time*, 28 de febrero de 1955.

to», y se proclamó presidente del país.[77] No debe sorprender que el dictador fuera un convencido de que Venezuela no estaba lista para la democracia.[78] Cuando Pérez Jiménez tomó el poder, Venezuela gozaba de una riqueza sin precedentes. La demanda mundial de petróleo había crecido vertiginosamente durante el *boom* económico de la posguerra. Y los conflictos geopolíticos en Oriente Medio habían contribuido a disparar aún más los precios del crudo. La nacionalización del sector petrolero en Irán en 1951 y el derrocamiento de Mohammad Mosaddeq dos años después en ese país, unido al cierre del Canal de Suez por Gamal Abdel Nasser de Egipto, provocaron que un torrente de petrodólares entrara en Venezuela. Durante los siete años previos a 1957 —la mayor parte del período de Pérez Jiménez— ningún otro país acumuló tantas divisas como Venezuela, con la excepción de Alemania del Este, la cual había obtenido grandes beneficios del Plan Marshall, financiado por Estados Unidos.[79]

La inversión extranjera en Venezuela se triplicó durante el período del dictador Pérez Jiménez.[80] Las empresas tenían la libertad de invertir, obtener jugosas ganancias y repatriar su dinero en divisas sin problemas regulatorios. El Gobierno venezolano otorgaba préstamos a la industria y a la agricultura pero los líderes empresariales del país preferían importar bienes, dedicarse al sector de la construcción o ser comerciantes. En 1953 la revista estadounidense *Time*, en uno de sus artículos, citó a un banquero local que decía: «Tú tienes la libertad acá de hacer lo que quieras con tu dinero, y para mí eso vale más que toda la libertad política del mundo».[81] La regla de oro parecía ser: Haz negocios con libertad pero no te metas con PJ. Bajo Pérez Jiménez, el Gobierno ilegalizó el Partido Comunista y prohibió las huelgas laborales. Quienes se oponían al autócrata fueron eliminados, perseguidos o encarcelados bajo las órdenes de Pedro Es-

77. «Venezuela: How to Get a Quorum», *Time*, 29 de diciembre de 1952.
78. Urbaneja, D.B., *op. cit.*, p. 163.
79. Karl, T.L. *op. cit*, Loc 1286.
80. Coronil, F., *op. cit*, p. 183.
81. «Venezuela: The Busy Bs», *Time*, 21 de septiembre de 1953.

trada, el director de Seguridad Nacional de Pérez Jiménez y su principal espía. Los esbirros de Estrada tenían por costumbre interrogar a los enemigos del dictador primero forzándolos a desnudarse y luego obligándolos a sentarse en bloques de hielo durante horas.[82]

El flujo de petrodólares mantenía un coste de vida extremadamente alto. Un estadounidense que ganara unos 1.000 dólares mensuales en Venezuela (o el equivalente a 9.000 dólares de 2015) apenas podía arreglárselas.[83] El salario de un humilde cocinero se estimaba en 10,50 dólares al día (94 dólares diarios en 2015).[84] Unas tasas de impuestos ridículamente bajas se convirtieron en otro regalo para los venezolanos, cortesía de un Gobierno que dependía enteramente del petróleo y podía permitirse el lujo de prescindir de cobrar impuestos a sus ciudadanos. El impuesto más alto era del 28 por ciento, pero únicamente se aplicaba para aquellas personas con ingresos que excedían el equivalente a 8,4 millones de dólares al año.[85] En aquel entonces, alguien que ganara el equivalente a 60.000 dólares al año pagaba unos 1.800 dólares en impuestos, una tasa del 3 por ciento.[86] El sector petrolero también se benefició bajo Pérez Jiménez. A diferencia de gobernantes pasados, el dictador no incrementó los impuestos a las petroleras y optó por incrementar la producción de petróleo. La falta de supervisión durante su Gobierno permitió incluso que las empresas declararan menos petróleo del que realmente producían y vendían en el mercado internacional.[87] Para obtener más ingresos del petróleo, Pérez Jiménez decidió ofrecer más concesiones a las empresas que estaban ansiosas por incrementar su tenencia de campos petroleros. La decisión fue un

82. «Venezuela: Skipper of the Dreamboat».

83. Estimado utilizando la calculadora de inflación US IPC (Índice de precios al consumo) de la Oficina de Estadísticas Laborales de Estados Unidos: http://www.bls.gov/data/inflation_calculator.htm.

84. «Venezuela: The Busy Bs».

85. «Venezuela: The Busy Bs».

86. «Venezuela: The Busy Bs».

87. Coronil, F., *op. cit.*, p. 181.

enorme revés para la ley petrolera de 1943, por la que el Gobierno había decidido no dar más concesiones a las petroleras.

Pérez Jiménez tenía grandes ambiciones para su país. La riqueza petrolera venezolana era tan grande que creaba la impresión de ser suficiente para modernizar el país de la noche a la mañana. El déspota quería a toda costa crear una imagen de una Venezuela moderna, y hasta cierto punto logró hacerlo. Decidió cambiar el nombre del país, «Estados Unidos de Venezuela», por «República de Venezuela», creó empresas estatales en minería, acero, aluminio y en el sector petroquímico, y lanzó un programa masivo de obras en infraestructuras que incluyó escuelas, hospitales, y viviendas, pero en el que figuraban autopistas y hoteles de lujo. La idea era que todo en Venezuela generara una imagen de modernidad, que la arquitectura fuera imponente, para impresionar a visitantes del extranjero.

A finales de 1953 Pérez Jiménez fue anfitrión en la inauguración del hotel Tamanaco, en Caracas, un evento en el que los hombres vestían de frac y las mujeres con vestido largo, y en el que alrededor de 2.000 invitados tomaron whisky, champán, y consumieron casi 3.000 kilos de res y aves de corral.[88] El coste total de la fiesta se estimó en 75.000 dólares (el equivalente a más de 670.000 dólares de 2015). Construir el Tamanaco costó 8,5 millones de dólares en aquella época (o 76 millones de dólares de 2015). Pérez Jiménez construyó autopistas y calles y además inauguró la carretera de 17 kilómetros que conecta Caracas con su aeropuerto en la costa de La Guaira, con dos túneles que atravesaban las montañas, y varios viaductos, uno de ellos de 900 metros de largo. La carretera se consideraba en aquel entonces una maravilla de ingeniería y su construcción costó 3,5 millones de dólares por kilómetro (o el equivalente a 31 millones de dólares por kilómetro en 2015). La revista *Mecánica Popular* la denominó «la carretera más costosa del mundo».[89] Una vez terminada la autopista, Pérez Jiménez tenía por costumbre

---

88. «Venezuela: Fiesta of Good Works», *Time*, 14 de diciembre de 1953.
89. Recuento histórico de la construcción de la autopista del artículo «Inaugurada Autopista Caracas-La Guaira», *El Universal*, 12 de marzo de 2009.

conducir por ella su automóvil deportivo Mercedes Benz de dos plazas.

Pero su proyecto favorito fue el hotel Humboldt, una torre de 19 pisos con amplios ventanales ubicada en la cúspide de la imponente montaña de El Ávila, a más de 2.000 metros sobre el nivel del mar. El hotel era famoso por tener una pista de hielo y porque los visitantes únicamente podían llegar a él usando un funicular que ofrece impresionantes vistas de la ciudad. El hotel fue un desastre comercial. Abrió y cerró sus puertas una y otra vez en varios años y es considerado un elefante blanco de la era del perezjimenismo y aún hoy se alza sobre El Ávila esperando tiempos mejores.

Las fuerzas militares también se beneficiaron durante el Gobierno de Pérez Jiménez. El dictador construyó un club militar con todo tipo de lujos, como pisos de mármol, 50 habitaciones para huéspedes, un cine para 450 personas, dos piscinas, un gimnasio, relojes Tiffany en las paredes y una lista de detalles interminable.[90] La grandeza y el lujo del lugar simbolizaban la importancia creciente de la institución militar en la estructura de poder de Venezuela. Aquellos que se involucraron en el *boom* de la construcción de esos años lograron hacerse con enormes fortunas de la noche a la mañana, en gran parte porque existía muchísima corrupción en los contratos con el Gobierno por la vía de sobornos, «coimas» y otros tantos arreglos dudosos.[91] La transformación de Venezuela atrajo a cientos de miles de inmigrantes de países tan lejanos como Italia, Austria, Francia, España y Portugal, que buscaban una vida mejor alejada de una Europa aún devastada por la guerra. Y Pérez Jiménez los recibía con los brazos abiertos, pues el dictador pensaba que el pueblo venezolano era un pueblo ignorante y atrasado y que la nación se beneficiaría de un flujo de europeos con un grado más alto de educación. La economía de Venezuela tenía la capacidad de absorber tanto dinero y a tanta gente porque todavía había mucho por construir y por hacer. Venezuela era en aquella época el lugar donde había que estar.

90. «Venezuela: Skipper of the Dreamboat».

91. Karl, T.L., *op. cit.*, Loc 1285. Véase también «Venezuela: Skipper of the Dreamboat».

Toda esa riqueza y esos sueños de grandeza se esfumaron rápidamente. Los proyectos faraónicos de Pérez Jiménez terminaron siendo demasiado ineficientes y costosos, y su Gobierno, derrochador y corrupto. Eventualmente, su Gobierno se vio forzado a reducir subsidios para las empresas, cosa que enfureció a la clases pudientes, y redujo además el gasto social, lo que no ayudó a la popularidad del mandatario entre los venezolanos de clase media y baja. La pobreza en las áreas rurales seguía siendo muy alta, así como los niveles de inequidad. Durante el último año de Pérez Jiménez en el Gobierno, el 2 por ciento de la sociedad venezolana controlaba más de la mitad de los ingresos nacionales.[92] Cuando en 1957 el dictador tomó los primeros pasos legales para mantenerse en el poder de manera indefinida, eso se convirtió en la gota que colmó el vaso para sus enemigos. Sin embargo, el descontento público no fue suficiente para apartarlo del poder. El final únicamente llegó cuando las fuerzas militares, a disgusto por la falta de ascensos y acceso al poder, dieron la espalda al hombre fuerte.[93] Las armas y el derramamiento de sangre no fueron necesarios; sólo fue necesaria una conversación. A finales de enero de 1958, cuando sus más cercanos colaboradores militares le pidieron que abandonara el poder, Pérez Jiménez y su familia empacaron sus pertenencias y abordaron un avión a las tres de la madrugada con destino a la República Dominicana. Abandonaron el país con tanta prisa que al subir al avión olvidaron en el aeropuerto una maleta con 2 millones de dólares en efectivo.[94]

Aquellos que fueron encarcelados, exiliados y perseguidos por el Gobierno de Pérez Jiménez se hicieron cargo de reparar el desastre que dejó la dictadura. Los partidos políticos que había prohibido hicieron lo posible por recuperarse y prepararse para unas nuevas elecciones, esta vez en plena libertad. La gran tarea que tenían era guiar y convencer a generaciones de venezolanos que

92. Karl, T.L., *op. cit.*, Loc 1285.
93. Coronil, F., *op. cit.*, p. 212. Véase también Urbaneja, D.B., *op. cit.*, p. 183.
94. Coronil, F., *op. cit.*, p. 212.

prácticamente sólo conocían la dictadura como modo de Gobierno, para que aceptaran y respetaran la democracia.[95] Después de todo, los militares, las empresas petroleras, la clase pudiente y los partidos políticos, todos, tenían la capacidad de hacer descarrilar un proceso democrático si sentían que no estaban obteniendo suficiente acceso al poder y a la riqueza petrolera.[96] Los nuevos líderes políticos también tenían que lidiar con una población que se había acostumbrado a la grandeza y la majestuosidad de los años de Pérez Jiménez. La pregunta de cómo administrar los recursos petroleros para generar un desarrollo económico sostenible y una economía estable, menos dependiente del petróleo, no era una preocupación para los venezolanos. El gozo de la gasolina barata, los impuestos bajos y un bolívar sobrevaluado que permitía a los consumidores comprar productos importados eran beneficios que los venezolanos daban por sentados y esperaban recibir para siempre. De igual manera, se asumía que la función del Gobierno era ofrecer jugosos contratos y otros subsidios a las empresas.

En aquella época la cuestión fundamental para una nación acostumbrada a Gobiernos de hombres fuertes y a golpes de estado recurrentes era cómo asegurar la estabilidad política. La respuesta vino en la forma de un pacto conocido como «el Pacto de Punto Fijo». El acuerdo político se firmó entre los tres principales partidos del país, el partido socialdemócrata Acción Democrática, el partido democratacristiano Comité de Organización Política Electoral Independiente, conocido como COPEI, y el de centroizquierda Unión Republicana Democrática (URD). Bajo ese arreglo, los partidos acordaron respetar los resultados electorales, distribuirse los puestos del gabinete de Gobierno y seguir políticas económicas que crearan un clima favorable para hacer negocios. El Partido Comunista fue excluido de las negociaciones, porque el mundo estaba en plena guerra fría y excluirlos mandaba una señal de confianza al sector empresarial y a Estados Unidos. Años después, la decisión de excluir a los comunistas les pasaría factura. El principal problema del acuerdo, que no era

95. Coronil, F., *op. cit.*, 216.
96. Karl, T.L., *op. cit.*, Loc 1296.

evidente en ese entonces, era que el pacto convertía a los partidos políticos en la puerta principal para acceder a favores políticos y a una futura repartición de la riqueza petrolera.[97] La versión venezolana de la democracia consistía en darle a cada quien una tajada suficiente de riqueza petrolera para mantener la paz. El petróleo era más importante que los principios democráticos. La clase política estaba haciendo que Venezuela dependiera cada vez más del crudo.

En diciembre de 1958 los venezolanos eligieron a Rómulo Betancourt, quien había sido responsable de liderar la junta civil que a finales de la década de los cuarenta abrió el paso para el primer intento fallido de democracia. Betancourt fue quien originalmente permitió a Juan Pablo Pérez Alfonzo tomar las medidas necesarias para asegurarse de que Venezuela obtuviese una mejor repartición de la riqueza petrolera, subiendo los impuestos a las empresas petroleras. A Betancourt no le faltó tiempo para llamar a Pérez Alfonzo, quien en aquel entonces estaba viviendo en el exilio en México, y le ofreció el cargo recién creado de ministro de Minas e Hidrocarburos. Pérez Alfonzo aceptó y al retornar a su país natal se dio cuenta de cómo había deformado el petróleo la ética de trabajo del venezolano. Una vez en el cargo, el nuevo ministro esperaba con ansia la llegada de su querido automóvil, un Singer Roadster descapotable modelo 1950, un regalo que había logrado hacerse a sí mismo durante su exilio. El transporte del vehículo estaba tardando más de lo esperado, y cuando finalmente recibió una llamada para avisarle de que había llegado a Venezuela, el automóvil llevaba ya un par de meses olvidado acumulando polvo en una bodega de la aduana. Pérez Alfonzo envió a un mecánico a recogerlo, pero el auto se descompuso en el camino a Caracas. El mecánico no pudo reparar el problema y tuvo que llamar a una grúa para que lo llevaran hasta la casa del ministro. El problema era sencillo: el motor se fundió porque no tenía aceite y al mecánico no se le había ocurrido revisarlo antes de ponerse a conducir. El adorado auto de Pérez Alfonzo se había

97. Karl, T.L., *op. cit.*, Loc 1296.

convertido en un pedazo de metal inservible. Pérez Alfonzo decidió instalar el auto en su jardín para recordarle todos los días cómo el petróleo podía fomentar una cultura de descuido, dejadez y desperdicio.

Años más tarde, Pérez Alfonzo describió el petróleo con una expresión que se hizo famosa: «el excremento del Diablo». «En diez o veinte años, ya verá, el petróleo será nuestra ruina», advirtió.[98] Pérez Alfonzo entendía que la riqueza petrolera mal administrada podía ser tóxica para una nación, pero también creía fielmente que los venezolanos, y no las empresas extranjeras, debían tener la última palabra sobre cómo manejar la industria petrolera del país. Pérez Alfonzo no había desperdiciado su tiempo en sus años de exilio en Estados Unidos. Durante sus visitas a la Biblioteca del Congreso en Washington, D.C., había estudiado de cerca el negocio petrolero y quería que Venezuela controlara la producción y la venta de su petróleo. En aquellos años, las Siete Hermanas, como se llamaba a las empresas petroleras más poderosas del mundo —que incluían la Anglo-Persa (que se convertiría en BP), Royal Dutch Shell, Standard Oil de Nueva Jersey y de Nueva York (eventualmente conocidas como Exxon), Standard Oil de California, Gulf y Texaco (Chevron)— dominaban más del 80 por ciento de las reservas probadas de petróleo del mundo. Ellas decidían cuánto petróleo producir, cómo producirlo, a qué mercados enviarlo y a qué precio venderlo. Ellas tenían la capacidad de alterar los precios del petróleo a la baja y con ello dañar los ingresos petroleros de cualquier país petrolero. Los países que eran los verdaderos dueños del crudo no podían hacer nada al respecto.

Para empeorar las cosas, en aquellos días Estados Unidos había decidido restringir la cantidad de petróleo que importaba de Venezuela, favoreciendo el crudo de Canadá y México. Pérez Alfonzo decidió acercarse a Arabia Saudí, Kuwait, Irán e Iraq y les vendió la idea de forjar en secreto un pacto de caballeros para defender los precios del petróleo, crear empresas petroleras estatales y ajustar el famoso acuerdo *fifty-fifty* para convertirlo en

---

98. Citado en Karl, T.L., *op. cit.*, prefacio.

una relación de 60-40 a favor de los Gobiernos y en detrimento de las empresas petroleras.[99] Cuando las petroleras decidieron reducir drásticamente los precios que pagaban por el crudo en 1960, Pérez Alfonzo y sus colegas árabes estaban preparados para actuar. El ministro venezolano voló a Bagdad, donde se reunió con los representantes de Arabia Saudí, Kuwait, Irán e Iraq y firmaron el acuerdo para crear la Organización de Países Exportadores de Petróleo (OPEP). Desde ese momento, las compañías tendrían que consultar a los países exportadores de petróleo antes de fijar los precios del crudo. Pérez Alfonzo y Venezuela habían logrado crear el primer cartel de exportadores petroleros del mundo.

Mientras tanto, en Venezuela, Betancourt estaba en la cresta de un crecimiento económico de un 5 por ciento anual de promedio durante su mandato, que duró el resto de la década de los sesenta.[100] Los rascacielos y los edificios de apartamentos se multiplicaban en Caracas, y también lo hacían con igual rapidez los humildes hogares con techos de lámina en los cerros de Caracas donde vivían los más pobres. El ingreso per cápita de Venezuela era el más alto de América Latina y el bolívar seguía siendo una de las monedas más fuertes del mundo. Los venezolanos continuaban emigrando del campo a las ciudades abandonando la agricultura, lo que obligaba al Gobierno a importar productos básicos tales como el trigo, el maíz, arroz, incluso los huevos de gallina.[101]

Los comunistas que fueron excluidos de la democracia pactada en Venezuela y que se sentían alienados ante la bonanza económica se lanzaron en una lucha armada contra el Gobierno, e incluso recibieron entrenamiento de parte del régimen de Fidel Castro en Cuba. Se dedicaron a secuestrar buques cargueros, a jugadores de fútbol famosos y a sabotear los oleoductos de una industria petrolera que, pese a todos los riesgos, lograba producir

99. Yergin, D., *op. cit.*, p. 518.

100. Echevarría, Óscar A., *La economía venezolana, 1944-1994* (Caracas: Editorial Arte, 1995), 27.

101. «Venezuela: Old Driver, New Road», *Time*, 8 de febrero de 1960.

3,5 millones de barriles de petróleo al día.[102] La guerrilla armada no logró disuadir a la casa de moda francesa Balmain o a la joyería Cartier de abrir lujosas boutiques en Caracas para atender la demanda de unas clases media y alta que no hacían más que crecer.[103] Caracas tenía la fama de ser un destino tan exótico y elegante que recibió una mención especial en la clásica película *Goldfinger* de James Bond en 1963 como la supuesta ubicación de una de las plantas de fundición de oro del siniestro personaje Auric Goldfinger, un comerciante de barras de oro y joyas.

Las empresas continuaban invirtiendo en Venezuela, y continuarían haciéndolo en el futuro, porque en el país las ganancias eran fáciles, incluso ante un escenario político adverso. En 1963, la cadena Sears Roebuck ya tenía once tiendas en Venezuela, y cada una de ellas había sufrido un atentado con bomba por cortesía de la guerrilla. Los insurgentes incluso quemaron una bodega de Sears valorada en 2 millones de dólares. Sears se había convertido en el ícono del capitalismo que los guerrilleros querían erradicar. El problema de seguridad era tan grande para la empresa que el Gobierno plantó a soldados en torres de vigilancia de acero fuera de las tiendas de Sears. Aun así el negocio de la cadena prosperaba. Ese mismo año, sus ventas se incrementaron un 30 por ciento respecto al año anterior. La empresa estaba además reconstruyendo la bodega que los guerrilleros habían quemado, estaba abriendo su tienda número 12 en Venezuela y había firmado acuerdos para fabricar muebles y cocinas en el país.

La manufactura, un sector que gozaba de subsidios estatales y que estaba protegido por todo tipo de aranceles, se expandía a un ritmo del 7 por ciento anual.[104] La manufactura daba empleo a casi el 25 por ciento de aquellas personas que tenían trabajo formal en Venezuela, durante un período que se alargó hasta mediados de la década de los setenta.[105] Aun así, la economía venezolana,

---

102. «Venezuela: Washington Welcomed a Friend», *Time*, 3 de marzo de 1963.

103. «Venezuela: With a Velvet Glove», *Time*, 19 de marzo de 1965.

104. «Venezuela: Rosier Than Red», *Time*, 1 de noviembre de 1963.

105. Karl, T.L., *op. cit.*, Loc 1378.

con una agricultura debilitada, no era lo suficientemente diversa y robusta como para emplear a la gran mayoría de personas, por lo que el gasto social del Gobierno ayudaba a proveer los servicios subsidiados y trabajo a muchos que pertenecían a las clases media y baja.[106] El gasto en educación, salud, agua y saneamiento, entre otros beneficios, que en la época de Gómez totalizaban el 5,3 por ciento del gasto gubernamental, se multiplicó por seis, hasta llegar a representar un 31,4 por ciento del gasto del Gobierno a finales de los años setenta.[107] Ese nivel de gasto se estaba convirtiendo en algo contraproducente. En los últimos cinco años de la década de los sesenta, Venezuela estaba gastando más en salud por habitante que muchos otros países en desarrollo. No obstante, la mortalidad infantil aumentaba y la expectativa de vida no hacía más que empeorar. El investigador Arnoldo Gabaldón lo llamó «uno de los fenómenos más extraños en la historia de sanidad. Mientras más dinero se gasta, menos progresos se obtienen».[108] Pese a estos problemas, era difícil convencer a la gran mayoría de los venezolanos de unirse a una lucha armada porque la riqueza petrolera parecía proporcionarles suficiente capacidad de compra. La labor ardua de defender al país de un movimiento guerrillero mantenía a las fuerzas armadas lo suficientemente ocupadas para no pensar en cómo derrocar Gobiernos. Cuando Betancourt entregó el poder a su sucesor, ésta fue la primera instancia de alternancia democrática en los 133 años desde que Venezuela se había convertido en república. Sin embargo, en aquella época, dieciséis de un total de veintitrés presidentes habían sido generales.[109]

La democracia pactada estabilizó la política venezolana pero también concentró todo el poder en la presidencia. Si la democracia enseñó a los venezolanos que acogerse a los principales

106. Karl, T.L., *op. cit.*, Loc 1377.

107. Karl, T.L., *op. cit.*, Loc 1387.

108. Citado en Pérez Alfonzo, Juan Pablo, *Hundiéndonos en el excremento del diablo* (Caracas: Editorial Lisbon, 1976).

109. «Venezuela: The Care and Feeding of Generals», *Time*, 27 de diciembre de 1963.

partidos políticos era la manera de acceder a la riqueza petrolera, rápidamente aprendieron que el presidente tenía la última palabra para distribuir favores y decidir cómo se gastaba el dinero proveniente del petróleo. Esta concentración del poder tenía sentido para muchos venezolanos, que habían aprendido a seguir las órdenes de dictadores durante muchas décadas. El Gobierno de Venezuela, rico en petróleo, podía sobrevivir sin cobrar impuestos a sus ciudadanos por lo que no se sentía obligado a obedecer a los votantes. El petróleo en gran parte fue responsable de que se eliminara el concepto de la responsabilidad política para con los ciudadanos. El dinero del petróleo servía para comprar el apoyo de los votantes y, a su vez, los ciudadanos aprendieron cómo ganarse la vida cabildeando, convenciendo y suplicando para obtener beneficios y prebendas del Gobierno.

Venezuela no estaba preparada para lo que ocurrió en octubre de 1973. Los países árabes productores de petróleo declararon un embargo petrolero contra las naciones occidentales en represalia por apoyar a Israel en la Guerra de Yom Kippur. El embargo duró cinco meses y provocó que los precios del crudo se dispararan a niveles nunca vistos. A finales de 1974 el precio que Venezuela recibía por su petróleo se había incrementado un 260 por ciento, para colocarse en 14 dólares por barril en un período de apenas doce meses.[110] La enorme oleada de petrodólares triplicó los ingresos que Venezuela percibía del petróleo, llevándolos a 10 millardos de dólares al año. El exministro de Petróleo y fundador de la OPEP Juan Pablo Pérez Alfonzo estaba preocupado por el volumen de esos ingresos. «Esos 10 millardos de dólares nos aplastarán —advirtió—.Tenemos a un presidente con una montaña de oro para repartir. Todo el mundo estará queriendo saber cómo meter la mano en esa bolsa.»[111]

110. Serie histórica de precios de petróleo venezolano. Véase De Krivoy, Ruth, *Colapso. La crisis bancaria venezolana de 1994* (Caracas: Ediciones IESA, 2002), apéndice estadístico.

111. «Venezuela: Pefro/ecrr Society», *Time*, 16 de diciembre de 1974.

Pérez Alfonzo entendía lo que la mayoría de venezolanos no lograban concebir, o bien rehusaban aceptar: el flujo de dólares del petróleo era demasiado dinero para poder ser absorbido por la economía del país. Causaba una forma de indigestión en la economía: muchas industrias se arruinaban, la ineficiencia reinaba y el dinero se derrochaba.

Sucesivos Gobiernos en Venezuela creían que el problema principal era llevar a las personas idóneas al poder que pudieran manejar el dinero de manera eficiente y responsable, pero eso era una ilusión, un mito, argumentaba Pérez Alfonzo. «Vamos en retroceso mientras más gastamos», escribió.[112] Pérez Alfonzo impulsaba la idea de recortar la producción petrolera y moderar el gasto para dar tiempo al país a absorber tanta riqueza. Venezuela redujo la producción petrolera levemente, pero en gran parte las advertencias de Pérez Alfonzo fueron ignoradas. Muchos llegaron a tildar al exministro de loco o de iluso. El nuevo presidente electo de Venezuela, Carlos Andrés Pérez, pidió al Congreso una ley habilitante para aprobar leyes por decreto para poder manejar de mejor manera la avalancha de dinero. Venezuela estaba en estado de emergencia porque tenía «demasiado» dinero. Por primera vez en la historia del país, los venezolanos comenzaron a preocuparse por la posibilidad de que tanto dinero en la economía llevara a que subieran los precios de todo tipo de productos y servicios, causando niveles de inflación inmanejables.[113]

El presidente Pérez prometió «administrar la abundancia con criterio de escasez», pero nunca cumplió esa promesa.[114] Pérez tenía la visión y la ambición de crear «la Gran Venezuela». Si el dictador Marcos Pérez Jiménez un día pensó que podía modernizar el país rápidamente a punta de gastar petrodólares, el presidente Pérez creía que podía lograr el desarrollo económico del país fácilmente y con rapidez de la misma manera. Pérez decretó alzas de salarios, financió todo tipo de servicios sociales e hizo hasta lo imposible porque el Gobierno creara empleos de cual-

112. Pérez Alfonzo, J.P., *op. cit.*, p. 136.
113. Karl, T.L., *op. cit.*, Loc 1676.
114. «Venezuela: Pefro/ecrr Society».

quier manera. En un caso particularmente notorio de desesperación por gastar dinero, Pérez decretó que cada ascensor en los edificios del Gobierno debía tener su propio ascensorista, y puso a asistentes en todos los baños públicos.[115]

Bajo el Gobierno de Pérez, el excedente de dinero que circulaba por la economía creció a un ritmo tres veces mayor que el ritmo de expansión de ésta.[116] Y como Venezuela no podía absorber tanto dinero, los precios de todo tipo de productos se dispararon. La inflación durante el primer año de Gobierno de Pérez se duplicó hasta llegar al 11,6 por ciento. Para arreglar el problema, Pérez decretó controles de precios para una cantidad de productos con la idea de hacer que éstos fueran asequibles para los pobres. La inflación en 1974 alcanzó unos niveles tan altos que, por primera vez, el dinero que guardaban los venezolanos en sus cuentas bancarias perdía valor. La inflación resultó ser más alta que las tasas de interés que los bancos pagaban por los ahorros de sus clientes. En algunos años, llegó a ser más alta incluso que las tasas de interés que los bancos podían cobrar a los venezolanos por préstamos, lo que se convirtió en un gran incentivo para pedir dinero prestado y gastarlo.[117]

Gastar dinero tenía más sentido que ahorrarlo y, ante esto, los consumidores rápidamente desarrollaron un gusto por las cosas caras y de mejor calidad que podían comprar con ese dinero. El país logró la fama de tener los mejores restaurantes de comida francesa, española y del Medio Oriente en América Latina, muchos de ellos dirigidos por chefs de renombre internacional. Venezuela se convirtió en uno de los principales importadores de bebidas alcohólicas de primera clase, como el whisky o el cham-

115. «Venezuela: Pefro/ecrr Society».

116. Datos históricos de crecimiento de M2 y crecimiento del PIB muestran que en promedio el crecimiento de M2, la medida monetaria que incluye dinero en efectivo, cuentas corrientes y de ahorro y certificados de depósito a plazo, era 3,2 veces la tasa de crecimiento del PIB durante este período. Véase De Krivoy, R., op. cit.

117. Previo a agosto de 1981, el Banco Central de Venezuela era la autoridad única que tenía la potestad de determinar las tasas de interés. Los bancos no tenían el poder de ajustarlas.

pán, y de vehículos de lujo como el Cadillac Eldorado.[118] Caracas se convirtió en un destino tan visitado por viajeros adinerados que el avión supersónico Concorde de la compañía Air France estableció un vuelo regular entre París y Caracas en 1976. «París-Caracas por Concorde. Las seis horas más cómodos que jamás haya volado», decía un anuncio que la aerolínea reprodujo en las principales revistas de la época.[119] Ese mismo año, el ingreso per cápita de los venezolanos competía con el de Alemania del Este.[120] En 1970 los venezolanos de clase media ya representaban el 58 por ciento de la población.[121] A Venezuela se la conocía en aquel entonces como la «Venezuela Saudí» por la inagotable capacidad de consumir de sus ciudadanos.

El presidente Pérez creó el Fondo de Inversiones de Venezuela, el primer fondo de este tipo, con el objetivo de ahorrar ingresos petroleros y evitar que entrara demasiado dinero en la economía del país. El objetivo era ahorrar la mitad de los ingresos provenientes del crudo, pero el fondo nunca lo alcanzó. En lugar de ahorrar dinero para tener a mano en los tiempos de bajos precios del petróleo, el fondo se convirtió rápidamente en una especie de caja chica que el presidente usaba para prestar dinero a Gobiernos amigos en América Latina y para gastar a su gusto. Pérez duplicó la nómina salarial del Estado en apenas cinco años hasta llegar a un total de más de 300.000 empleados.[122] El presidente aprobó también una ley que prohibía que las compañías que se sentían ahogadas por el incremento salarial que había decretado pudiesen reducir personal. Las empresas venezolanas habían aprendido a depender de los subsidios del Gobierno, de las bajas tasas impositivas y de préstamos baratos gubernamentales para sobrevivir. Para 1975, menos del 9 por ciento de todas las empresas del país

118. «Venezuela: Pefro/ecrr Society».

119. El anuncio publicitario del vuelo del Concorde ruta París-Caracas, http://www.ecrater.co.uk/p/16983070/air-france-1976-paris-caracas-by.

120. Karl, T.L., *op. cit.*, Loc 1584.

121. Karl, T.L., *op. cit.*, Loc 1499.

122. Karl, T.L., *op. cit.*, Loc 1758.

obtenían más de tres cuartos del valor de los productos producidos en Venezuela.[123]

El presidente dedicó montones de dinero a dinamizar la minería y la industria del acero, y decidió nacionalizar el sector petrolero. El Gobierno había aprobado leyes a comienzos de la década de los setenta para controlar cómo se cotizaba el petróleo, cómo se explotaba y producía y cómo se mercadeaba, tal como Pérez Alfonzo había soñado. El presidente también cobró impuestos no pagados a las empresas petroleras, y puso una fecha límite de 1983 a la mayoría de concesiones petroleras, momento en el cual éstas revertirían a manos del Estado. En vista de esto, las empresas dejaron de invertir en un negocio que acabarían perdiendo. Para 1970, Venezuela —y no las empresas petroleras— obtenía el 78 por ciento de las ganancias del negocio petrolero.[124] Así es que cuando el país nacionalizó los activos de las empresas petroleras extranjeras en 1976, finalmente se hizo con el control absoluto de una industria que era una virtual gallina de los huevos de oro.

La década de los ochenta fue desastrosa para Venezuela. La abundancia de petróleo en el mercado internacional redujo la demanda de crudo y llevó a que los precios del petróleo se desplomaran a más de la mitad hasta llegar a los 14 dólares el barril durante un período que duró hasta 1988.[125] Y como los venezolanos se habían acostumbrado a la generosidad del Estado, los políticos continuaron gastando dinero aun cuando entraban cada vez menos ingresos de la venta del petróleo. Los venezolanos habían gozado durante décadas de un ingreso petrolero que crecía cada vez más y no estaban preparados para asumir que la bonanza había terminado. La crisis ocurrió durante el período del presidente Luis Herrera Campins, un experiodista a quien se recordaría por haber terminado su mandato presidencial sin haberse

123. Karl, T.L., *op. cit.*, Loc 1368.
124. Karl, T.L., *op. cit.*, Loc 1368.
125. De Krivoy, R., *op. cit.*, apéndice estadístico.

enriquecido personalmente. Campins era un hombre al que siempre se veía vestido con traje y corbata negros.[126] Sin embargo, la práctica de la austeridad no fue una constante en su Gobierno. Para lograr financiar el generoso gasto gubernamental, el presidente cuatriplicó las deudas del país con bancos locales y extranjeros.[127] Y cuando ese dinero no fue suficiente, saqueó las arcas de la compañía estatal Petróleos de Venezuela (PDVSA) y se gastó los casi 6 millardos de dólares que ésta había reservado para invertir en el negocio petrolero. Desde su creación en 1976, fruto de la nacionalización del petróleo, PDVSA había logrado mantenerse alejada e independiente de la política y se había convertido en la empresa más grande de América Latina.[128]

Con menos petrodólares entrando en Venezuela, Campins ordenó, el 18 de febrero de 1983, la devaluación más grande que el país había visto, en el denominado Viernes Negro. Ese mismo año, Venezuela experimentó una disfunción de su moneda. Los venezolanos, desesperados por proteger sus ahorros, cambiaron sus bolívares a cualquier moneda más sólida que pudieran comprar. Campins respondió a este fenómeno imponiendo controles de cambio, en esencia prohibiendo a la gente cambiar sus bolívares a dólares por primera vez en la historia del país. Creó además Recadi, la institución que se encargó de controlar y racionar la venta de las escasas divisas a dos tasas cambiarias, 4,3 y 6 bolívares por dólar. Para ahorrar divisas, el presidente prohibió además la importación de perfumes y de ropa interior, incluso la importación de bebidas alcohólicas.

Los venezolanos no estaban preparados para los sacrificios que tendrían que hacer. Se habían acostumbrado a una vida de excesos y la mayoría de ellos no sentían la necesidad de crear cosas nuevas, de innovar o incluso de producir buena parte de los

126. Romero, Simón, «Luis Herrera Campins, Venezuela Leader, Dies at 82», *The New York Times*, 13 de noviembre de 2007.

127. De Krivoy, R., *op. cit.*, apéndice estadístico.

128. Fuad, Kim, «Caracas Attacks Sheltered Oil Monopoly-Petróleos de Venezuela's Funds Tempt a Cash-Hungry Government», *Financial Times*, 7 de diciembre de 1982.

productos que consumían. La gente aspiraba a obtener un trabajo en el Gobierno que les permitiera una vida cómoda con un mínimo esfuerzo. Campins se dio cuenta de que la indolencia era un problema grave y lanzó una campaña para preparar a los venezolanos para los días duros que se avecinaban. «Ésta no es la manera de construir un país... Combata la holgazanería», rezaban unas pancartas que se colocaron por todo Caracas en 1983, una campaña financiada por el Gobierno para fomentar el cambio en el estilo de vida despreocupado de los venezolanos.[129] El país atravesaba un momento único, especialmente porque los venezolanos hacía apenas una década se habían acostumbrado a tomar whisky escocés y a comprar cualquier producto importado que se les antojara.

Los venezolanos, que estaban ya acostumbrados a presionar a sus políticos para beneficiarse de la renta petrolera, presionaron a Recadi de la misma manera para obtener dólares. Necesitaban dólares para importar bienes, para viajar, para pagar por la importación de comida y las materias primas que las empresas necesitaban para producir. El país se había hecho dependiente del resto del mundo para alimentarse. Recadi terminó de sumirse en la corrupción bajo el mandato del pediatra Jaime Lusinchi, quien asumió el poder en 1984 y quien se dio a conocer por dar mucho poder a su asistente personal y amante, Blanca Ibáñez. Se dice que Ibáñez incluso opinaba sobre los nombramientos políticos al gabinete de Gobierno. En poco tiempo, los venezolanos comenzaron a comprar dólares a precios preferenciales de Recadi para pagar por importaciones fantasma y vendían las divisas en el mercado negro de dólares por grandes sumas de dinero. Nadie se imaginaba que este tipo de triquiñuela se convertiría en una profesión unas décadas más tarde. Los venezolanos estaban experimentando la realidad distorsionada, producto de depender enteramente de las ganancias extraordinarias del petróleo y de gastarlas sin ahorrar un solo centavo para el futuro.

129. O'Shaughnessy, Hugh, «Venezuela Has to Work Harder for Its Living-a Campaign Is Underway to Change Habits Acquired over Half a Century», *Financial Times*, 22 de febrero de 1983.

En 1989, por primera vez en la historia de Venezuela, los problemas económicos derivaron en hechos sangrientos. Los venezolanos, agobiados por la situación, salieron a las calles en una revuelta que dejó cientos de muertos. Todo ocurrió unas semanas después de que, desesperados por encontrar soluciones a los problemas económicos que los aquejaban, eligieran de nuevo a Carlos Andrés Pérez para que dirigiera el destino de la nación. Los votantes razonaron que seguramente Pérez, el hombre que había liderado el país durante su período de mayor riqueza, sabría cómo resolver los problemas en los días de vacas flacas. La mayoría de los venezolanos no entendía aún que precisamente la ola de gastos de Pérez y su decisión de gastar el dinero del fondo de ahorros en sus días de abundancia eran en gran parte las responsables del desastre en el que se encontraban sumidos. La situación de Venezuela era verdaderamente grave. La inflación había rebasado el 35 por ciento en 1988 debido, sobre todo, al incremento de los precios de bienes básicos de consumo que cada día eran más escasos.[130]

Venezuela carecía de suficiente dinero para pagar por las importaciones de comida. Campins había impuesto controles de precios a una gran cantidad de productos para evitar que los precios se dispararan, pero esta medida únicamente ahogaba a las empresas que fabricaban estos productos, que en algunos casos generaban pérdidas.[131] La inflación a finales de los ochenta nuevamente había superado las tasas de interés que los bancos pagaban por depósitos, por lo que los venezolanos no podían ahorrar. En 1989, productos como el pan, el papel higiénico, el jabón, incluso el azúcar, la harina o la leche, habían desparecido de las tiendas y reaparecían en el mercado negro. El Gobierno culpó a algunas empresas de acaparar productos con la intención de revenderlos a precios más altos, pues anticipaban que el Gobierno pronto eliminaría los controles de

130. «Venezuela: New President on Problems Facing Venezuelan Economy», BBC Monitoring Service: Latin America, 14 de febrero de 1989.

131. Gilpin, Kenneth, «In Venezuelan Campaign, the Fervor Is Lacking», *The New York Times*, 25 de septiembre de 1983. http://www.nytimes.com/1983/09/25/world/in-venezuelan-campaign-the-fervor-is-lacking.html

precios.[132] La famosa Venezuela Saudí se estaba quedando sin dinero. A finales de 1988 Venezuela se encontraba tan endeudada que el Gobierno usaba 40 centavos de cada dólar que obtenía de la venta del petróleo exclusivamente para pagar deudas.[133] El Gobierno había acumulado grandes déficits fiscales en gran parte porque cubría las pérdidas de empresas estatales. Las empresas que el dictador Pérez Jiménez creó se habían convertido en unos gigantes ineficientes llenos de servidores públicos improductivos. Y la economía del país en 1989 entró en una de sus peores recesiones, con una contracción del PIB de casi el 9 por ciento.[134] Venezuela se vio forzada a pedir ayuda al Fondo Monetario Internacional (FMI) y a Estados Unidos para renegociar y reducir su deuda, pero el mundo consideraba que Venezuela, a diferencia de países verdaderamente pobres, no se merecía una reducción de su deuda, pues sus problemas derivaban de no haber sabido administrar su riqueza. Venezuela dejó de pagar sus deudas y entró en un largo proceso de negociación en el que finalmente logró que la banca internacional, a regañadientes, le condonara alrededor de un 30 por ciento de los más de 20 millardos de dólares que adeudaba.

Al contrario de lo que había prometido durante su campaña política, Pérez anunció un paquete de medidas económicas muy duras en 1989, todas implementadas de un golpe. Desmanteló Recadi y liberó el tipo de cambio del bolívar, lo que causó que la moneda perdiera el 61 por ciento de su valor frente al dólar, y esto llevó a que se elevaran los precios de muchos productos básicos.[135] Ya que los controles de precios de los productos carecían de toda lógica económica, liberó esos precios también, y a la vez incrementó las tarifas de electricidad y la gasolina en un 100 por

132. Kornblith, Miriam, *La crisis de la democracia* (Caracas: Ediciones IESA, 2002).

133. Karl, T.L., *op. cit.*, cuadro 11.

134. De Krivoy, R., *op. cit.*, apéndice estadístico.

135. La tasa oficial en Venezuela que se situaba en 14,5 bolívares por dólar, se elevó a 37 bolívares por dólar. Véase Fisher, Simon, «Devaluation, Rising Prices, and 35% Interest Await Venezuelans», *Globe and Mail*, 22 de febrero de 1989.

ciento, por primera vez haciéndole un ajuste a la gasolina barata que los venezolanos consideraban un derecho de nacimiento. Los precios del transporte público también subieron, pues ya no podían darse el lujo de subsidiar esos servicios. Pérez redujo el gasto público permitiendo al mismo tiempo el financiamiento de algunos programas sociales, pero el dolor de las medidas fue demasiado para los venezolanos. Miles de personas salieron a las calles a protestar y emprendieron una revuelta que derivó en diez días de saqueos y violencia. Los manifestantes incendiaron automóviles y autobuses y se enfrentaron con las fuerzas militares que salieron a reprimirlos. Cuando todo terminó, el levantamiento social, que se denominó «El Caracazo», había dejado 300 muertos y millones de dólares en pérdidas materiales. En los ocho años previos a 1989 la pobreza se había multiplicado por diez.[136]

La gran mayoría de los venezolanos no entendía el papel que el mal manejo de la economía había desempeñado en su destino. La necesidad de que un Gobierno ahorrara recursos del petróleo para el futuro, o de un gasto público moderado, sostenible en el tiempo, eran conceptos extraños y ajenos para generaciones de ciudadanos. A juicio de la población, una corrupción desenfrenada era la verdadera culpable de arruinar al país, y en parte tenían razón. El final de Recadi abrió los ojos ante una cultura de sobornos y mordidas que ciudadanos y empresas pagaban por obtener dólares baratos a tasas preferenciales. Muchas empresas importadoras habían sobrefacturado la compra de bienes en el exterior para obtener así más dólares del Gobierno. Las investigaciones de corrupción implicaron a los ejecutivos de muchas empresas, como Ford, General Motors y otras grandes compañías, que supuestamente se habían beneficiado de los dólares baratos que Recadi vendía. El expresidente Lusinchi, el pediatra, y su amante fueron acusados también de haber dado dólares a sus amigos, entre otras prácticas dudosas. Ambos huyeron del país, y Lusinchi se pasó el resto de sus días viviendo en el extranjero, acosado por cargos de corrupción.

---

136. Karl, T.L., *op. cit.*, Loc 2374.

El presidente Pérez resultó ser alguien con las mismas debilidades que Lusinchi. En 1993 el fiscal general lo acusó de la malversación de 17,5 millones de dólares de una partida de gasto secreta manejada por la presidencia. Unas semanas después, por primera vez en su historia, la Corte Suprema votó a favor de destituir a un presidente venezolano en funciones. Pérez fue posteriormente enjuiciado y sentenciado a arresto domiciliario cuando fue encontrado culpable de corrupción. La venta de dólares a precios preferenciales creó un incentivo para que los funcionarios públicos se corrompieran y para que los venezolanos intentaran sobornarlos. Incluso antes de su salida del Gobierno, los venezolanos estaban tan hartos de Pérez que cuando un desconocido líder militar paracaidista llamado Hugo Chávez perpetró un golpe de Estado fallido contra su Gobierno, en febrero de 1992, los venezolanos lo celebraron. No pareció importarles que los militares hubieran retomado su viejo oficio de derrocar Gobiernos. Los venezolanos añoraban los viejos tiempos, cuando el gasto generoso de la riqueza petrolera era un hecho. Chávez se hizo famoso como el hombre que se enfrentó a un sistema de partidos políticos que ya estaba en su lecho de muerte.

Para el momento en que los venezolanos eventualmente eligieron a Hugo Chávez como presidente en 1998, el país había sufrido mucho más. A mediados de la década de los noventa una crisis bancaria que había resultado de una mala supervisión por parte de los reguladores eliminó casi un tercio de los bancos del país y costó al Gobierno 7,3 millardos de dólares, casi el 11 por ciento del PIB de aquella época.[137] A medida que los bancos cerraban sus puertas, miles de venezolanos se vieron forzados a esperar durante muchos meses para poder recuperar su dinero y, aunque la gran mayoría logró recuperarlo, aquellos que tenían grandes fortunas depositadas en sus cuentas —en su mayoría empresas— perdieron parte de sus ahorros.

137. De Krivoy, R., *op. cit.*

La crisis bancaria terminó de convencer a los venezolanos de que la corrupción era la principal responsable de la destrucción del país. En 1994, el Gobierno racionó una vez más los dólares a través de controles de capital manejados por una oficina llamada OTAC (similar a la desaparecida Recadi) y la inflación superó el 100 por ciento en 1996, la más alta que habían visto jamás. Cuando Chávez juró como presidente, casi el 44 por ciento de los hogares venezolanos vivía en la pobreza.[138] Venezuela era un país donde los ricos vivían en mansiones con sofisticados sistemas de seguridad y se trasladaban en coches BMW, mientras que los pobres se veían forzados a acarrear agua en cubos a sus casas precarias.

Chávez era un hombre de cuarenta y cuatro años, fornido, jovial y campechano con un don de oratoria, que entendía a su audiencia. «¿Cómo puede ser ésta una democracia cuando un 80 por ciento de las personas vive en pobreza en una tierra con tanta riqueza?», preguntaba durante su campaña presidencial.[139] Chávez había superado la pobreza y se había unido al ejército durante la época en que Venezuela luchaba contra los insurgentes de izquierda en los años setenta. Durante su carrera militar había desarrollado un interés por los pensadores de izquierda y había entablado relaciones con líderes guerrilleros a través de su hermano Adán, quien tenía simpatía por la izquierda. Chávez creó un movimiento secreto con oficiales militares que compartían sus ideas y creían en la necesidad de establecer un Gobierno de izquierda en Venezuela. Era un enigma para muchos cuando se lanzó a la presidencia. Como candidato presidencial, denunciaba el «capitalismo salvaje neoliberal», pero al mismo tiempo prometía respetar la propiedad privada y aseguraba que jamás iba a «expropiarle nada a nadie».[140] Aseguraba creer en la democracia, pero al

---

138. Naciones Unidas, Comisión Económica para América Latina y el Caribe (CEPAL), *Panorama Social de América Latina 2014*, p. 96.

139. Gutkin, Steven, «Venezuelan Presidential Candidate Tries to Soothe Investor Fears», Associated Press, 9 de octubre de 1998.

140. «Failed Revolutionary Seeks Power through Ballot Box», *Financial Times*, 22 de abril de 1998; Gutkin, S., «Venezuelan Presidential Candidate Tries to Soothe Investor Fears», Associated Press, 9 de octubre de 1998.

mismo tiempo se había convertido en un discípulo del dictador cubano Fidel Castro. Incluso organizó una fiesta para celebrar los setenta y cinco años de vida del dictador, y ocasionalmente se refería al sistema cubano como el «mar de la felicidad».[141]

Los venezolanos buscaban una mano firme que pudiera cambiar la corrupción que plagaba al Gobierno, y Chávez parecía ser alguien con la fuerza para hacerlo. Muchos añoraban la época del dictador Marcos Pérez Jiménez, cuyo totalitarismo mantenía a los criminales a raya y cuyas grandes obras en infraestructuras habían dado a Venezuela una nueva cara.[142] Chávez no decepcionó a aquellos que querían una nueva dirección política. El nuevo presidente obtuvo la anuencia de los votantes para reescribir la Constitución, creó un nuevo Congreso, que llenó de gente leal a su figura, y, en lo que parecía un retroceso a los días de Pérez Jiménez, cambió el nombre del país por «República Bolivariana de Venezuela», en honor a Simón Bolívar, el prócer de la independencia, en el siglo XVIII, que ayudó a liberar a la región andina del imperio español.

Aquellos que votaron contra Chávez, casi la mitad de los votantes, desconfiaban de lo que él denominaba su revolución bolivariana. Muchos se sentían molestos por su retórica contra los ricos y su relación cada vez más estrecha con Castro. La guerra fría había acabado hacía más de una década y Cuba no era exactamente un modelo económico sensato que mereciera la pena emular. Además, Chávez se rodeaba de miembros de los derrotados movimientos guerrilleros de las décadas de los sesenta y los setenta. La oposición a Chávez se tradujo en demostraciones masivas cuando, a finales del año 2001, el presidente usó una ley habilitante que el Congreso le había otorgado para decretar 49

141. «Las famosas y polémicas frases de Hugo Chávez», *La Nación*, 5 de marzo de 2013, http://www.nacion.com/mundo/famosas-polemicas-frases-Hugo-Chavez_0_1327467377.html

142. Jones, Bart, «After 40 Years of Democracy, Venezuelans Ask: What Went Wrong?», Associated Press, 23 de enero de 1998. Véase también «Venezuela's Chávez Seen a Shoe-in on Protest Vote», Reuters, 24 de noviembre de 1998.

leyes, incluidas una controvertida Ley de tierras y una nueva legislación de hidrocarburos.

La ley habilitante era similar a la que Carlos Andrés Pérez obtuvo del Congreso durante la bonanza petrolera de la década de los setenta para decretar un aluvión de leyes que le permitieron gastar con mayor facilidad la riqueza petrolera del país. La Ley de tierras de Chávez permitía al Gobierno tomar tierras consideradas improductivas y dividirlas en pequeñas parcelas que serían entregadas a agricultores pobres. El presidente argumentaba que la ley era una manera de fortalecer la agricultura para que Venezuela finalmente pudiera producir lo que consumía; lo que él llamaba «seguridad alimentaria». Sus detractores temían que era apenas el primer paso de un plan para debilitar la propiedad privada.

La nueva Ley de hidrocarburos era la manera de Chávez de retomar el control de la industria petrolera. Los nacionalistas petroleros que le aconsejaban estaban inconformes con el manejo de la industria del petróleo. Para comenzar, la empresa estatal PDVSA había desarrollado una relación demasiado estrecha con las empresas extranjeras. Desde la nacionalización de la industria en 1976, las empresas extranjeras habían logrado una vez más operar campos petroleros venezolanos bajo condiciones impositivas muy favorables. PDVSA había lanzado un programa llamado «Apertura Petrolera», en los años noventa, para atraer el dinero y el conocimiento que el sector necesitaba desesperadamente. La compañía había establecido acuerdos muy generosos para las empresas extranjeras en los que se les pagaba una tarifa por cada barril que produjeran y además se cubrían sus costes e inversiones. Los nacionalistas consideraban que la Apertura Petrolera era un proceso de privatización disfrazado, pero, gracias a esos acuerdos, la producción petrolera de Venezuela logró superar los 3 millones de barriles al día, uno de los niveles de producción más elevados en años.

Los seguidores de Chávez, conocidos como chavistas, también tenían un problema con los altos niveles de producción petrolera. Venezuela en aquel entonces producía más petróleo que la cuota de producción que el cartel de la OPEP le había asignado, y al violar esa cuota, Venezuela no sólo socavaba el poder de la OPEP —la creación de Pérez Alfonzo— sino que además ayudaba a mantener los precios del petróleo bajos. En ese momento, los altos ejecutivos de la petrolera estatal creían que producir más petróleo para capturar una mayor tajada del mercado energético norteamericano era más importante que intentar mantener los precios del crudo elevados. Más aún, prácticamente todos los miembros de la OPEP tenían por costumbre violar secretamente el acuerdo y producían más crudo del que sus cuotas les permitían, mintiendo públicamente sobre sus verdaderos niveles de producción. Como dijo un ministro petrolero venezolano a finales de la década de los noventa que mantenía una posición anti-OPEP, el cartel se había convertido en «una reunión de pinochos».[143] En cambio Chávez intentaba estrechar sus relaciones con los miembros de la OPEP y hacía todo lo posible por fortalecer el cartel.

La cultura misma de PDVSA era un problema para el pensamiento nacionalista del chavismo. La empresa tenía un nivel de autonomía respecto al Gobierno y la política nacional que era incómodo para la izquierda. La empresa estatal estaba dirigida como una empresa eficiente y rentable y era reconocida como una de las empresas energéticas mejor dirigidas del mundo. Los empleados de PDVSA se consideraban a sí mismos como parte de una tecnocracia que dirigía una petrolera atrapada en una nación subdesarrollada y limitada por una clase política corrupta. Aún más preocupante para los chavistas era el hecho de que PDVSA había encontrado la manera de reducir la cantidad de recursos que pagaba a su dueño, el Gobierno venezolano. A manera de un seguro contra la injerencia política, la compañía mantenía niveles mínimos de liquidez en sus cuentas bancarias y utilizaba sus cuantiosas ganancias para hacer crecer sus negocios en el exterior, incluso comprando la empresa Citgo, que serviría a PDVSA

143. Fritsch, Peter, y Thomas T. Vogel Jr., «Jump Start: Venezuela Expands Oil Industry Rapidly, Irking Others in OPEC—Its Pressure on U.S. Prices Raises Fears in Mexico; Foreign Firms Plunge In—the Lure of the Orinoco Belt», *The Wall Street Journal*, 14 de agosto de 1997.

para expandir el mercado del petróleo venezolano en Estados Unidos.[144] Esto tenía lógica ya que en los años ochenta el presidente Campins había saqueado las arcas de PDVSA para mantener a flote un Gobierno despilfarrador. Mantener grandes sumas de dinero ocioso en cuentas bancarias era peligroso, pues ese dinero generaba tentación en los políticos de turno. Los Gobiernos de Venezuela nunca habían mostrado autocontrol en lo relativo al gasto público y nunca habían ahorrado dinero para sostener al país en los tiempos de bajos precios petroleros. El Gobierno de Chávez veía en PDVSA un elitismo que debía ser doblegado.

Para lograr este cometido, a principios de 2002 Chávez cambió la junta directiva de la empresa y la llenó de aliados políticos, incluidos académicos petroleros nacionalistas y generales de las fuerzas armadas, muchos de los cuales no tenían experiencia alguna en el negocio petrolero. La iniciativa irritó a la oposición a Chávez dentro de la empresa. Los empleados de PDVSA se lanzaron a las calles a pedir que Chávez dejara de inmiscuirse en las operaciones de la petrolera. Meses después, en abril de 2002, los enemigos de Chávez organizaron un golpe de Estado contra el presidente que logró derrocarlo cuarenta y siete horas, tras las cuales las fuerzas armadas lo devolvieron al poder. Ante esto, la oposición logró tanto convencimiento y poder que en diciembre de ese mismo año miles de empleados de PDVSA se declararon en huelga general durante dos meses con la intención de paralizar la industria más importante del país. Las estaciones de servicio en Venezuela se quedaron sin gasolina, lo que causó largas colas de vehículos buscando combustible. Las exportaciones de crudo cayeron a niveles nunca vistos y esto llevó a que Venezuela perdiera miles de millones de dólares en ventas.

El paro petrolero radicalizó a Chávez y le dio la excusa que necesitaba para tomar el control de la empresa. El presidente despidió a más de 19.000 empleados, a quienes calificó de enemigos del Gobierno por haber abandonado sus puestos de trabajo y

144. Mommer, Bernard, «Ese chorro que atraviesa el siglo», en Baptista, Asdrúbal (coord.), *Venezuela siglo xx: visiones y testimonios* (Caracas: Fundación Polar, 2000, pp. 529-562.

por organizar un boicot a la industria. Con su característica grandilocuencia, despidió a los ejecutivos de la empresa en la televisión nacional anunciando sus nombres y soplando un silbato, como un árbitro de un partido de fútbol.

Los venezolanos, que para ese entonces ya entendían que su moneda perdía todo su valor cuando entraba menos dinero del petróleo en su economía, comenzaron a convertir sus bolívares en dólares para resguardar sus ahorros en el exterior. Para evitar que la moneda se devaluara y que esos dólares salieran del país, Chávez fijó el tipo de cambio del bolívar relativo al dólar y creó controles de capital, tal y como lo habían hecho Gobiernos anteriores en la década de los ochenta. Chávez creó además la Comisión de Administración de Divisas, Cadivi, para administrar la venta de dólares, similar a Recadi, que se había convertido en una institución notoriamente corrupta. Otra de las medidas que implementó el líder bolivariano fue el control de precios para toda una gama de productos de primera necesidad, anticipándose a la realidad de que menos dólares disponibles para las importaciones usualmente implicaba que los precios de los productos subirían en Venezuela. Nada que los venezolanos no hubieran visto ya. Tal como hizo Pérez en los años setenta, y como tantos otros presidentes, Chávez pensó que los controles de precios ayudarían a mantener la inflación bajo control. Más tarde, su Gobierno obligó a los bancos a otorgar préstamos a sectores favorecidos por el Gobierno, como la agricultura, a tasas de interés muy por debajo del promedio del mercado. Eventualmente, el Gobierno de Chávez fijó límites a las tasas de interés que los bancos podían cobrar, lo que, combinado con la inflación, volvió a crear un incentivo para que las personas se endeudaran y gastaran tanto dinero como les fuera posible.[145]

Chávez era un hombre con suerte. Pese a los problemas que afrontaba en Venezuela, los precios de los productos básicos como el petróleo comenzaron a subir, empujados por una insaciable demanda de parte de países con economías emergentes,

145. Gallegos, Raúl, «3rd Update: Venezuela Ctrl Bk Sets Caps on Interest Rates», *Dow Jones Newswires*, 28 de abril de 2005.

particularmente China. El *boom* de precios, que duró una década, multiplicó el precio del petróleo por siete hasta llegar a más de 145 dólares el barril, su precio más elevado, en 2008. El ascenso era similar al de la década de los setenta que había hecho famosos a los venezolanos alrededor del mundo por su excesivo derroche. El *boom* petrolero se convirtió en un momento único para financiar la agenda política del presidente. Chávez creó programas masivos de gasto social, conocidos como «misiones», comenzando con la Misión Barrio Adentro, que trajo a miles de doctores cubanos para atender las necesidades de salud de los venezolanos más pobres. A ésta le siguió la Misión Robinson, un programa de alfabetización, y posteriormente llegaron Mercal y PDVAL, dos cadenas de tiendas y supermercados que vendían comida y otros productos a precios subsidiados. Los votantes acogieron con entusiasmo estas iniciativas, especialmente aquellos más pobres que apoyaban a Chávez. Desde ese momento, Chávez y sus aliados políticos lograron ganar con facilidad muchas elecciones. Los votantes incluso aprobaron una reforma constitucional que permitió al presidente ser reelegido indefinidamente. Esta medida eliminó una disposición fundamental que limitaba la duración de los mandatos presidenciales, incluida en la Constitución tras la caída de la dictadura de Pérez Jiménez.

Los venezolanos se aprovecharon de esa gran bonanza para comprar dólares a precios preferenciales para importar ropa, muebles, whisky o coches de lujo como Hummers, y para viajar a lugares exóticos. La economía de Venezuela pronto comenzó a dar señales de no poder absorber tal flujo de dinero. La demanda de billetes de avión era tan alta que resultaba difícil conseguir un billete de salida de Venezuela durante los días festivos. En 2005, Air France comenzó a utilizar un avión de fuselaje ancho 747-400 en sus vuelos a Venezuela para poder acomodar a todos los venezolanos que viajaban a Europa.[146] La demanda de coches nuevos creció tanto que muchas plantas ensambladoras de automóviles no podían producir autos suficientes. La inflación era

146. Capiello, María Isabel, «Air France aumenta la frecuencia de viajes a Venezuela», *El Nacional*, 18 de abril de 2005.

más alta que las tasas de interés que los bancos cobraban por sus préstamos, así que de nuevo la gente empezó a pedir dinero prestado en grandes cantidades para gastarlo en cirugías plásticas, viajes y entretenimiento.

Envalentonado ante la disponibilidad de fondos, Chávez se declaró socialista en 2005 y prometió crear lo que llamó un «socialismo del siglo XXI». Chávez y sus aliados pensaban que crear un socialismo en el que el Estado controlara industrias clave sería sostenible siempre y cuando el Gobierno tuviera dinero suficiente para subsidiarlo todo. En la década de los cincuenta el dictador Marcos Pérez Jiménez pensó que podía modernizar Venezuela de un solo tajo, y en los setenta el presidente Carlos Andrés Pérez pensó que podría construir la Gran Venezuela. Ahora Chávez quería crear un nuevo tipo de socialismo. Ese mismo año, Chávez comenzó a nacionalizar las tierras de aquellos con grandes extensiones y también las empresas privadas textiles y de papel. Chávez nacionalizó decenas de empresas y creó nuevas empresas también. A finales de 2009 había creado, nacionalizado o comprado 123 compañías, muchas de las cuales no operaban, únicamente existían en papel.[147] Cuando Chávez ofreció dar beneficios fiscales y financiación a empresas dirigidas por cooperativas de trabajadores, el número de cooperativas registradas se disparó hasta llegar a 280.000 en 2009, un incremento brutal respecto de las 820 que existían cuando Chávez llegó al poder en 1999. Pero la gran mayoría de estas cooperativas no resultaron ser más que compañías o sociedades ficticias creadas para lucrarse de los subsidios y el financiamiento barato que el Gobierno ofrecía.

Chávez incrementó los impuestos y las regalías que las empresas petroleras debían pagar y utilizó la Ley petrolera de 1999 para darles dos opciones: aceptar participaciones minoritarias en todos los proyectos petroleros, con el Gobierno controlándolo todo, o bien perder sus activos bajo un proceso de nacionalización. Se suponía que la ley de 1999 no se aplicaría retroactivamente a los proyectos petroleros que ya estaban en funciona-

147. Gallegos, Raúl, «Cracks Showing in Venezuela's Socialist Business Model», *Dow Jones Newswires*, 9 de enero de 2009.

miento pero, de todas formas, Chávez la utilizó para hacerse con los activos de las petroleras. En su visión marxista de la realidad, los chavistas argumentaban que el dominio de las empresas extranjeras sobre la industria petrolera era la verdadera razón por la cual el país tenía una economía poco desarrollada. Únicamente cuando los venezolanos lograran dirigir el sector petrolero, pensaban los chavistas, el país finalmente podría desarrollarse. Sin embargo, cuando Chávez asumió la presidencia, el Gobierno, y no las empresas extranjeras, recibía más de la mitad de las ganancias obtenidas por la producción de petróleo, y esa proporción se elevó al 80 por ciento cuando el presidente aumentó los impuestos y las regalías a las empresas extranjeras.[148] Cuando Chávez murió de cáncer en 2013, la medida conocida como *government take*, la proporción que el Gobierno recibía de cada barril producido, excedía el 90 por ciento y era considerada una de las tasas más altas en el mundo petrolero. Las empresas petroleras privadas nunca tuvieron poder de decisión sobre cómo los Gobiernos de Venezuela gastaban su dinero. Las recurrentes indigestiones económicas venezolanas no tenían nada que ver con las multinacionales petroleras; el mal manejo era responsabilidad de los políticos venezolanos. El crecimiento económico desde que Chávez asumió el poder hasta 2006 fue en gran parte el resultado de altos ingresos petroleros gracias al *boom* mundial de precios de productos básicos y no una consecuencia directa de las políticas económicas de su Gobierno.[149]

Cuando la porción de riqueza que obtenía del petróleo no fue suficiente para satisfacer su ambicioso gasto público, el Gobierno de Chávez comenzó a endeudarse tal y como lo había hecho Pérez en los años setenta. Como Pérez, Chávez gastó el poco dinero que el Gobierno había acumulado en un fondo de emergencias. Y en todavía otra similitud con Pérez, Chávez prestó recursos a Gobiernos amigos y envió cargamentos de petróleo a sus aliados en la región con condiciones financieras muy generosas para pro-

148. Mommer, Bernard, *op. cit.*

149. Edwards, Sebastián, *Left Behind: Latin America and the False Promise of Populism* (Chicago: University of Chicago Press, 2010).

mover sus ideas en América Latina. Si el presidente Campins utilizó las reservas financieras de PDVSA en los ochenta para mantener a su Gobierno a flote, Chávez ordenó a PDVSA financiar programas sociales, dirigir empresas estatales que perdían dinero y emplear miles de millones de dólares cada año para construir grandes cantidades de casas para familias pobres.

La meta de Chávez de lograr la tan ansiada seguridad alimentaria nunca se hizo realidad; al contrario, las importaciones de comida crecieron exponencialmente durante su Gobierno. En 2014 Venezuela sufría escasez de comida, pero sus importaciones anuales de alimentos equivalían a cuatro veces las importaciones de comida de Colombia y tres veces las de Chile, ambas economías más grandes que la venezolana.[150] El gasto social de Chávez permitió a los pobres defenderse mientras el dinero fluía. Tal como hizo Pérez, Chávez prohibió que las empresas pudieran reducir su personal sin la autorización del Gobierno. Esta ley obligó al sector privado a mantener a sus empleados en tiempos difíciles, pero también hacía que las empresas lo pensaran dos veces antes de contratar nuevos empleados. El Gobierno también duplicó su nómina: en 2008 uno de cada tres trabajadores en Venezuela era empleado del Estado.[151] Las fuerzas armadas de Venezuela, una institución que en realidad nunca ha tenido que ganar batallas —aparte de los múltiples golpes de estado que ha orquestado a lo largo de la historia—, ganó cada vez más poder bajo Chávez. El presidente y su sucesor, Nicolás Maduro, designaron a cientos de generales y oficiales para ocupar puestos directivos en empresas estatales y en ministerios. El chavismo hizo que el país —y todos los que vivían en él— fuera cada vez más dependiente de la venta del petróleo.

El *boom* petrolero verdaderamente llegó al principio del fin tras la muerte de Chávez en 2013. En la víspera de su fallecimiento, el presidente aún era una figura política querida por muchos

150. «Venezuela Spends More on Food, but Shortages Remain-Market Talk», *Dow Jones Newswires*, 14 de abril de 2015.

151. Baptista, Asdrúbal, *Teoría económica del capitalismo rentístico* (Caracas: Banco Central de Venezuela, 2010).

venezolanos. Después de todo, su Gobierno había ayudado a reducir la inequidad en Venezuela a un nivel que la colocaba muy cerca de Canadá en 2011.[152] La matriculación de niños venezolanos en educación secundaria se elevó de la mitad de los niños en 1998 a siete de cada diez en 2010, de acuerdo con la Unesco. Y la mortalidad infantil cayó de un 20,3 por cada mil nacimientos a menos del 12,9 por mil en los primeros trece años de Gobierno chavista.[153] Muchos aún cuestionan la veracidad de estas cifras.

Pero el legado económico de Chávez era menos prometedor. La producción de petróleo bajo su Gobierno pasó de 3 millones de barriles diarios a 2,7 millones en 2013. Chávez debilitó al sector privado, redujo la oferta laboral, y obligó a los venezolanos a depender del Estado. Los controles de capitales convirtieron a muchos venezolanos en mercaderes de dólares en el mercado negro. Y los controles de precios junto a una inflación galopante llevaron a la escasez de comida e incentivaron a miles de ciudadanos a ganarse la vida revendiendo productos de manera ilegal. El subsidio de la gasolina en Venezuela, que se mantuvo intacto bajo Chávez, creó incentivos para que la gente vendiera gasolina de contrabando a otros países como modo de vida. Y las tasas de interés artificialmente bajas dieron un incentivo a las personas a endeudarse y consumir aún más.

La inequidad ya daba señales de incrementarse en 2013, y el número de hogares viviendo en la pobreza a finales de 2014 —a poco más de un año de la muerte del presidente— alcanzó el 48,5 por ciento, un nivel más alto que el 44 por ciento que se registraba cuando Chávez asumió el poder.[154] El gasto descontrolado del

152. El coeficiente de Gini se redujo a 39 en 2011 de su nivel previo de 49,5 en 1998. CIA, *The World Factbook*. https://www.cia.gov/library/publications/the-world-factbook/geos/ve.html. Véase también Voigt, Kevin, «Chávez Leaves Venezuelan Economy More Equal, Less Stable», CNN, 6 de marzo de 2013. http://edition.cnn.com/2013/03/06/business/venezuela-chavez-oil-economy/

153. Voigt, Kevin, «Chávez Leaves Venezuelan Economy More Equal, Less Stable», CNN, 6 de marzo de 2013.

154. De acuerdo con el Índice de Desarrollo Humano de las Naciones Unidas, el coeficiente Gini de Venezuela en 2013 había subido de nuevo hasta llegar a 44,8. El nivel aún estaba por debajo del 49,5 que se registró en 1998, el año

chavismo ayudó a los pobres un tiempo, pero convirtió a la economía en algo inestable. Chávez recicló las mismas políticas económicas fallidas de Gobiernos anteriores pero con resultados aún más nefastos que en el pasado. Una y otra vez, Juan Pablo Pérez Alfonzo había advertido al país de que el exceso de dinero mal manejado lo llevaría a la ruina. Los venezolanos prestaron atención a Pérez Alfonzo cuando defendía el derecho que tenía el país a controlar su riqueza petrolera, o cuando transformó el negocio petrolero mundial para beneficio del país, pero nadie escuchó sus llamadas a la moderación en el gasto de esa riqueza. Hombres como Pérez Alfonzo se han convertido en figuras incómodas y problemáticas, incluso no deseadas, en una cultura de excesos como la venezolana.

Zumaque, el famoso primer pozo petrolero comercial perforado en Venezuela, aún bombeaba 20 barriles diarios cuando cumplió cien años en 2014. El Congreso celebró una sesión al lado del pozo y decretó un incremento salarial para los trabajadores para festejar la ocasión. Los políticos dieron discursos que llamaban a los venezolanos a gozar de su riqueza sin tapujos, libres de cualquier sentimiento de culpabilidad. La celebración dejó algo muy claro: en cien años de historia petrolera, tras décadas de dictaduras, corrupción, múltiples golpes de estado y disfunción económica, Venezuela no había aprendido nada.

---

previo a que Chávez asumiera la presidencia, pero estaba acercándose rápidamente. http://hdr.undp.org/en/content/income-gini-coefficient; Oppenheimer, Andrés, «Oil Rich Venezuela's Miracle: Record Poverty», *Miami Herald*, 4 de febrero de 2015. Véase también el estudio de pobreza de 2014 de la Universidad Católica Andrés Bello bajo la dirección del profesor Luis Pedro España.

4

Consumidor venezolano

El Centro Médico Quirúrgico San Ignacio, ubicado en el noveno piso de la exclusiva Torre Copérnico de Caracas, es literalmente la cima de la práctica de la cirugía plástica en Venezuela. La recepción de la clínica tiene mil metros cuadrados y suelos de mármol italiano y portugués. Las oficinas y las habitaciones ofrecen vistas imponentes a la montaña El Ávila. El centro tiene tres quirófanos, diez camas y sesenta personas trabajando, incluida una lista de catorce cirujanos que realizan un promedio de diez procedimientos diarios. La clínica es el dominio de Bernardo Krulig, un cirujano plástico de treinta y dos años cuyo nombre se asocia con la mejor cirugía estética del país. Cuando actrices, reinas de belleza, mujeres de la alta sociedad, o incluso políticos chavistas, necesitan un estiramiento facial, una liposucción o implantes de senos, llaman a Krulig. El joven médico se ha beneficiado de sus estándares rigurosos y del reconocimiento del que ya goza su nombre (su padre es también un reconocido cirujano plástico) en un país que está obsesionado con la belleza física.

El negocio de Krulig es el tipo de negocio en Venezuela que sobrevive períodos económicos difíciles. Los precios del petróleo pueden estar subiendo o bajando, la economía puede estar creciendo o en recesión, la gente puede ser rica o pobre, empleada o desempleada, pero la demanda de los servicios de Krulig, y de cirugía estética en general, es siempre alta. «La gente en este país gasta su dinero en tres cosas: salones de belleza, restaurantes y cirugía plástica», me dijo Krulig.

Visité la clínica de Krulig un martes a finales de enero de 2015 a las siete de la tarde pues no tenía tiempo de atenderme durante el día. Krulig trabaja trece horas al día: realiza dos procedimientos quirúrgicos temprano por la mañana y pasa consulta a sus pacientes por las tardes. Krulig atiende al tipo de paciente que las encuestas de consumidores de Venezuela clasifican como «los grupos socioeconómicos A y B», o el 2% de los venezolanos, el tipo de personas que viven en casas de lujo y conducen coches BMW o Mercedes Benz. Atiende a algunos de sus clientes a altas horas de la noche, especialmente pacientes famosos pero menos acaudalados, como políticos chavistas que prefieren visitar su consultorio a las once de la noche para evitar ser vistos en público. Es un horario de trabajo duro que pone a prueba la energía y la apariencia de cualquiera.

Krulig mantiene su apariencia joven con la ayuda de un régimen de bótox para evitar que se formen líneas de expresión en su frente, pero la devoción por su trabajo compensa el esfuerzo. A comienzos de 2015 el cirujano ganaba aproximadamente 2,7 millones de bolívares al mes, o casi 54.000 dólares, calculados a la tercera tasa de cambio oficial, y eso no incluye su porción de las ganancias de la clínica, un negocio del que es copropietario junto con sus hermanos y su madre.[155] Para poner esto en perspectiva, el salario promedio de un cirujano plástico en Estados Unidos era de 350.000 dólares al año (o 29.166 dólares al mes) a comienzos de 2015, un poco más de la mitad de lo que ganaba el joven médico en Venezuela.[156]

Krulig, como muchas otras personas que cuentan con altos ingresos, no puede convertir su salario entero a dólares incluso a

155. Calculado a 50 bolívares por dólar, el tipo de cambio más fácil de obtener para la gran mayoría de venezolanos en ese momento.

156. La estimación del salario de un cirujano plástico en Estados Unidos fue obtenida de la base de datos de Salary.com. http://www1.salary.com/Surgeon-Plastic-Reconstructive-salary.html

la tasa cambiaria oficial más fácil de conseguir, claro está. A la tasa del mercado negro, Krulig ganaba 15.000 dólares al mes.[157] Más allá del monto total en dólares, su salario en bolívares es el equivalente a más de 552 veces el salario mínimo nacional, lo que lo coloca en la cima de la escala socioeconómica en Venezuela.[158] Un cirujano plástico en Estados Unidos gana más o menos 23 veces el salario mínimo de ese país.[159] En otras palabras, los colegas de Krulig en Estados Unidos tendrían que ganar alrededor de 8,3 millones de dólares al año para estar en términos similares a los de Krulig en Venezuela, el tipo de fortunas reservadas normalmente para altos ejecutivos en Wall Street, las estrellas de cine más exitosas y jugadores de baloncesto famosos. «Yo podría comprarme un yate o un avión pero no tendría el tiempo para usarlos —me dijo Krulig—. Mi avión se cubriría de polvo en un hangar.» En Venezuela, las habilidades profesionales de alguien como Krulig se valoran por encima de todas las demás profesiones.

Aunque hagan cola afuera de supermercados para comprar un kilo de azúcar, una gran cantidad de venezolanos aspira a hacerse algún procedimiento estético. Las cirugías plásticas en Venezuela se duplicaron entre 2011 y 2013, de acuerdo con datos de la Sociedad Internacional de Cirujanos Plásticos (los últimos datos disponibles). Venezuela era el sexto país del mundo medido por el número de procedimientos quirúrgicos estéticos, con Estados Unidos y Brasil, ambas economías más grandes, encabezando la lista. Verse lo mejor posible es una necesidad profundamente arraigada en la psique del venezolano.

Es perfectamente normal para un venezolano de casi cualquier estrato socioeconómico, pero especialmente para aquellos de clase media y alta, tomar tiempo libre de su profesión para recuperarse de una cirugía plástica. Las niñas en Venezuela cre-

157. Estimación hecha a 180 bolívares por dólar, la tasa del mercado negro en enero de 2015.

158. Estimación hecha tomando en cuenta el salario mínimo de 4.889,11 bolívares vigente a finales de enero de 2015.

159. El salario mínimo en Estados Unidos era de 15.080 dólares al año a comienzos de 2015.

cen con la aspiración de un día tener implantes de seno y muchas de ellas piden insistentemente a sus padres una cirugía de implantes mamarios cuando llegan a la adolescencia. Las reinas de belleza de Venezuela han ganado trece títulos en certámenes como Miss Universo y Miss Mundo, más que cualquier otro país. Sin duda esto ha convencido a muchos venezolanos de que el mundo los ve como un estandarte de belleza muy alto que todos aspiran alcanzar. Cuando el *boom* petrolero estaba en pleno auge a finales de 2006, los bancos de todo tamaño en Venezuela ofrecían préstamos a consumidores para pagar sus cirugías estéticas, desde cirugías de nariz hasta liposucciones, o incluso tratamientos estéticos dentales. En 2014, la firma de encuestas Datos encontró que el 86 por ciento de los venezolanos estaba de acuerdo con la idea de que «verse bien se traduce en tener una mejor vida».

No es únicamente la cultura la que hace que la gente en este país busque pedir dinero prestado para gastárselo en un escote más pronunciado, es pura lógica económica también. La cirugía plástica en Venezuela se ha convertido en una inversión en un país donde la inflación se come los ingresos de las personas. La belleza no es considerada sólo como un activo importante, sino como el activo más importante en el que una persona puede invertir. Una secretaria corporativa se someterá a una cirugía de implantes de senos como parte de su estrategia de avance profesional, y en Venezuela una mejor apariencia la ayudará a hacerse con un puesto de trabajo mejor. Sin duda es más fácil hacerse una cirugía plástica en Venezuela, pues en este país una intervención de esta naturaleza vale mucho menos que en otros países. La riqueza petrolera ha creado una cultura donde la belleza es fundamental. Y en la economía mal manejada de Venezuela, una cirugía cosmética —algo considerado trivial o superficial en otros países— se ha convertido en una forma prudente, incluso inteligente, de gastar dinero.

A comienzos de 2015, Daniel Slobodianik, durante años el cirujano plástico oficial de Miss Venezuela, tenía una lista de veinte pacientes en espera más de cuatro meses para obtener los implantes de senos del tamaño adecuado; en parte porque los implantes y los materiales médicos son cada vez más escasos en Venezuela. Slobodianik estima que la demanda seguirá siendo alta durante años, incluso en plena crisis económica. «Yo podría poner un letrero y mi escritorio debajo de un árbol en un campo de tierra y ofrecer consultas y la gente haría cola para verme», me dijo Slobodianik.[160]

Sus pacientes por lo general provienen de los estratos de consumo B y C, grupos de clase media o media baja. Un gran número de ellos busca su experiencia para arreglar su cuerpo después de haberse sometido a procedimientos quirúrgicos ilegales o mal hechos por personas que no tienen los permisos pertinentes para realizar este tipo de operaciones. Durante años, la obsesión por tener glúteos o senos más pronunciados llevó a muchos venezolanos de los estratos económicos más bajos a dejarse operar por médicos en la clandestinidad que inyectaban los llamados «polímeros» a sus pacientes, sustancias gelatinosas que causan deformidades y hasta la muerte en muchos casos. Slobodianik, junto con otros colegas, comenzó una exitosa campaña para prohibir el uso de polímeros en Venezuela, y ahora se dedica a tratar las dolencias que esos pacientes sufren de por vida al tener polímeros en sus cuerpos.

Krulig usa dinero de sus tarjetas de crédito Visa y Master Card para comprar los implantes alemanes que usa, y ha logrado atesorar un inventario de cincuenta pares para conseguir mantener la alta demanda de clientes. Krulig es un ávido usuario de Twitter, con más de 20.000 seguidores, y un día envió un tuit con una foto de su reserva de implantes para hacer saber a sus clientes que aún tenía suficientes para seguir operando. Pero Krulig subestimó la demanda que existía para esos implantes. Docenas de personas llamaron a su oficina desesperados por comprarle los implantes para poder hacerse una cirugía con sus propios médicos. Desde entonces Krulig juró que no volvería a enviar ese tipo de mensajes en las redes sociales por miedo a que el Gobierno lo acusase de acaparar el producto.

160. Entrevista con Daniel Slobodianik, 23 de enero de 2015.

El descalabro económico de Venezuela ayudó, en cierta forma, al negocio de Krulig. En 2011, el cirujano y sus hermanos compraron el noveno piso de la Torre Copérnico —uno de los bienes raíces más preciados del país— y pidieron un préstamo de 38 millones de bolívares (4,2 millones de dólares en ese momento) a una tasa de interés fija para financiar parte de la compra. Al año siguiente, Venezuela devaluó su moneda un 32 por ciento. Y la inflación se ha disparado de manera dramática desde entonces, lo que ha convertido el pago de la cuota mensual del crédito en una cifra risible. «La inflación nos ayudó. Mi salario se ha multiplicado por diez», me dijo Krulig. Sin embargo, un éxito financiero semejante en un país pobre como Venezuela implica ciertos sacrificios y en el caso de Krulig esto significa un menor nivel de seguridad personal. Krulig insistió en llevarme a mi hotel mientras apagaba las luces y cerraba las puertas de su clínica a las ocho y media de la noche. Él era el último en salir. Aunque mi hotel estaba a unas pocas manzanas de distancia, la inseguridad se había convertido en un problema serio en Caracas. Las medidas de seguridad de Krulig también son bastante serias. Conduce una camioneta Ford Explorer azul metálico con blindaje nivel cuatro, suficiente para resistir el impacto de bala de un revólver del calibre 44 Magnum o la aspersión de una escopeta del calibre 12.

Su dedicación al trabajo en Venezuela ha forzado a Krulig a hacer sacrificios personales también. Él es judío y todavía soltero en un país donde muchos judíos de clase acomodada han optado por marcharse. Esto, me dijo, ha reducido sus posibilidades de encontrar pareja. Krulig se daba cuenta de que continuar haciendo su trabajo en Venezuela sería cada vez más difícil, pero la demanda por sus servicios es tan alta que planeaba continuar trabajando hasta que las condiciones del país le permitieran realizar intervenciones quirúrgicas con sus altos estándares. «Los números [de rentabilidad] aún me cuadran», me dijo.

Carlos García es el chef de Alto, un famoso restaurante de alta cocina que ha tenido un éxito enorme en Caracas. El plato insignia del restaurante, el cochinillo guajiro, colocó a Alto entre los treinta mejores restaurantes de América Latina en la edición de Los 50 Mejores Restaurantes por dos años consecutivos. La ubicación de Alto es tan exquisita como lo es su menú. Está ubicado en la planta baja de un edificio de apartamentos en Los Palos Grandes, un enclave de familias acomodadas, conocido por los árboles altos y frondosos que se ven a lo largo de sus calles más transitadas. Un enorme árbol de caucho da sombra a su patio de 93 metros cuadrados, donde una fuente en forma de estanque añade un toque especial al ambiente estilo zen del espacio. El diseño de las baldosas que muestra el logo del restaurante, un dibujo de una rama con seis hojas que simulan las hojas del caucho, es de un reconocido arquitecto. Unas puertas con altas ventanas estilo francés separan el patio de la zona del comedor, un área de techos altos con capacidad para cuarenta y cinco comensales. Una enorme pared de vidrio permite que los clientes admiren la actividad de la cocina, un espacio impecable con acabados de acero inoxidable donde García y su personal, como cirujanos vestidos de blanco, convierten cada plato en una colorida pieza de arte.

La palabra Alto es un nombre acertado ya que todo lo que tiene que ver con el restaurante evoca la sensación de alturas inalcanzables. El restaurante es la más alta expresión de la gastronomía en Caracas, atiende a la élite de la sociedad venezolana y es manejado por García, un hombre que mide 1,94 y que aprendió su oficio trabajando en algunos de los restaurantes más exclusivos del mundo. Caracas era un destino obligado para los amantes de la alta cocina en la década de los setenta, cuando el *boom* petrolero dio a la ciudad la fama de ser una especie de París de América Latina. En esos años la riqueza petrolera permitió a los venezolanos viajar y desarrollar un gusto por las exquisiteces importadas. En el momento en que se terminó el auge petrolero en los ochenta, una nueva generación de venezolanos había adquirido el hábito de gastar su dinero en entretenimiento, el cual les ofrecía no sólo una experiencia única, sino además la posibilidad de alardear de su capacidad adquisitiva.

García y un socio invirtieron el equivalente a 480.000 dólares para abrir las puertas de Alto en 2007, un año durante el cual el incremento de los precios del petróleo hizo de Venezuela uno de los países con un mayor crecimiento económico en el mundo. El restaurante tuvo mucho éxito durante sus primeros dos años, con una clientela fiel de banqueros, corredores de bolsa y otros clientes adinerados que con frecuencia maridaban sus platos con botellas de vino de 1.000 dólares. Un restaurante bien dirigido en la ciudad de Nueva York puede tener ganancias, con suerte, de entre el 10 y el 20 por ciento anual. Alto inicialmente generaba retornos del 23 por ciento anual en un país donde las ganancias de bares y restaurantes fácilmente pueden llegar a exceder el 30 por ciento.

La buena suerte de García tuvo un revés en 2010 cuando Chávez acusó a los corredores de bolsa de la caída del valor de la moneda y ordenó el cierre de cincuenta casas de bolsa, eliminando de un tajo los ingresos de la clientela más adinerada de Alto. Durante los siguientes tres años los apagones eléctricos y el racionamiento de agua potable se volvieron un problema recurrente al igual que la escasez de comida. En 2014 comenzó una oleada de protestas violentas y García se vio forzado por primera vez a cerrar el restaurante durante dos meses tras un incidente que afrontó a un grupo de estudiantes con un grupo de soldados armados, en el que los estudiantes lanzaron piedras y cócteles molotov a los militares justo ante la entrada principal de Alto.

Un viernes a principios de febrero de 2015 —un año después de afrontar el cierre de dos meses— un tanque cisterna bloqueaba la entrada principal de Alto, una situación muy poco común en las puertas de una joya gastronómica. Alto había comenzado a pagar para que camiones cisterna le suministraran 10.000 litros de agua dos veces al día; el restaurante compartía ese suministro con los residentes del edificio. La empresa de aguas proveía de servicio a Alto y a zonas aledañas dos días a la semana pero el resto del tiempo no salía agua del grifo.

Aun en medio de una crisis, existía una fuerte demanda por las exquisiteces de Alto, pero mantener un restaurante de alta cocina en funcionamiento en 2015 requería de mucho ingenio y astucia. Alto había contratado a un empleado a tiempo completo que se dedicaba a visitar docenas de tiendas, mercados y supermercados en la ciudad en busca de harina, arroz y leche. «Pagamos siete u ocho veces lo que esos productos cuestan originalmente sólo para asegurarnos de que los tenemos», me dijo García. El chef y sus colegas no sólo hablaban de comida cuando se reunían, sino que intercambiaban los nombres de proveedores de leche, café, mantelería o vajillas. García había logrado crear su propia cadena de suministro, como en el caso del pollo: Aurelio, el barman de Alto, estaba criando aves bajo las especificaciones de García en un pequeño terreno que tenía en las afueras de la ciudad. Aurelio tenía como meta suministrar a la cocina de Alto entre 10 y 20 aves a la semana.

Para comprar vegetales de alta calidad, García encontró un pequeño huerto a unas calles del restaurante que le proveía de espinacas y remolachas. El chef compró una furgoneta y contrató a un conductor que hacía el viaje de cuarenta minutos hasta la costa dos veces a la semana para comprar pescado fresco. Los peces más deseados por los clientes, como el pargo o el salmón, eran demasiado caros porque en Venezuela la pesca industrial había decaído después de que el Gobierno prohibiera la pesca de arrastre en aguas venezolanas en 2009. Las sardinas y el roncador, considerados los peces más baratos en el mercado, fueron añadidos al menú de Alto.

Alto cambiaba su menú constantemente para adaptarse a los ingredientes que García lograba obtener, y esto llevó al restaurante a crear propuestas nuevas de platos típicos de Venezuela. Pero a ciertos clientes de Alto les costaba aceptar el cambio. «Algunos clientes dicen "sólo la gente pobre come este tipo de pescado"», me dijo García refiriéndose al roncador. «O dicen "yo no he venido a Alto a comer pasta con sardinas"», otro plato típico venezolano en el menú. La clientela de Alto cambiaba a medida que la economía se deterioraba. En sus comienzos, Alto se convirtió en un lugar de moda, donde una generación de jóvenes treintañeros *yuppies*, muchos de ellos banqueros o corredores de bolsa, buscaban cenar caviar o *foie*. Sin embargo, la gran mayoría de esos clientes abandonó Venezuela y en 2015 Alto atraía a una clientela adinerada con otro perfil, clientes de entre cuarenta y sesenta años con un gusto por la comida gourmet pero que estaban más interesados en distraerse de una vida llena de estrés que en exhibir su riqueza.

Una ley laboral aprobada por Chávez en 2012 hizo aún más difícil a Alto contratar personal. La ley determinó que la semana de trabajo es de cinco días y forzó a las empresas a dar dos días seguidos de descanso a los empleados. Esa regla hizo la vida imposible a los restaurantes y negocios que abrían sus puertas todos los días de la semana. García intentó cambiar las horas de su personal, pero la calidad del servicio sufrió y el restaurante no tenía más recursos para contratar a más gente. Eventualmente García se rindió y optó por cerrar Alto los fines de semana. «Nosotros somos uno de los pocos restaurantes de nuestro tipo en el mundo que cierra en sábados y domingos», me dijo.

Por el lado positivo, esto dio a García y a su personal un mejor balance de vida. Pero con menos ingresos el chef se vio forzado a buscar nuevas maneras de elevar la moral a sus empleados. «Al personal de cocina le motiva la fama y a los meseros les motivan las propinas», me dijo. Para compensar por la baja en el negocio, Alto financió a uno de sus camareros las clases de inglés y a otro un curso de entrenamiento para baristas. El restaurante también pagó para que sus empleados tomasen clases de dramaturgia y de manejo de crisis. Y cada semana, los empleados de Alto gozaban de clases de yoga gratis y prácticas de fútbol. Sin embargo, aún con los problemas que Alto afrontó con dos meses de cierre en 2014, la gran demanda de los venezolanos por entretenimiento y su tendencia a comer fuera permitieron a Alto generar un retorno del 13 por ciento ese año.

Nuevos bares y restaurantes abrieron sus puertas en Caracas a finales de 2014, a pesar de la escasez de comida y de las protestas en las calles que eran noticia alrededor del mundo. Una revisión superficial de los nuevos restaurantes durante mi viaje en mayo de 2015 dio con seis nuevos restaurantes que habían abierto sus puertas en los últimos seis meses o menos en el este de Caracas, particularmente en la municipalidad de Chacao, la zona más exclusiva de la ciudad. Y en muchos casos estos nuevos restaurantes apenas podían atender el gran flujo de clientes que querían gastar su dinero. La Licoteca, una licorería de alta gama que abrió a comienzos de 2014, vendía botellas de grapa marca Sassicaia por el equivalente de 1.459 dólares cada una.[161] Una dependienta me confesó que en 2015 la demanda de grapa había bajado pero la tienda aún lograba vender más o menos una caja de seis botellas al mes, a clientes que en su mayoría eran empresarios locales o extranjeros, incluidos algunos embajadores.

Un nuevo café llamado Bistró del Libertador es un excelente ejemplo de cómo venezolanos con ideologías encontradas al final siempre comparten las mismas aspiraciones de consumo. El bistró está ubicado en la plaza Bolívar, un territorio pro-chavista en el centro histórico de Caracas. La plaza es emblemática y se ha convertido en el lugar favorito para manifestaciones prochavistas que denuncian el capitalismo, el elitismo, y que arremeten contra lo que llaman una «burguesía» con aires de superioridad. El bistró es parte de un esfuerzo del alcalde chavista Jorge Rodríguez de renovar una zona que durante años estuvo abandonada y sucia, y el café es el resultado de esa iniciativa. El bistró pone todo su empeño en capturar el ambiente de un café de moda. Tiene suelos de cuadros blancos y negros, una pared de ladrillo visto falso y varias bombillas de luz transparente que muestran el filamento colgando del techo. El servicio es lento, y los camareros, vestidos con camisas polo negras y gorras blancas de tapa plana, sirven a los comensales café y cruasanes levemente rotos. El negocio es una empresa privada, pero la municipalidad es dueña del edificio donde está ubicado.

En 2010, el expresidente Hugo Chávez nacionalizó los edificios de la zona durante una famosa intervención televisiva en la que apuntaba a edificios con el dedo y gritaba órdenes a sus subalternos: «¡Exprópiese!». El presidente argumentaba en ese entonces que los pequeños comerciantes estaban arruinando el centro histórico, una zona con un gran valor patrimonial. En enero de 2015, un mes después de que el bistró abriera sus puertas, un camarero me comentó con orgullo que el café tenía planes de

161. Cada botella de grapa Elevata Sassicaia se vendía por 72.973 bolívares, con el precio del dólar estimado a la tasa de 50 bolívares por dólar.

abrir una zona VIP en el segundo piso, el tipo de exclusividad que los chavistas siempre habían denunciado como una cultura que discrimina contra los más pobres. No obstante, el bistró se ha convertido en el lugar de moda donde los políticos, activistas y simpatizantes chavistas van a ver y a ser vistos. Pero los precios no son mucho más baratos que aquellos que cobran los cafés más elegantes en la zona este de la ciudad. Durante la inauguración del bistró, un elegante cuarteto de cuerda tocaba música para ambientar mientras Rodríguez, el alcalde de izquierda, hablaba con la prensa y les decía: «Estamos en un espacio que antes era de la oligarquía».[162]

El bistró no es el único establecimiento con el apoyo del Gobierno de izquierda. Al otro lado de la plaza se encuentra el restaurante Rialto, que abrió sus puertas en septiembre de 2014, y donde ministros, congresistas y altos oficiales del chavismo pueden gozar de un plato de ñoquis rellenos de plátano, entre otras exquisiteces propias de un restaurante de lujo. Y a unas manzanas al este está también el café El Techo de la Ballena, donde se venden libros de escritores de izquierda y que es frecuentado por *hipsters* chavistas que añoran tener su propia versión de café de los típicos que se ven en Brooklyn. Ni el marxismo, ni la escasez de comida, ni la agitación política pueden anteponerse al deseo del venezolano de disfrutar de comida y bebida en un lugar de moda.

Sólo una cosa amenaza el estilo de vida de consumo que adoran los venezolanos: el debilitamiento de su capacidad de compra. Los salarios no pueden mantener su valor cuando la inflación ex-

162. «Jorge Rodríguez inauguró el restaurante Bistró del Libertador: Funcionará como una cafetería gourmet», Noticias 24, 18 de diciembre de 2014. http://www.noticias24.com/venezuela/noticia/268127/jorge-rodriguez-inauguro-el-restaurante-bistro-del-libertador-funcionara-como-una-cafeteria-gourmet/

Véase también http://www.noticias24.com/fotos/noticia/20033/en-fotos-asi-se-llevo-a-cabo-la-inauguracion-del-restaurante-bistro-del-libertador/

cede los tres dígitos.[163] Y los asalariados de la clase media sufren más que todos los demás, pues a diferencia de los ricos, ellos carecen de grandes cantidades de dinero ahorrado en el exterior, o de empresas que generen recursos cuantiosos, y a diferencia de los pobres, ellos se benefician menos de los programas sociales del Gobierno.[164]

Mauricio Durazzi es un ingeniero de materiales de cuarenta y seis años de edad que imparte clases de matemáticas en el Instituto Universitario de Gerencia y Tecnología, un instituto técnico en Caracas. Él es uno de los cientos de miles de venezolanos de clase media que se esfuerzan por ganar lo suficiente para sobrevivir. Mauricio ha impartido clases trece años y en mayo de 2015 ganaba 11.500 bolívares (o 61 dólares) al mes, menos de dos salarios mínimos. Y es importante mencionar que Mauricio es uno de los profesores que más dinero gana en el instituto. Su esposa, contable de profesión, ganaba otros 20.000 bolívares (o 115 dólares) al mes.[165] Ambos lograban sobrevivir con un hijo de tres años de edad pues vivían sin pagar renta en una pequeña casa de huéspedes ubicada dentro de la propiedad de los padres de Mauricio en una zona de clase media. No tenían suficiente dinero para encontrar un hogar propio. De hecho, el salario de Mauricio apenas alcanzaba para pagar el seguro médico privado que cubría a su esposa y a su hijo. «Estos días trabajo esencialmente para pagar el seguro», me dijo Mauricio.

Mauricio comenzó a dar clases cuando perdió su trabajo en una planta de ladrillos refractarios que cerró sus puertas tras el paro petrolero de 2002 que dejó a Venezuela sumida en una pro-

163. El salario medio real en Venezuela se contrajo un 5,77 por ciento en 2013 y un 7,5 por ciento en 2014, de acuerdo con datos de la Economist Intelligence Unit.

164. De acuerdo con la encuesta de Tendencias del Consumidor 2015 de Datanálisis, los venezolanos de estratos de ingresos medios sufrieron una caída en sus ingresos del 25 por ciento en 2014, tomando en cuenta los precios excesivos que pagaban por la comida en el mercado negro. Datanálisis estima que en promedio a nivel nacional los salarios reales cayeron un 19 por ciento en 2014.

165. El salario es estimado usando el tercer tipo de cambio legal, conocido como SIMADI, de 190 bolívares por dólar en mayo de 2015.

funda recesión. En 2015 daba clases toda la semana de lunes a sábado, y ganaba aproximadamente 60 bolívares (o 30 centavos de dólar) por hora de clase.[166] Las empresas del sector privado muchas veces no pueden permitirse elevar los salarios al mismo ritmo que el de la inflación, pues sus costes muchas veces suben con mayor rapidez. Si bien el expresidente Chávez y su sucesor, el presidente Maduro, han decretado aumentos salariales cada año, el coste de la vida sube aún más. Los trabajadores con frecuencia se quejan de que las empresas a veces pagan a sus empleados un poco más del salario mínimo, pues de esa manera están técnicamente exentas de la obligación de asumir los aumentos de salario mínimo del 30 o 40 por ciento que el Gobierno decreta cada año, una estrategia que muchas empresas utilizan para mantener bajos sus costes de personal.

Elio Ohep, el director del Instituto Universitario de Mercadotecnia, un instituto técnico similar al de Mauricio pero con una población estudiantil aún mayor, dice que el Gobierno limita a institutos como el suyo aumentar sus colegiaturas. Y el Gobierno comienza además a imponerles límites a su rentabilidad. Durante el año académico 2014-2015, el instituto que dirige Elio logró incrementar los salarios de su personal en no más de un 20 por ciento, en un momento en el que la inflación alcanzó casi el 70 por ciento anual. Elio ganaba 50.000 bolívares (o 263 dólares) al mes y tenía otros beneficios como un seguro de salud, un bono anual equivalente a tres meses de salario y el uso ilimitado de un teléfono móvil, pero se esforzaba por llevar el ajustado presupuesto familiar.[167] Elio me explicó el negocio de los institutos técnicos y su situación personal un sábado a las seis de la mañana mientras hacía la compra de la semana en el mercado de Quinta Crespo, un mercado ubicado en una zona bastante insegura. Elio me aseguró que se ahorraba un 30 por ciento del valor de la compra si compraba en ese mercado en lugar de hacerlo en supermercados o en otras tiendas.

Los académicos que trabajan en las universidades más grandes de Venezuela ganan más o menos el mismo salario que Mau-

166. Véase nota 11.
167. Véase nota 11.

ricio, el profesor de matemáticas, muy por debajo de lo que necesitan para tener una vida digna.[168] En abril de 2015 la unidad de estudios económicos de la Federación Venezolana de Maestros estimaba que la canasta básica de productos —la cantidad de productos de consumo que necesita una familia de cinco miembros— costaba en Venezuela más de seis salarios mínimos.[169] Esto era un serio problema para una gran cantidad de familias en las que únicamente dos adultos trabajan para proveer de alimentación, techo y cobijo al resto del clan familiar, incluidos niños y ancianos. Médicos recién graduados de las escuelas de medicina y trabajando como residentes en hospitales del Estado ganaban aún menos que muchos maestros: 5.800 bolívares (o 30 dólares) al mes, un salario básico que, incluidos bonificaciones anuales y otros beneficios, apenas equivalía a dos salarios mínimos.[170]

La locura económica de Venezuela ha creado una realidad en la que un médico, un maestro o un arquitecto ganan menos que un conductor de taxi. Yon, un expolicía de treinta y ocho años que se dedica a conducir un taxi para clientes ejecutivos, ganaba 20.000 bolívares en una mala semana, y hasta 100.000 bolívares en una buena semana, lo que implica que fácilmente podía ganar varias veces el salario que Elio, el director de un instituto académico, ganaba en un mes. Los conductores de taxi no tienen los altos costes de personal, entre otros, de un negocio normal —aparte del coste de mantenimiento de sus vehículos— y pueden incrementar sus tarifas con libertad a medida que se incrementa la inflación, un lujo que no pueden darse los empleados que ganan un salario fijo en una empresa o en una oficina del Gobierno. «Yo tengo un mejor salario que un profesional o que un médico»,

168. «Estiman salario de docentes universitarios entre Bs. 40 mil y 120 mil», *El Universal*, 4 de febrero de 2015.

169. «Cendas: Costo de la Canasta Básica subió a Bs.35.124 en marzo», *El Mundo*, 20 de abril de 2015. http://www.elmundo.com.ve/noticias/economia/politicas-publicas/cendas--costo-de-la-canasta-basica-subio-a-bs--35-.aspx

170. Yanes, María, «El salario indigno e injusto del médico venezolano», *El Nacional*, 21 de julio de 2015. http://www.el-nacional.com/maria_yanes/salario-indigno-injusto-medico-venezolano_0_668333310.html

me dijo Yon, el padre de dos hijas, una de las cuales estaba estudiando para ser dentista. Si Venezuela continúa en el camino económico actual, la hija de Yon podría dedicar años de su vida a estudiar para terminar ganando menos dinero del que gana su padre conduciendo un taxi. Este tipo de distorsiones sin sentido explica por qué alrededor de 15.000 médicos han abandonado el país en la última década en busca de mejores oportunidades en otros lugares.[171] De acuerdo con algunas estimaciones, alrededor de 1,2 millones de los profesionales venezolanos mejor preparados han emigrado a Estados Unidos y Europa en años recientes, y muchos más venezolanos jóvenes que aún no han logrado hacerlo ansían irse al exterior también.[172]

Para poder compensar la pérdida de capacidad adquisitiva, muchos venezolanos han optado por endeudarse. Con una inflación que en 2015 superaba los tres dígitos y con una banca que ofrecía tarjetas de crédito que cobraban una tasa máxima establecida por ley del 29 por ciento, los ciudadanos tienen todo el incentivo del mundo de endeudarse lo más posible. Los venezolanos han vivido períodos en su historia en los que las tasas de interés que cobraban los bancos estaban muy por debajo de la inflación, primero en los años setenta, luego a finales de los ochenta, y a finales de los noventa también. Varias generaciones de venezolanos han aprendido que endeudarse es la mejor manera de ahorrar dinero.

En 2015, en la situación que se vive en Venezuela, donde la economía funciona al revés, los expertos en finanzas recomendaban a los consumidores que se endeudaran cada vez más. Después de todo, mientras más alta sea la inflación, el tamaño de su deuda será cada vez menor. «El que no pida prestado no está en-

171. La Cruz, Víctor, «Dr. Leyba: Se están yendo del país los médicos que salvan vidas», *El Universal*, 21 de julio de 2014.

172. Rodríguez, Carmen María, «Migración venezolana de profesionales amenaza el desarrollo», *El Universal*, 21 de julio de 2014. http://www.eluniversal.com/nacional-y-politica/140721/migracion-venezolana-de-profesionales-amenaza-el-desarrollo

tendiendo nada», dijo Luis Vicente León, el fundador de Datanálisis, a cientos de espectadores congregados en su conferencia anual Tendencias del Consumidor Venezolano, en mayo de 2015. «Toda la plata que te dé el banco, ráspatela», añadió, pero advirtió a su público que se aseguraran de usar ese dinero para comprar únicamente activos productivos. «Si tú estás cubriendo el hueco fiscal de tu casa, estás cavando tu hoyo. Estás viviendo artificialmente», insistía León.

El incentivo para consumir en Venezuela es tan grande que mucha gente no está siguiendo esta última recomendación de León. La deuda de tarjetas de crédito ajustada por la inflación se incrementó casi un 50 por ciento en 2014.[173] La deuda de los poseedores de tarjetas de crédito al final de ese año representaba un 18 por ciento del total del dinero prestado por las instituciones financieras, el doble que un año antes.[174] Esto no es particularmente alto en comparación con otros sectores bancarios a nivel mundial, pero el ritmo de crecimiento tiene a muchos economistas preocupados de que el venezolano pueda estar adquiriendo demasiada deuda demasiado rápido. Más preocupante aún, Datanálisis encontró que los venezolanos más pobres, aquellos clasificados en el sector de consumo D, son los más propensos a sobreendeudarse para mantener sus hábitos de consumo; el mismo consumidor que podría tener aún más problemas en el futuro a la hora de pagar esas deudas.[175] «La tarjeta de crédito es el sostén principal del consumo en Venezuela», advertía León.

Félix González, un instructor de finanzas personales y autor de los libros *Sin miedo a las deudas: Las finanzas personales en tiempos de crisis* y *Finanzas personales en tiempos de revolución*, ha logrado hacer un negocio de educar a sus estudiantes sobre

173. Salmerón, Víctor, «Tarjetas de crédito en Venezuela: ¿Una burbuja a punto de explotar?», *Prodavinci*, 11 de mayo de 2015. http://prodavinci. com/2015/05/11/actualidad/tarjetas-de-credito-en-venezuela-una-burbuja-a-punto-de-explotar-por-victor-salmeron/

174. Serie anual de datos de Sudeban. Véanse datos anuales de banca en la página web de Sudeban: http://sudeban.gob.ve

175. Salmerón, V., *art. cit.*

cómo manejar mejor las finanzas del hogar. González intenta convencer a sus estudiantes de dejar a un lado el hábito de usar las tarjetas de crédito para mantener su estilo de vida. «Una cosa es endeudarse para comprar una casa o un carro y otra muy distinta es hacerlo para comprar un televisor pantalla plana de 60 pulgadas porque es el más grande en el mercado», me dijo González en una entrevista telefónica. «El consumismo ha empeorado en los últimos diez años.»

Pero González también anima a los venezolanos a sacar provecho de los locos incentivos económicos que han surgido con el chavismo. En su segundo libro recomienda: «asume deudas pero no en exceso, busca una manera de tener ingresos en dólares, ahorra ese dinero en el exterior y aprovecha al máximo los subsidios del Gobierno. Si el Gobierno vende productos a precios subsidiados, compra la mayor cantidad posible. En un mundo donde la gasolina es prácticamente regalada, usa el coche. Y si el Gobierno quiere vender dólares a tasas preferenciales, compra la mayor cantidad que la ley permita». González esencialmente recomienda a los venezolanos que hagan lo que muchos han aprendido a hacer durante el último siglo, encontrar maneras de vivir de un Gobierno generoso y rico en petróleo.

Para entender mejor el pensamiento económico del venezolano muchos recurren a Axel Capriles M., un economista y psicólogo junguiano que ha estudiado muchos años cómo la riqueza petrolera ha formado el comportamiento económico en Venezuela. Capriles utiliza arquetipos comunes de la cultura nacional para describir cómo piensan y viven los venezolanos. En su libro *La picardía del venezolano o el triunfo de Tío Conejo*, explora la picardía natural de sus compatriotas y su tendencia a buscar atajos para prosperar económicamente.

El terapeuta, de sesenta y un años de edad, argumenta que una caricatura muy presente en el imaginario popular captura la idiosincrasia del pícaro venezolano: un conejo blanco llamado Tío Conejo. Tío Conejo es un personaje inventado por Antonio Arraíz, un poeta y narrador venezolano que pasó cinco años en prisión por oponerse a la dictadura de Juan Vicente Gómez. El libro de cuentos de Arraíz, *Cuentos de Tío Tigre y Tío Conejo*, fue un éxito cuando se publicó en 1945, diez años después de la muerte del dictador. Tío Conejo era un bribón entrañable cuyas aventuras consistían en burlar a un fiero tigre, Tío Tigre, que constantemente intentaba devorarlo.

Tío Conejo se convirtió en tal referente cultural en la literatura infantil venezolana que el Gobierno optó por inmortalizar al personaje en la revista *Tricolor*, que tenía como objetivo enseñar valores a los niños a través de fábulas nacionales. En una de sus aventuras, Tío Conejo tiende una trampa al tigre en la que el felino termina picado por abejas. En otra, el conejo tramposo logra escapar de las garras del tigre haciéndole promesas falsas de llevarlo a un lugar donde el felino podría comerse a vacas muy gordas. Tío Conejo utiliza trucos y artimañas para lograr su cometido y para satisfacer sus necesidades más inmediatas. O en palabras de Capriles, Tío Conejo, así como la gran mayoría de los venezolanos, busca engañar a los poderosos y únicamente «aspira a sobrevivir».[176]

La astucia es un mecanismo que muchos venezolanos usan para burlar las reglas establecidas por un Gobierno todopoderoso y una burocracia corrupta. El pícaro venezolano desacata alegremente todo tipo de normas como las leyes de tráfico, el respeto a la hora de hacer una fila o la puntualidad; y al hacerlo, se asegura de mejorar su calidad de vida a expensas de los demás. Capriles llama a este atributo cultural el «individualismo anárquico». Sin duda, la tendencia a burlarse de las normas básicas para la convivencia se da también en otros países de América Latina, pero Capriles argumenta que en Venezuela este problema se deriva de una psicología de la abundancia que lleva a muchas personas a pensar que la riqueza no se crea como resultado del esfuerzo y la dedicación, sino que únicamente se recoge o se explota, como el petróleo. Y para tener acceso a esa riqueza, una persona debe ser hábil y astuta. La gran mayoría de venezolanos no concibe toda-

---

176. Capriles, Axel, *La picardía del venezolano o el triunfo de Tío Conejo* (Caracas: Taurus, 2008).

vía la necesidad de manejar la riqueza petrolera de manera frugal y austera porque piensan que el petróleo puede proveer suficiente riqueza para que todos los venezolanos vivan felices y sin complicaciones. La búsqueda del venezolano por vivir cómodamente y con muy poco esfuerzo, dice Capriles, «está engranada» en el sistema de valores del país, pero es además una característica de la personalidad que los venezolanos aprecian y celebran.

Para ilustrar este punto, Capriles relata la historia de un experimento informal que le gustaba realizar cuando vivía en Zurich. Capriles pedía a venezolanos que vivían en esa ciudad que describieran a una persona que era el opuesto de un pícaro. Invariablemente todos describían a «un pendejo», «un bobo», o alguien «a quien le falta chispa». Cuando le hacía la misma pregunta a un ciudadano suizo esto generaba respuestas muy distintas: «un caballero», decían, o «una persona virtuosa». Durante una conversación telefónica Capriles me explicó que después de años de vivir bajo dictaduras y con la subida y bajada de la riqueza petrolera, los venezolanos han aprendido a vivir al día. A comienzos del siglo XX aprendieron que un dictador podía quitarles su negocio o mermar sus ingresos, y en décadas más recientes se dieron cuenta de que su riqueza podía evaporarse cuando los precios del petróleo se desplomaban. Estas lecciones de vida explican por qué la moderación y la prudencia en el manejo del dinero en el hogar y en las finanzas del Gobierno es un anatema para los venezolanos. ¿Por qué es necesario moderar el gasto? ¿A qué propósito puede servir eso? Al final, los venezolanos se han acostumbrado a pensar que una subida de precios del petróleo tarde o temprano arreglará las cosas, sin importar cuán mala sea la situación por la que atraviesan. Según dice Capriles: «La gente vive día a día hasta que se acaba el dinero. La restricción presupuestaria te agarra por sorpresa... Se ve mezquino [en Venezuela] que seas ahorrativo».

El éxito en los negocios no es algo que la mayoría de los venezolanos asocie con innovación o sacrificio, sino con suerte y con tener suficiente perspicacia para encontrar la manera de hacerse con una buena tajada de la riqueza petrolera que controla el Gobierno. Rafael Di Tella, un profesor de economía de la Universidad de Harvard, encontró que la corrupción y los violentos vaive-

Barranquitas, Estado Zulia. Algunos venezolanos pueden no tener agua potable en sus hogares o incluso zapatos que ponerse, pero no se pierden la programación de DirecTV.

Un concesionario abandonado de Ford es uno de docenas en Caracas que carecen de coches pues las ensambladoras de automóviles no pueden importar las piezas necesarias para producirlos.

Venezolanos hacen cola para comprar productos con precios regulados. Los venezolanos pasan horas esperando para poder comprar azúcar, harina o papel higiénico.

Ramón Barrios, un policía jubilado, muestra su alijo de productos de consumo básico con precios regulados. Barrios logró acumularlos durante varias semanas de búsqueda y horas de espera en largas colas.

Los venezolanos no solo obtienen productos como arroz a precios regulados, sino además una generosa dosis de propaganda chavista en los envoltorios.

Humberto López, «el Che venezolano», pontifica sobre el estado de la «guerra económica» en Venezuela. Como solución a la crisis, sugiere que los militares tomen el
control de todas las empresas privadas, incluyendo la empresa venezolana de alimentos Polar.

El Che con uno de sus activos más preciados, un Jeep Willys modelo 1951. El activista chavista admite que encontrar repuestos para su todoterreno es una verdadera pesadilla en Venezuela.

Rosa Meza vive en un apartamento de dos habitaciones gracias a la revolución chavista. El gobierno le otorgó a ella y a sus vecinos una suspensión de pagos de sus hipotecas. Meza dice no saber si tendrá que volver a pagar cuotas por su apartamento en un futuro.

El complejo habitacional de interés social OPPPE 36 en el que vive Meza fue construido por la Gran Misión Vivienda y se hizo famoso por la pésima calidad de la construcción. Uno año después de haber sido concluido, los recién llegados residentes del
edificio se quejaban de paredes agrietadas, un elevador fuera de servicio, una infestación de todo tipo de bichos y la filtración de aguas residuales en las paredes.

nes económicos debido al alza y la caída de los precios del petróleo han ayudado a formar las ideas que los venezolanos tienen sobre el emprendimiento.

Di Tella argumenta que en un país rico en petróleo donde una empresa puede hacer una fortuna durante una época de bonanza petrolera y terminar en la quiebra cuando los precios del petróleo bajan, «la conexión que existe entre esfuerzo y recompensa se pierde» en la mente de los ciudadanos.[177] En otras palabras, el éxito en los negocios no deriva del esfuerzo sino de la buena suerte, o como dice Di Tella, ser rico es considerado el equivalente a haber tenido «éxito en la captura de rentas [petroleras] y a pertenecer a una élite, no al producto de trabajar duro y a la existencia de industrias competitivas». Di Tella y sus colegas realizaron un análisis estadístico para estudiar la correlación existente entre el desempeño económico del país, el nivel de corrupción y criminalidad y las creencias políticas de los venezolanos. Encontraron que episodios de inflación y desempleo elevados, y la percepción de corrupción desenfrenada, han hecho que los venezolanos sean más receptivos a ideas antimercado de izquierda tales como las que promovía el Gobierno de Hugo Chávez.

Datanálisis, la firma de Luis Vicente León, encontró ejemplos de esta visión deformada del espíritu empresarial. León dice que en muchas ocasiones personas desempleadas o que están subempleadas en el sector informal de la economía, cuando son entrevistadas para una encuesta se clasifican como «emprendedores independientes» porque se dedican a comprar y vender dólares de manera ilegal, o porque contrabandean con productos con controles de precios o con gasolina a otro país. Y para muchos de los que se dedican a negocios legítimos, el emprendimiento significa hacer dinero importando un producto y revendiéndolo a precios elevados en el mercado venezolano. Los venezolanos admiran el éxito económico de otros, pero la innovación, la producción y el sacrificio económico no son conceptos que la gran mayoría de ellos respete.

177. Di Tella, Rafael, Javier Donna y Robert MacCulloch, «Oil, Macro Volatility and Crime in the Determination of Beliefs in Venezuela», 16 de febrero de 2007. http://www.people.hbs.edu/rditella/papers/WPVenFeb16.pdf

Imaginemos por un segundo al venezolano de a pie. El venezolano promedio es un hombre de veintinueve años, pues en Venezuela la población es relativamente joven y con un mayor número de hombres que mujeres.[178] Llamaremos a este hombre José Luis González, pues José, Luis y González son los nombres y apellidos más comúnmente usados en el país.[179] José Luis vive en una ciudad pero está lejos de ser acaudalado. Vive con su familia de cinco miembros en una casa hecha de bloques de hormigón y un techo raquítico en la pendiente de una montaña en un barrio pobre donde las casas se apiñan la una con la otra.[180] Si José Luis tuviera suerte, viviría en una vivienda más sólida en la parte baja de la montaña, donde las casas son mejores, la gente tiene ingresos más altos y las familias viven en un menor grado de hacinamiento. Sin embargo, las estadísticas no le son favorables.

José Luis tiene acceso a la red de cañerías sanitarias, pero el servicio de agua potable es deficiente, lo que le obliga a llenar grandes cubos de plástico con agua para que la familia pueda sobrevivir los días en que no sale agua de los grifos.[181] La basura se acumula a unos cuantos metros de su casa, porque el servicio de recogida de basura es deficiente en su área.[182] En cuanto a la electricidad, es gratis. José Luis, como muchos otros de sus vecinos, se ha conectado de manera ilegal a la red eléctrica. El sistema de

178. La proyección de población para 2014 de Datanálisis estaba basada en datos del censo de 2011 realizado por el Instituto Nacional de Estadística (INE). Según Datanálisis, la edad promedio en 2012 era de 29,4 años.

179. «José Luis» es un personaje creado a partir de los datos de consumo proporcionados por Datanálisis.

180. Casi el 80 por ciento de los venezolanos forma parte de los estratos D y E, lo que implica que viven en casas modestas en barrios, muchas veces en chabolas hechas de bloques de hormigón, según la investigación *Tendencias del Consumidor Venezolano 2015*.

181. El agua potable es escasa en zonas de estrato E, según Datanálisis. *Tendencias del Consumidor Venezolano 2014*.

182. *Tendencias del Consumidor Venezolano 2014*. La gran mayoría de hogares en el estrato E carecen de contratos formales con la empresa eléctrica. La recogida de basuras en su zona es deficiente y la mayoría de esos hogares no están conectados con el sistema de alcantarillado.

aguas negras en su área también acumula el exceso de agua generada por la lluvia y eso hace que el sistema se colapse cuando llueve, pero el hogar de José Luis tiene una fosa séptica.[183] José Luis no tiene una línea fija de teléfono en casa y usa en su lugar un servicio de telefonía móvil de prepago. Todos los miembros de su hogar utilizan un teléfono móvil de prepago.[184]

Uno de los principales activos que posee José Luis es un televisor de pantalla plana y tiene además una antena de DirecTV instalada en el techo. Prácticamente todos sus vecinos tienen una gracias a un servicio de prepago que se ha hecho muy popular en los barrios pobres.[185] De hecho, José Luis pasa tres horas frente al televisor al día, y ver la televisión es su principal entretenimiento.[186] Tiene un reproductor de DVD, un aparato de sonido y una lavadora en casa.[187]

José Luis no tiene aire acondicionado aún, pero comprarlo es una de sus prioridades.[188] Las encuestas de consumo en Venezuela clasifican a José Luis como miembro de los estratos D o E, los cuales en conjunto aglutinan al 80 por ciento de los venezolanos.[189] Las encuestas anuales muestran que personas como él tienen tres prioridades de compras grandes en mente: comprar un teléfono móvil, un aparato de aire acondicionado y un televisor, por este orden.[190] Comprar activos productivos como un automó-

---

183. *Tendencias del Consumidor Venezolano 2014*. Los hogares de los estratos D y E tienen fosas sépticas.

184. Aproximadamente un 88 por ciento de las personas que forman parte del estrato E poseen un teléfono móvil. *Tendencias del Consumidor Venezolano 2014*.

185. El estudio *Tendencias del Consumidor Venezolano 2014* de Datanálisis indica que el 82 por ciento de las personas que forman parte del estrato E cuentan con servicio de televisión por cable.

186. Estudio *Tendencias del Consumidor Venezolano 2014* de Datanálisis.

187. Aproximadamente un 83 por ciento de los entrevistados por Datanálisis en 2014 dijeron poseer un reproductor de DVD y un 80 por ciento dijeron ser dueños de una lavadora.

188. Según Datanálisis, en 2015 alrededor del 53,2 por ciento de los encuestados en el estrato E tenían un equipo de aire acondicionado.

189. Estudio *Tendencias del Consumidor Venezolano 2014* de Datanálisis.

190. Estudio *Tendencias del Consumidor Venezolano 2014* de Datanálisis.

vil no es una prioridad, en gran parte porque José Luis no tiene suficiente dinero para hacer compras tan grandes.

Su familia vive con unos ingresos mensuales de casi dos salarios mínimos, gran parte de los cuales los obtiene José Luis haciendo labores de mantenimiento en una institución del Estado. Las únicas alternativas laborales que existen para alguien como José Luis son vendedor ambulante o conductor de un mototaxi, un método muy popular de transporte en Caracas. José Luis no puede aspirar a más, porque apenas tiene una educación de noveno grado de primaria. Él y su familia se han beneficiado de los programas sociales de Chávez. Su hermana es madre soltera beneficiaria de un subsidio gubernamental a través de la misión Madres del Barrio, un programa social de transferencias en efectivo a madres de hogares pobres. Su abuela se unió a la Misión Robinson, un programa que enseña a jóvenes y ancianos a leer y escribir. Su familia también se beneficia de los servicios médicos gratuitos que provee un médico cubano en su comunidad como parte de la Misión Barrio Adentro, una iniciativa de salud promovida por el Gobierno.

La dieta diaria de José Luis consiste en arroz, harina de maíz en forma de arepas —una especie de tortilla típica venezolana—, pollo y pasta.[191] Toma café con casi todas sus comidas y ocasionalmente come carne, pero no pescado. El pescado se considera comida de ricos.[192] La madre y la hermana de José Luis prefieren comprar la comida en supermercados modernos y únicamente realizan una pequeña parte de su compra en tiendas cercanas a su casa. De igual manera, compran productos con precios controlados en Mercal, una cadena de supermercados creada por Chávez. La creciente escasez de productos ha obligado a José Luis y a

191. Los cuatro tipos de comida principales consumidos por los venezolanos de acuerdo con el estudio Tendencias del Consumidor Venezolano 2014 de Datanálisis.

192. Encuesta Ómnibus de Datanálisis de febrero de 2014. Alrededor de un 9 por ciento de las respuestas del estrato E mencionaba el pescado como un tipo de comida frecuente. En las respuestas de miembros de estrato A y B el pescado se mencionaba en un 24 por ciento de las respuestas.

su familia a visitar grandes supermercados del Estado que están ubicados lejos de su hogar.[193] A veces da la impresión de que únicamente los supermercados del Estado tienen suficiente producto a la venta.

Su hermana y su madre contribuyen al ingreso familiar trabajando como bachaqueras revendiendo productos con precios controlados como champú, papel higiénico, harina de maíz o desodorante en el mercado negro. La familia entera va de compras juntos, cuando pueden hacerlo, pues las tiendas racionan cuántos productos puede comprar una sola persona; la familia de José Luis intenta comprar muchos productos para poder tener suficiente en tiempos de escasez. Muchas veces guardan cola durante horas junto con otros cientos de personas que buscan comprar suficiente producto para consumir y revender también.[194] Venezuela puede tener escasez de aceite vegetal para cocinar, café o leche en polvo, pero la vieja alacena en casa de José Luis está repleta con suficientes productos para cubrir las necesidades de la familia durante varios meses.

Un creciente número de venezolanos ya no ve el ir de compras como una actividad recreativa, sino como una fuente de estrés.[195] Sin embargo, para gente como José Luis la escasez es una oportunidad. Él podría abandonar su trabajo para irse a trabajar como bachaquero a tiempo completo, ya que un gran número de personas como él logran hacer mucho más dinero como bachaqueros

193. Encuesta Ómnibus de Datanálisis de febrero de 2014. Miembros de los estratos D y E prefieren hacer la compra en grandes cadenas de supermercados modernos y en tiendas pequeñas de comestibles ubicadas cerca de sus casas. Los supermercados del Estado son una tercera opción en sus preferencias.

194. Según estimaciones de Datanálisis, el 65 por ciento de las personas que guardaban cola fuera de tiendas y supermercados se dedicaba a la labor de revender productos con precios controlados en el mercado negro.

195. Encuesta Ómnibus de Datanálisis de febrero de 2014. Los venezolanos encuestados parecían concordar cada vez más con la idea de que ir de compras era cada vez menos placentero. En 2012 un 45 por ciento de los encuestados estaba de acuerdo con la idea de que ir de compras era divertido, pero menos de la mitad de ese porcentaje lo consideraba divertido en 2015, de acuerdo con la encuesta de Datanálisis.

que con el salario mínimo. Si José Luis viviera en un pueblo fronterizo con Colombia, tendría la tentación de contrabandear productos como leche o gasolina al otro lado de la frontera, donde obtendría varias veces el precio que pagó por ellos. Los vendedores informales representan un 40 por ciento de las personas que ejercen algún tipo de trabajo en Venezuela y los empleados del Gobierno representan un tercio de las personas empleadas, pero nadie sabe con certeza cuántos bachaqueros existen porque es una labor ilegal y muchos de ellos evitan hablar con encuestadores.

En lo que se refiere a preferencias políticas, José Luis ha apoyado el chavismo muchos años porque su familia se ha beneficiado de sus programas sociales. Votantes como él se veían representados por Chávez, y su retórica de redistribución económica capturaba su atención. Además, durante la época de Chávez, el *boom* petrolero ayudó a reducir la pobreza, aun cuando ésta fuese una reducción pasajera basada en asistencialismo gubernamental y no en oportunidades de trabajo.[196] José Luis carece de suficiente educación para entender conceptos sofisticados de política o economía como democracia, socialismo, inflación o devaluación. Datanálisis estima que aun con una mejora en la escolaridad bajo el Gobierno de Chávez alrededor de un 60 por ciento de la población carece de una educación formal necesaria para alcanzar un pensamiento abstracto. «La mayoría de venezolanos son susceptibles a emociones, no a pensamientos racionales», a la hora de votar por un político, me dijo León.[197] En efecto, la encuestadora de León encontró que en 2010, la época en la que muchos venezolanos apoyaban el concepto de «socialismo del siglo XXI» popularizado por el presidente Chávez, nueve de cada diez

196. La pobreza medida por ingresos cayó del 45 por ciento de los hogares en 1999, cuando Chávez llegó al poder, al 32 por ciento en 2009. Sin embargo, ese número había ascendido al 48 por ciento en 2014, más alto aún que cuando Chávez asumió la presidencia. Véase España N., Luis Pedro, *Encuesta sobre Condiciones de Vida. Venezuela 2014*, IIES-UCAB. http://www.rectorado.usb.ve/vida/sites/default/files/pobreza.pdf

197. Entrevista con Luis Vicente León de Datanálisis.

venezolanos rechazaban la idea de adoptar un modelo político y económico como el de Cuba.[198] Lo que desean y buscan es un asistencialismo de Estado y, como muchas generaciones anteriores de venezolanos, continuarán apoyando a cualquier Gobierno que les prometa una mayor tajada de la riqueza petrolera.

Pocos venezolanos son tan prochavistas como Humberto López. El mecánico barbudo, de cincuenta y dos años de edad, tiene algo muy distintivo que lo ha convertido en una persona famosa en Venezuela. Cuando se viste con atuendo de militar y una boina con una estrella en la frente se parece mucho al ícono de la izquierda Ernesto, *Che*, Guevara. El personaje del Che le ha granjeado la fama del «Che venezolano» y le ha valido además un lugar destacado dentro del chavismo como un líder y activista político de izquierda. Humberto, quien se hace llamar «Che», también ocupa un lugar prominente como líder de los Colectivos, grupos armados prochavistas que controlan varios barrios pobres y ayudan a alentar —algunos dicen que a intimidar— a los votantes para que salgan a votar por el chavismo durante períodos de elecciones. Me encontré con el Che un sábado de enero de 2015 en la última parada del metro al oeste de la ciudad, una zona que pocos venezolanos de clase media o alta se atreven a visitar. Fiel a su personaje, el Che apareció vestido con pantalones militares y una camiseta sin mangas, conduciendo un jeep descapotable Willys 1951 de color verde oliva. El Che fuma habanos baratos que obtiene gratis de un amigo en un mercado local. Su novia, Jenny, con quien comparte una casa, ocupaba el asiento de pasajero en el jeep luego de haber ido de compras para encontrar café, otra de las adicciones diarias del Che. Me subí a la parte trasera del jeep y salimos hacia el barrio Nuevo Día, donde viven. Todo el mundo en las calles gritaba su nombre, los soldados del palacio presiden-

198. «Acusación de cubanización en Venezuela desea opacar cooperación ejemplar», Agence France-Presse, 22 de octubre de 2010. http://ecodiario.eleconomista.es/internacional/noticias/2545634/10/10/Acusacion-de-cubanizacion-en-Venezuela-desea-opacar-cooperacion-ejemplar.html

cial de Miraflores le hacían un saludo militar cuando pasaba, y él devolvía el saludo a sus admiradores al pasar. Viajar en un automóvil con el Che es casi tan seguro como viajar dentro de un automóvil blindado pues nadie se atrevería a atacarlo.

El Che vive en una vivienda modesta de dos pisos rodeada de chabolas con techos de zinc en la pendiente de una montaña con una vista panorámica de la autopista a La Guaira que fue construida por el dictador Marcos Pérez Jiménez. Los activos del Che son su casa, que heredó de su padre, un terreno con una casa abandonada al lado de la suya, una cuenta de ahorros (aunque el Che no me dice cuánto dinero guarda en ella), su jeep, herramientas que mantiene en un pequeño cobertizo y dos motocicletas Yamaha Virago 1000, las cuales —dice— logró comprar usando parte de los viáticos que obtenía trabajando en varios trabajos en oficinas del Gobierno en las que le pagaban el salario mínimo. El Che a veces hace labores de mecánico también. A comienzos de 2015 el dueño de un restaurante de pollos asados le pagaba 10.000 bolívares al mes (o 200 dólares en ese momento) por presentarse en el restaurante y sentarse a fumar y tomar café.[199] «Yo atraigo a cierto tipo de clientela y los criminales lo piensan dos veces antes de atracar el lugar», me dijo.

El Che era un leal seguidor de Chávez y culpa al presidente Maduro de los problemas económicos que afronta el país. A su juicio, Maduro ha sido muy poco firme con las empresas y con los ricos. Argumenta que los problemas económicos del país han sido causados por empresarios ambiciosos y mezquinos que han saboteado la economía adrede para sacar del poder al chavismo. «Estamos en una guerra económica —me dijo refiriéndose a la escasez de comida—. Y cuando estás en una guerra, sacas a los militares. Que se tomen todas las empresas. ¡Militariza la economía!» El Che nunca terminó la escuela, pero dice ser un asiduo lector de Marx y otros pensadores de izquierda en los que basa una mezcla de ideas, similar a la mezcla ideológica que el chavismo llama «socialismo del siglo XXI».

199. Utilizando el tipo de cambio oficial de 50 bolívares por dólar, vigente a finales de enero de 2015.

Admite con orgullo que nunca se ha parado en una fila para comprar comida. Jenny, quien es veinte años menor que él, hace la compra. «Yo no soy cubano, chico. Yo no hago cola», me dijo sin tapujos, refiriéndose a las penurias que han sufrido los cubanos. Cuando necesita un neumático para una de sus motos o cualquier otro producto escaso, toma el teléfono y llama a sus amigos miembros de los Colectivos, que le resuelven el problema de alguna manera. «Nosotros no amenazamos a la gente para obtener lo que queremos», me dijo refiriéndose a sus amigos en los Colectivos. «Algunos grupos armados sí lo hacen, pero nosotros no», me aseguró. El Che tiene televisión por suscripción en casa y paga su cuenta de electricidad, pero la mayoría de sus vecinos no lo hace. Él dice que no usa papel higiénico y que únicamente mantiene algo de papel en casa para sus visitas. «Los venezolanos deberían aprovechar la escasez para dejar de comer cosas que son malas para su salud, como demasiada carne», me dijo.

Asegura no haberse beneficiado nunca de la generosidad del Gobierno chavista, pero como muchos en los estratos D y E, personas cercanas a él han obtenido beneficios de las misiones sociales. Jenny terminó los estudios básicos gracias a Misión Robinson y estudió leyes gratis en la Universidad Bolivariana de Venezuela, una universidad fundada por Chávez en 2003 conocida por aceptar a todo estudiante sin importar su educación previa o su récord de desempeño académico. Cuando conversamos, el Che estaba moviendo sus contactos para conseguirle a Jenny un trabajo como abogada en una oficina del Gobierno. La madre de Jenny logró que el Gobierno le asignara un apartamento de dos habitaciones aun cuando es una mujer jubilada que vive sola (los apartamentos del Gobierno por lo general son asignados a familias). El Che dice que nunca hizo nada para ayudarla a conseguirlo, pero admite que la mujer le mencionó a un oficial del Gobierno encargado de asignar viviendas que ella era la madre de la novia del Che y eso «puede haber ayudado».

Ramón Barrios, el policía jubilado que me permitió examinar su reserva de productos controlados, vive a unos kilómetros del

Che, en la zona de La Pastora, un barrio popular de unas 90.000 personas que se considera antichavista. Barrios es un organizador comunal y activista político para el partido opositor Un Nuevo Tiempo. Es un ejemplo de alguien que vive en un barrio, pero posee ideas diametralmente opuestas al chavismo. Tiene una pensión como policía jubilado y un trabajo que le paga el salario mínimo en el Cabildo Metropolitano de Caracas, una de las pocas instituciones en manos de la oposición. Vive en una casa de tres pisos que está ubicada en la parte baja de la comunidad, una zona en la que hace unos años el servicio de agua potable funcionaba sin interrupciones. El día de mi visita Barrios abrió el grifo de su cocina y no salía nada. El servicio de electricidad también falla constantemente. Durante mi visita, Barrios invitó a varios de sus vecinos que también se identifican con partidos antichavistas para que compartieran sus experiencias conmigo.

Barrios ha vivido momentos de necesidad económica en su vida, pero tiene suerte para alguien en su situación. Vive solo en una casa grande y por ende no se ve forzado a vivir en hacinamiento con una gran familia como la gran mayoría de sus vecinos. Sin embargo, le resulta difícil llegar a final de mes pues la inflación cada día se come otra parte de sus ingresos. Barrios es diabético y está cubierto por cuatro pólizas de seguro, una por ser policía jubilado, otra por su trabajo actual, y está cubierto además por los seguros de sus dos hijos. Aun así, me dijo que se veía forzado a pedir el medidor de glucosa hecho en La Habana a los médicos cubanos que operan en su zona, y que lo distribuyen de forma gratuita como parte del programa social Barrio Adentro. Esta contradicción generó risas y algunos comentarios de censura de sus vecinos y amigos que también se oponen a las políticas del chavismo, pues Barrio Adentro es un programa diseñado para gente aún más pobre que Barrios.

El mismo Barrios admite que siendo un conocido activista antichavista rehúsa aceptar la relación tan estrecha que existe entre el régimen de Cuba y el Gobierno de Venezuela. A Barrios no le gusta la idea de que Castro haya enviado a miles de médicos cubanos para atender las necesidades de los venezolanos, cuando hay suficientes médicos en Venezuela que necesitan trabajar ganando un buen salario. Pero la escasez y los precios de los medicamentos, que se incrementan constantemente, son suficiente aliciente para que Barrios por un momento breve se vea en la necesidad de suspender sus inclinaciones ideológicas. «Qué me importa a mí si un médico es cubano. Yo no tengo nada contra los cubanos. A mí no me gusta su régimen pero eso es otra cosa», me dijo. Cuando los chavistas finalmente dejen el poder, Barrios dice que un nuevo Gobierno debería dar quince días a los cubanos para salir del país, pero mientras tanto deberían ser útiles. «Uno tiene que ser una persona todoterreno», me dijo Barrios. «Yo creo en sobrevivir. Uno hace lo que puede por sobrevivir.»

5

Negocios extraños

Alberto Vollmer, presidente y director general de Ron Santa Teresa, aún recuerda una importante lección que su padre le enseñó cuando era niño. Era febrero de 1983 y la economía venezolana estaba sufriendo una debacle cambiaria conocida como Viernes Negro. El bolívar había sufrido una devaluación masiva respecto al dólar, los precios del petróleo se habían desplomado y el país tenía una deuda que apenas podía pagar. La gente intentaba desesperadamente cambiar sus bolívares a cualquier moneda extranjera. Todo era muy confuso para el joven Vollmer, quien pidió a su padre una explicación de lo que pasaba mientras viajaban hacia la Hacienda de Ron Santa Teresa, la propiedad de la familia en el valle de Aragua, muy cerca de Caracas, conocida por sus características hileras de altas palmeras.

«¿Qué tan grave es esta crisis y cuánto tiempo durará?», preguntó Vollmer a su padre. Su padre le contestó que venía un período muy duro para Venezuela, que podría durar años. Pero le dijo también que no se preocupara, pues esa crisis era buena y mala para el negocio familiar. «Cuando a la economía venezolana le va mal, a productores como Santa Teresa les va bien, y cuando la economía venezolana prospera, hacer negocios se hace más difícil para Ron Santa Teresa», aclaró. Su explicación parecía contradictoria, pero el razonamiento de su padre era muy sencillo.

Cuando los precios del petróleo estaban altos y la economía de Venezuela prosperaba, una moneda sobrevaluada permitía a los venezolanos comprar productos extranjeros a precios relativamente baratos incluido el whisky, una bebida más cara que el ron que muchos venezolanos preferían tomar como símbolo de mayor estatus social. Esto dañaba las ventas de Ron Santa Teresa.[200] En esos tiempos, el productor de ron vendía menos. Y cuando los precios del petróleo caían y la economía venezolana tenía problemas, los venezolanos que no tenían mucho dinero para gastar optaban por beber ron. La explicación dejó muy impresionado al joven Vollmer y le dio una apreciación temprana de lo difícil que es hacer negocios en su país. La experiencia de Vollmer, como uno de los principales productores de ron, ofrece una visión única de los problemas y las oportunidades de hacer negocios en un país que depende enteramente del petróleo.

El negocio de ron de la familia Vollmer se remonta varias generaciones atrás, hasta 1885, cuando Gustavo Julio Vollmer y Ribas, el primer Vollmer nacido en el continente americano, compró la Hacienda Santa Teresa y modernizó su fabricación de ron. Gustavo Julio era el hijo de Gustav Julius Vollmer, un emigrante alemán originario de Hamburgo que había llegado al país sudamericano unos sesenta años antes y se había casado con Francisca Ribas, una prima de Simón Bolívar, el héroe histórico que ayudó a liberar la región andina del dominio español. Fue en las tierras de Santa Teresa donde Bolívar, conocido como el Libertador, ratificó la abolición de la esclavitud en 1818.

Santa Teresa llevaba producido ron más de cincuenta años cuando Venezuela descubrió petróleo a comienzos del siglo xx. El negocio familiar logró sobrevivir a los vaivenes políticos y económicos que azotaron al país durante los siguientes cien años tras el descubrimiento del petróleo. En 1999, cuando Chávez llegó al poder, Vollmer y su hermano se hicieron cargo de la dirección de Santa Teresa y se encontraron con una empresa al borde

200. Las ventas totales de Ron Santa Teresa caían porque en ese momento la empresa aún no exportaba su producto. Ron Santa Teresa inició sus exportaciones en 1997.

de la quiebra. Santa Teresa estaba sobreendeudada y estaba perdiendo mercado a manos de sus competidores. Los hermanos reestructuraron el negocio, redujeron los costes más de la mitad, eliminaron el 90 por ciento de las líneas de productos que ofrecía la empresa y lograron que las ventas se incrementaran un 36 por ciento hasta alcanzar los 30 millones de dólares en 2004.[201] Fue realmente un viraje único, pero no suficiente.

Vollmer, un hombre de cuarenta y seis años, es un personaje bastante particular entre el empresariado venezolano. Durante sus años universitarios trabajó como fotógrafo, se viste con tejanos para ir a la oficina, y desde que tomó las riendas del negocio vio la necesidad de complementar el éxito empresarial con una preocupación por lo social. Una gran mayoría de sus paisanos de familias pobres, descontentos con la dirección del país, había logrado elegir a Chávez como presidente, y la retórica de revancha contra los ricos se había convertido en el discurso predominante. Consciente de ello, Vollmer vio una oportunidad cuando una multitud de quinientas familias que apoyaban a Chávez ocupó parte de su tierra. Decidió ofrecer un arreglo a los ocupantes: Santa Teresa cedería la tierra y ofrecería un plan de viviendas para acomodar a un máximo de cien familias si el Gobierno se comprometía a pagar la construcción de las casas y a establecer las infraestructuras básicas para hacer de aquello un área residencial. Su estrategia le granjeó el respeto de los simpatizantes de Chávez.

Años más tarde, cuando el miembro de una banda criminal que operaba en el área fue arrestado tras asaltar al gerente de seguridad de Santa Teresa, Vollmer le dio una opción: entregarlo a la policía e ir a la cárcel o trabajar en la hacienda tres meses sin remuneración para compensar la falta. El incidente dio paso a la creación de Alcatraz, un proyecto que utiliza la práctica del rugby y el entrenamiento en varios oficios para sacar a jóvenes de bandas criminales y reinsertarlos en la sociedad. Los esfuerzos de Vollmer le granjearon tanta fama en el mundo de los negocios

201. De Córdoba, José, «As Venezuela Tilts Left, a Rum Mogul Reaches Out to Poor», *The Wall Street Journal*, 10 de noviembre de 2004.

que fueron objeto de un estudio de la Universidad de Harvard, «Ron Santa Teresa's Social Initiatives», ['Las iniciativas sociales de Ron Santa Teresa'], publicado en 2005.[202] Estudiantes de la Escuela de Negocios de Harvard, entre otros, han estudiado el caso como ejemplo de un nuevo enfoque para manejar la adversidad política y social.

En 2007, el Foro Económico Mundial reconoció la labor social de Vollmer al nombrarlo un joven líder global. Vollmer, en un intento por lanzar puentes con el Gobierno de Chávez, incluso realizó apariciones televisivas con el presidente, aun cuando Chávez tenía la costumbre de tildar a los empresarios de «parásitos» o «burgueses oligarcas». Chávez clasificó a Vollmer como un verdadero «revolucionario». Esto no le sentó bien a una gran cantidad de líderes empresariales colegas de Vollmer que consideraban que extenderle una mano a Chávez era una mala idea.

Las obras sociales de Vollmer no lograron proteger su negocio del impulso nacionalista del presidente. En 2007 Chávez decretó la expropiación de más de 53.000 hectáreas de tierras cultivables en un intento por diversificar la plantación de vegetales y maíz. Dos años más tarde, las fuerzas militares descendieron al valle de Aragua y confiscaron terrenos cultivados con caña de azúcar, forzando a los agricultores de caña a dejar sus tierras y tomando sus equipos. Era parte del plan de Chávez de promover la independencia alimentaria de Venezuela. La política despojó a Santa Teresa de 1.300 hectáreas, un tercio de la hacienda. La confiscación costó a Santa Teresa un 20 por ciento de la tierra cultivable donde la empresa plantaba la caña de azúcar que le servía para producir melaza, un ingrediente básico para la fabricación del ron. El Gobierno calificó la expropiación como un «rescate» de tierras y en 2015 continuaba sin compensar a Santa Teresa por la pérdida de sus terrenos. En mayo de 2015 el caso aún estaba siendo dirimido en los juzgados venezolanos.

202. González, Rosa Amelia, y Patricia Márquez. «Ron Santa Teresa's Social Initiatives», *Harvard Business Review*. Fuente: https://hbr.org/product/ron-santa-teresa-s-social-initiatives/an/SKE059-PDF-ENG?Ntt=ron%2520 santa%2520teresa

La Ley de tierras también obligó a Santa Teresa a dedicar otro 20 por ciento de tierra cultivable a plantar maíz en lugar de caña de azúcar, una orden que otros productores de caña de azúcar en Aragua también se vieron obligados a acatar. Para comienzos de 2015, la que en algún momento había sido un área clave en la producción de azúcar en Venezuela tenía poco más de 4.800 hectáreas de caña de azúcar cultivada, una fracción de la extensión de tierra que se dedicaba a plantar caña de azúcar antes de la intervención del Gobierno. La región pasó de producir más de un millón de toneladas de azúcar al año a producir poco más de 177.000 toneladas en 2014. La producción total de caña de azúcar en Venezuela en 2014 alcanzó los 5,97 millones de toneladas, aproximadamente un 26 por ciento menos de lo que se producía cuando Chávez llegó al poder en 1999.[203] La caída de la producción no solamente dificultó a Santa Teresa el proceso de conseguir melaza, sino que además redujo tremendamente la producción de azúcar en Venezuela. En 2009 el valle de Aragua suministraba más o menos dos tercios del azúcar que consumía el país, mientras que el resto se importaba. En 2015, con una mayor demanda de azúcar en el país, esa relación se había invertido. Venezuela importaba aproximadamente dos tercios del azúcar que consumía y el resto se producía en casa. Mientras tanto, las metas de producción de vegetales y maíz del Gobierno nunca se materializaron. Las cosechas del Gobierno chavista han sido notorias por su baja productividad debido a tierras mal administradas y a la falta de dinero para cultivarlas. En algunas ocasiones las cosechas modestas que se logran desaparecen misteriosamente por robo o corrupción.

Cada uno de los pasos requeridos en la producción de ron genera quebraderos de cabeza a Vollmer. Sin embargo, y tal como le había advertido su padre, los problemas económicos de Venezuela en 2015 ayudaron al ron a ganarle terreno al whisky en las pre-

203. Basado en estimaciones de Ron Santa Teresa a mayo de 2015. Entrevista con Alberto Vollmer.

Los datos de producción de caña de azúcar a nivel nacional provienen de la Confederación de Asociaciones de Productores Agropecuarios, Fedeagro. http://www.fedeagro.org/produccion/

ferencias de los consumidores. El desempeño de Santa Teresa ha sido sorprendente para una empresa que hace negocios en un país plagado por una inflación desenfrenada, varias tasas de cambio, protestas sociales, la escasez de materias primas y un Gobierno con la tendencia a expropiar tierras. En 2014 el fabricante de ron había logrado triplicar las ventas en diez años a 100 millones de dólares anuales. Venezuela por muchos años ha sido uno de los diez principales mercados en el mundo para el whisky escocés. Pero las botellas de whisky se han convertido en un producto prohibitivamente caro para la gran mayoría de venezolanos. De hecho, en 2014 Diageo, el mayor productor de bebidas espirituosas del mundo, anunció que sus ventas de whisky en Venezuela habían caído a la mitad en comparación con el año anterior. En cambio, a junio de 2015 Diageo había duplicado las ventas de su ron Cacique, no sólo como resultado de incrementar el volumen de botellas vendidas, sino además elevando el precio que cobraba por cada una.[204]

En parte, Vollmer y sus competidores merecen un reconocimiento por su contribución a la evolución del mercado del ron. Hace más de una década los productores de ron en Venezuela lanzaron una campaña muy exitosa para otorgar la denominación de origen «Ron de Venezuela» al ron local. La D.O. proporcionó el incentivo necesario a los productores locales para incorporar una serie de estándares, tales como añejar el ron durante un mínimo de dos años. La finalidad era diferenciar al ron venezolano como un producto de altísima calidad en la misma liga que un escocés en el mundo de whisky. Vollmer dice que algunos consumidores comienzan a ver ahora al ron de alta calidad como una buena alternativa al whisky. A nivel internacional, Santa Teresa ha logrado obtener una reputación como uno de los mejores productores de ron del mundo, llevándose premios en competencias mundiales de bebidas espirituosas.

El problema principal de Santa Teresa es que carece de materia prima suficiente para satisfacer la demanda de los consumi-

204. Diageo 2015 20-F. http://www.diageo.com/en-row/investor/regulatorynews/Pages/US Announcement.aspx

dores. «Estamos produciendo a un 70 por ciento de nuestra capacidad», me dijo Vollmer en mayo de 2015. Las dificultades que afronta el proceso de producción en Santa Teresa son impensables para la mayoría de productores de ron en otros países. La escasez de melaza es el principal problema. La mayor parte de la caña de azúcar que la empresa necesita para la melaza provenía de la cosecha del valle de Aragua. Pero desde que el Gobierno se apropió de gran parte de las tierras de la zona y diezmó la producción de caña, Santa Teresa se ve obligada a buscar melaza en otras partes del país. La empresa tuvo que suspender el proceso de destilación durante dos meses en 2014 precisamente por una escasez temporal de melaza.

Santa Teresa también tiene problemas para encontrar suficientes botellas de vidrio con las que embotellar el ron. Los problemas comenzaron en 2010, cuando Chávez ordenó la confiscación de las plantas propiedad de la empresa estadounidense Owens Illinois que abastecía al 70 por ciento del mercado. El Gobierno justificó en ese momento la apropiación bajo el pretexto de que el dominio prácticamente monopolístico de la compañía sobre el mercado podía causar problemas en el futuro. Sin embargo, desde que el Gobierno se adueñó de la empresa —rebautizada Venvidrio— el suministro de botellas de vidrio ha sido sumamente irregular. Varias empresas productoras más pequeñas han terminado en la quiebra o bien operan muy por debajo de su capacidad porque el Gobierno no les vende los dólares que necesitan para comprar a proveedores internacionales carbonato de sodio, un ingrediente básico para hacer vidrio que únicamente se obtiene fuera del país.

En mayo de 2015 la industria del vidrio en Venezuela operaba al 60 por ciento de su capacidad.[205] El problema de las botellas de vidrio se convirtió en un problema tan grande que en 2014 Santa Teresa cerró la producción de su Rhum Orange, un licor de naranja hecho con ron añejado dos años y cáscaras de naranja ma-

205. Entrevista con Míriam Briceño, directora ejecutiva de la Cámara de la Industria del Vidrio, Cerámica, Refractarios e Industrias Afines (Cinvicre), 4 de julio de 2015.

ceradas que venía en una delgada y elegante botella de medio litro. El productor artesanal, que manufacturaba la botella para Santa Teresa bajo estrictas especificaciones, se declaró en quiebra y ningún otro productor ha podido producir una botella similar. Vollmer encontró a un proveedor en Chile que produjo unas cuantas botellas similares, pero la dificultad de Santa Teresa a la hora de comprar divisas del Gobierno en Venezuela obligó a la empresa a suspender la relación. La nueva empresa estatal Venvidrio le prometió a Vollmer que produciría una botella similar para su ron, pero Vollmer tenía sus dudas. «Ya veremos si eso ocurre en realidad», me dijo.

Durante los últimos dos años Santa Teresa ha sufrido además la escasez de las cajas de cartón que necesita para empacar sus botellas, de la tinta que necesita para las etiquetas; incluso el suministro de los tapones de rosca se convirtió en un problema cuando el proveedor que los produce no tuvo la suficiente resina para hacerlos. Santa Teresa intentó importar los tapones en una ocasión, pero el Gobierno no estaba en condiciones de venderle dólares para pagar por esa importación. Ante las circunstancias, a comienzos de 2015 la empresa se vio obligada a mantener un inventario de no más de dos semanas de los insumos necesarios para producir en lugar del inventario equivalente a varios meses de operación que tradicionalmente una empresa de ron logra mantener.

El Gobierno permite a empresas exportadoras como Santa Teresa retener el 60 por ciento de los dólares que obtienen de sus ventas en el exterior, y deben vender el resto de divisas al Gobierno. No obstante, Santa Teresa no tiene la flexibilidad de usar sus dólares para importar botellas, tapones y otros materiales que previamente adquiría a proveedores locales. La empresa utiliza esas divisas para ampliar sus mercados en el exterior. A Vollmer le gusta decir —medio en broma, medio en serio— que su negocio verdadero es el de los deportes extremos, por el riesgo y la incertidumbre que implica cada paso en la producción de una botella de ron. «Este es un país donde producir y agregar valor es prácticamente prohibido por sus políticas económicas», me dijo.

Santa Teresa logra generar un 12 por ciento anual de ganancia, según Vollmer, pero estimar los costes de la empresa es un proceso sumamente complejo. Dado que es difícil comprar dólares en Venezuela, Santa Teresa ha tenido que importar insumos a varios tipos de cambio. La labor de encontrar melaza a grandes distancias de Aragua incrementa los costes de transporte para la empresa. Y en un país en el que la inflación está fuera de control, la empresa incrementa los salarios de sus empleados cada seis meses. Vollmer no puede decir con absoluta certeza cuánto genera la empresa en ventas anuales y su estimación de 100 millones de dólares es una estimación conservadora que asume una compleja combinación de tipos de cambio. La inflación también obliga a la empresa a mantener muy poco efectivo en sus cuentas bancarias, porque el bolívar pierde poder de compra diariamente. En cambio, la empresa procura mantener grandes deudas en moneda local ya que las tasas de interés fijas que cobran los bancos hacen que esa deuda disminuya gradualmente por sí sola. Vollmer llama a esta estrategia financiera «generar valor a través de deuda». Afortunadamente, Santa Teresa ha logrado incrementar los precios de su ron porque los precios de los licores aún no están sujetos a los controles del Estado. Esto permite a la empresa, dentro de lo posible, compensar por el constante incremento de sus costes.

El padre de Vollmer tenía razón en parte cuando le dijo a su hijo que los tiempos económicos malos podían ser muy buenos para Santa Teresa. La empresa ha logrado generar ganancias a pesar de afrontar obstáculos increíbles. Pero la naturaleza de la economía de Venezuela, sujeta a episodios recurrentes de auge y depresión, ha enseñado a la gran mayoría de ciudadanos a pensar que producir implica quebraderos de cabeza innecesarios; muchos piensan que importar productos es un negocio mucho más fácil. Concluye Vollmer: «Somos un país nuevo rico que nunca ha tenido que trabajar por lo que tiene».

Desde que la riqueza petrolera deformó el espíritu emprendedor de Venezuela a comienzos del siglo XX, los sectores económicos más pujantes de este país, aparte del petróleo, han sido casi siempre los mismos. Venezuela es una economía en la cual los servicios como el comercio, los bienes raíces, las telecomunicaciones y la banca representan casi la mitad del PIB, mientras que la industria manufacturera, a la que pertenecen Santa Teresa, las ensambladoras de automóviles y empresas procesadoras de comida, representa menos del 13 por ciento del PIB.[206] De hecho, bajo los períodos de Gobierno chavista la manufactura ha perdido fuerza dentro de la economía, mientras que el peso de las importaciones se ha duplicado hasta alcanzar el 50 por ciento del PIB en los primeros catorce años del chavismo, hasta 2012.[207] Ni el chavismo ni los Gobiernos anteriores hicieron un esfuerzo consistente por diversificar la economía nacional para hacerla menos dependiente del petróleo. El Gobierno de Chávez vendió dólares a precios preferenciales a empresas, otorgó jugosos contratos gubernamentales a personas bien conectadas con el Gobierno y obligó a los bancos a prestar dinero a tasas bajas para los sectores favorecidos por las políticas del Gobierno, pero la mayoría de empresas no tuvo otra alternativa que intentar sobrevivir en un ambiente económico y político cada vez más hostil. La manufactura perdió importancia bajo Chávez, en parte porque el Gobierno nacionalizó grandes cantidades de empresas y terminó de hundirlas debido a una terrible capacidad gerencial y a las complicadas regulaciones que decretó, que hicieron que la economía fuera cada vez más inestable. Las estrictas leyes del chavismo en lo económico, acompañadas de controles de precios y controles de tasas de cambio, han hecho que muchas empresas pierdan dinero y por ende sean cada vez más dependientes de la buena disposición y el be-

206. De acuerdo con cifras del Banco Central de Venezuela que comprenden desde enero hasta septiembre de 2014, la construcción, el comercio, el transporte, las telecomunicaciones, la banca, los bienes raíces y los servicios de agua y electricidad representaban el 48 por ciento del PIB.

207. Según cifras del Banco Central de Venezuela, el peso de la manufactura en el PIB cayó del 17,4 por ciento en 1998, un año antes de que Chávez llegara al poder, al 13,3 por ciento a finales del tercer trimestre de 2015. Las importaciones se incrementaron del 25,4 por ciento del PIB en 1998 hasta el 50 por ciento del PIB a finales de 2012.

neplácito de los políticos de turno para sobrevivir. Venezuela se ha convertido en un lugar en el cual únicamente las empresas más fuertes pueden sobrevivir, y aquellas que son las más leales políticamente al chavismo han logrado hacer grandes fortunas, mientras que la gran mayoría tiene que aprender a adaptarse a problemas económicos cada vez más complejos.

En un mundo donde comprar una maquinilla de afeitar desechable es casi imposible, la fidelidad del consumidor a una marca ha desaparecido. Los venezolanos, acostumbrados a comprar productos de marcas reconocidas, han tenido que adaptarse y hacerse menos exigentes ante la escasez. Y esto es un grave problema para empresas que durante años dedicaron millones de dólares en publicidad para convencer a los consumidores del mercado venezolano de comprar su marca de pasta de dientes o desodorante en detrimento de la competencia. Las empresas que tienen problemas para producir un producto pueden perder, casi instantáneamente, la confianza y la lealtad de sus clientes que tantos años tardaron en construir. Para no perder esa conexión con los consumidores, muchas empresas continúan anunciando sus productos para mantenerse en la mente de sus clientes hasta el momento en que puedan volver a producir con normalidad. «Ya no existe la fidelidad de marca en este país», me dijo el analista Luis Vicente León. Según su firma de investigación, Datanálisis, en agosto de 2014 casi ocho de cada diez consumidores en Venezuela ya no tenía inclinación alguna por buscar sus marcas preferidas de comida, productos de limpieza o de higiene personal.[208]

Este fenómeno tiene sentido, pues en Venezuela el consumidor ya no tiene la capacidad de elegir. Por ejemplo, en mayo de 2015 un consumidor únicamente encontraba pasta de dientes marca Colgate en las tiendas. Todas las otras pastas dentales habían desaparecido de los anaqueles. No obstante, las grandes marcas de consumo diario continuaban anunciándose y algunas

208. «Adiós a la fidelidad», *Producto*, noviembre de 2014.

hacían lo posible por dar un tono inspirador a sus campañas en tiempos de crisis. En el aeropuerto de Maracaibo los anuncios de Coca-Cola decían a los viajeros que «la felicidad es tu destino» y «el optimismo es siempre parte de tu equipaje». Ése es un mensaje excesivamente positivo para un país donde los viajeros usualmente regresan con su equipaje lleno de leche, champú o desodorante porque no logran conseguir esos productos en casa.

Obtener dólares a tasas preferenciales es muy importante para muchas empresas si quieren seguir produciendo. Y las empresas que logran tener acceso a esos dólares del Gobierno pueden producir tanto de un producto como les sea posible en detrimento de la participación de mercado de sus competidores. En otras palabras, las políticas restrictivas del chavismo no solamente han obligado a los venezolanos a ajustar sus hábitos de consumo sino que además han creado empresas ganadoras y perdedoras en el mercado.

La industria de las maquinillas desechables es un buen ejemplo de esta dinámica. En la batalla entre Gillette, una marca de Procter & Gamble, y la marca Schick de Energizer, la disponibilidad de dólares permitió a P&G ganar más mercado. En 2014 Energizer tenía problemas para obtener dólares y materia prima suficientes para abastecer al mercado venezolano con las maquinillas necesarias y esto hizo que rápidamente perdiera clientes. A finales de ese mismo año P&G había ganado un 5 por ciento adicional de mercado en apenas unos meses y su marca Gillette controlaba el 75 por ciento del mercado.[209] En el juego del acceso a dólares, las empresas como P&G, entre otras grandes empresas productoras de bienes de consumo masivo, han tenido que estrechar relaciones con el Gobierno. Otras no han tenido la capacidad o no han querido desarrollar esas relaciones con un Estado de izquierda para obtener las divisas que necesitan y por ende se ven forzadas a reducir su producción o a suspender una línea o producto y, al hacerlo, pierden cuota de mercado.

209. «¿A qué huele?», *Producto*, noviembre de 2014.

Mientras nos tomábamos un café, Melquíades Pulido, el expresidente de la Cámara Venezolano Americana de Comercio e Industria (Venamcham), me explicó por qué, aun con tantos problemas, muchas empresas internacionales rehúsan abandonar Venezuela. «Éste es un tremendo mercado de consumo», me dijo. «Muchas empresas intentarán soportar esta situación lo más posible para poder quedarse». Las empresas que operan en Venezuela se han acostumbrado a generar ventas y ganancias más altas que en muchos otros mercados alrededor del mundo, en parte porque afrontan una menor competencia en sus industrias, pero sobre todo debido al hábito de alto consumo de los venezolanos. Las cadenas de farmacias como Farmatodo, por ejemplo, pueden generar una rentabilidad anual de un 15 por ciento en Venezuela, casi tres veces lo que genera una cadena similar como Walgreens o CVS en Estados Unidos. La gran demanda por parte de los venezolanos, que usan sus tarjetas de crédito sin la mayor prudencia, hace que merezca la pena para empresas de productos de consumo o de telecomunicaciones continuar haciendo negocios en el país, incluso en tiempos en los que la economía se deteriora. Telefónica, el gigante de la telefonía que domina más de un tercio del mercado de los teléfonos móviles en Venezuela, ha logrado generar ingresos por usuario mucho más altos aquí que en Brasil o incluso Alemania, ambas economías mucho más grandes.[210]

El éxito de estas empresas en Venezuela es muy difícil de creer para la gran mayoría de personas que están acostumbradas a escuchar noticias sobre empresas extranjeras que pierden cientos de millones de dólares debido a devaluaciones de la moneda. En años recientes, Ford, P&G, incluso Telefónica, han tenido que asumir miles de millones en pérdidas en sus estados financieros porque las devaluaciones recurrentes en Venezuela hacen que sus

---

210. Formulario 20-F de Telefónica de marzo de 2013. El ingreso promedio por usuario, o ARPU, en Venezuela subió de 14,3 euros en 2010 a 21,2 euros en 2012. En Brasil, Telefónica logró que el ARPU pasara de 11 a 8,9 euros en ese mismo período. Y en Alemania, la medida ARPU de Telefónica pasó de 14,8 euros en 2010 a 13,8 euros en 2012.

ventas y sus activos valgan cada vez menos. Y el Gobierno venezolano tampoco les vende dólares para que puedan repatriar sus ganancias. P&G, una compañía con sesenta y cinco años de historia en el país, se vio forzada a asumir unas pérdidas de 2.100 millones de dólares en julio de 2015, en gran parte debido a una moneda más débil en Venezuela. Sin embargo, la empresa confirmó a sus accionistas que continuaría operando en el país «en el futuro próximo».

Ya que las empresas no logran convertir sus ventas en bolívares a moneda dura, empresas como la proveedora de televisión por satélite DirecTV o la empresa de cosméticos Avon han optado por comprar edificios comerciales en Caracas con sus bolívares.[211] Dirigir y mantener esos edificios genera costes adicionales a estas empresas, pero las compañías prefieren asumir esos costes que dejar que sus bolívares se acumulen en cuentas de banco y pierdan valor día a día. Pulido me recuerda que muchas de estas empresas lograron hacerse con ganancias fabulosas años atrás, cuando la economía venezolana atravesaba su mejor momento, y aunque hacer negocios en Venezuela es cada vez más difícil el coste de salir del país y desmantelar sus operaciones puede ser aún más alto. Aquellos que optan por irse del país pierden el acceso a un grupo importante de consumidores y puede ser más costoso para ellos intentar regresar cuando el clima empresarial mejore. En palabras de la ejecutiva principal de marketing de una empresa de refrescos conocida mundialmente con quien logré conversar en Caracas: «Cuando operas en Venezuela, intentas crear nuevos productos que no tienen controles de precios, o intentas bajar costes; haces lo que puedas hacer, pero lo último que haces es irte de Venezuela». Sin duda invertir demasiado dinero en Venezuela tiene sus riesgos también, y ésa es una lección que varias industrias han aprendido, incluidas las plantas ensambladoras de automóviles.

211. Schaefer Muñoz, Sara, «Venezuela Property Boom Gets Fueled by U.S. Companies», *The Wall Street Journal*, 3 de septiembre de 2013. http://www.wsj.com/articles/SB10001424127887323446404579008740799535778.

El concesionario de automóviles Chevrolet ubicado en la avenida Francisco de Miranda en Caracas estaba abandonado en mayo de 2015. La sala de exposición, de 186 metros cuadrados, no tenía clientes, ni vendedores, y definitivamente no tenía automóviles que mostrar. Se podían ver varios escritorios apilados el uno sobre el otro en filas y una fregona apoyada contra una pared. En el local contiguo, el concesionario de Hyundai se encontraba también completamente vacío y el único empleado en el lugar, un guardia de seguridad, ejercía su función única de vigilar que ningún vagabundo invadiera el lugar. En un letrero en la ventana se leía el siguiente mensaje: «Vendemos carros en consignación». Los concesionarios vacíos, que se encontraban por toda Caracas en febrero de 2015, eran un fenómeno raro en un país donde el automóvil es más que un símbolo de estatus y ha pasado a ser una forma de inversión, especialmente cuando la inflación se dispara.

Comprar un coche nuevo en Venezuela es casi imposible porque las plantas ensambladoras de automóviles del país no producen lo suficiente y porque el Gobierno ha decidido regular los precios a los que se venden los automóviles. Para evadir los controles de precios, los compradores y los vendedores de coches usados se comunican en secreto para realizar transacciones. La página de autos más famosa del país —tucarro.com— tiene una gran cantidad de automóviles en venta pero ninguno muestra su precio, únicamente teléfonos móviles a los que el interesado puede llamar para obtener más detalles.

El Gobierno chavista se hartó del extraño comportamiento del mercado automovilístico en Venezuela, donde los precios de los automóviles, usualmente marcados en bolívares, aumentaban rápidamente a medida que la moneda perdía valor en relación con el dólar. Y en respuesta a esto, el Gobierno decidió regular los precios en 2014. En los tiempos en los que la economía crece con fuerza, una demanda excesiva de coches obliga a los consumidores a ser incluidos en listas de espera para comprar un vehículo y, en muchos casos, se ven forzados a pagar un soborno a los vendedores de los concesionarios para que aceleren su proceso de compra. Para la mayoría de consumidores, la experiencia de negociar el precio de un coche con un vendedor profesional es un quebradero de cabeza, y lo es aún más si además se ven obligados a sobornar a los vendedores para comprar el vehículo. Cuando el auto sale del concesionario su valor es más alto que el precio que el comprador pagó, porque la demanda por ellos es enorme y el consumidor está preparado para pagar más dinero para obtener uno. Pero la razón detrás de esta distorsión es sencilla: el masivo gasto gubernamental crea una excesiva demanda de automóviles que las empresas ensambladoras no logran satisfacer. Algunas expanden su capacidad de producción, pero otras optan por no hacerlo pues no saben en realidad hasta cuándo durará el exceso de demanda. Nadie quiere terminar con capacidad de producción ociosa cuando los precios del crudo bajan y los consumidores venezolanos se quedan sin dinero para gastar.

Regular los precios de los coches cuando la economía se deteriora es igualmente problemático. Cuando decidí entrar en un concesionario de Chevrolet que aún estaba abierto en Caracas en mayo de 2015 y pretendí ser un cliente, los empleados me veían de arriba abajo como un bicho raro. No había automóviles en la sala de exposición y Dayana, una de las tres personas que aún trabajaban ahí, pero que se pasaban el tiempo leyendo periódicos, me recibió con una sonrisa de compasión cuando le dije que yo era un extranjero recién llegado a Caracas y me interesaba comprar un automóvil. Hacía dos meses que no vendían un vehículo y esperaban recibir alguno en un mes o dos. Tras una breve charla, Dayana me dio su tarjeta de presentación y, con tono de complicidad, me dijo que la llamara en un mes para ver si podía ayudarme. No fue necesario que Dayana me explicara en detalle cómo funcionaría ese proceso. Se sobreentendía que ella esperaría recibir alguna compensación por «ayudarme» a comprar un auto. El Gobierno ha decretado precios arbitrarios para automóviles y esto crea una demanda mayor por ellos como ocurre con la comida. En marzo de 2016, por ejemplo, la ley obligaba a los concesionarios a vender una Grand Cherokee por un precio máximo de 12,5 millones de bolívares (o 12.500 dólares).[212] Ése era un pre-

---

212. Calculado a la tasa en el mercado negro de 1.000 bolívares por dólar a principios de marzo de 2016.

cio tan anormalmente bajo por ese tipo de coche que las personas pagaban mucho más en «coimas» y sobornos para poder comprarlo. Los vehículos que salían de las plantas ensambladoras camino a los concesionarios eran protegidos por miembros de las fuerzas armadas, que tenían instrucciones precisas de entregar el vehículo al comprador específico que había pagado con antelación el precio fijado por ley. Sin embargo, los compradores terminaban pagando un precio varias veces más alto que el oficial pues tenían que sobornar a los vendedores del concesionario y a los oficiales militares que les hacían entrega del coche.

La arepa es una tortilla redonda y ancha, hecha a base de harina de maíz, que se considera un plato tradicional en Venezuela y que está presente en cada comida. Las arepas se comen en el desayuno, el almuerzo y la cena y como tentempié tras una larga noche de fiesta. Los venezolanos rellenan las arepas con queso, cerdo, pollo, aguacate, y una cantidad de otros ingredientes. Cada tipo de arepa recibe un nombre distinto. La más famosa de todas es la Reina Pepiada, que significa 'reina voluptuosa', en honor a una venezolana que fue coronada Miss Mundo en 1955. Las arepas son una parte importante de la cultura culinaria nacional para los venezolanos, como las hamburguesas en Estados Unidos o los tacos en México. Las arepas son, además, un enorme negocio.

Los venezolanos preparan sus arepas con Harina P.A.N., una marca de harina de maíz tan popular en Venezuela que se ha convertido en un neologismo que se usa para referirse a cualquier harina de maíz, como cuando las personas usan la palabra xerox para referirse a una fotocopiadora. La empresa dueña de esta marca tan exitosa es Empresas Polar, una empresa enorme de comida que produce docenas de otros productos, como mayonesa, kétchup, margarina, y las marcas de cerveza y refrescos más reconocidas. Polar también se encarga de embotellar Pepsi-Cola en Venezuela. No obstante, Harina P.A.N. ha sido el producto estrella de Polar durante décadas. Lorenzo Mendoza y su familia son los dueños de la empresa que nació —a comienzos de la década de los cuarenta— como una fábrica de cerveza, y que hoy en día se ha convertido en la empresa privada que más personas emplea en el país. Los Mendoza figuran en la lista de multimillonarios de la revista *Forbes* de 2015 en el puesto número 690, con un patrimonio neto de 2.700 millones de dólares.[213]

Polar lanzó la Harina P.A.N. en 1960 y al hacerlo, la empresa dio a los venezolanos un producto que por primera vez simplificó el proceso de hacer una arepa. Antes de Harina P.A.N., preparar una arepa era un proceso complicado que implicaba moler los granos de maíz hasta convertirlos en una gruesa masa. La harina de Polar sólo necesitaba que se le agregara un poco de agua y la masa estaba lista. Sin embargo, en 2015 Polar perdía dinero en cada bolsa de 1 kilo de Harina P.A.N. que producía. De hecho, comenzó a perder dinero con Harina P.A.N. en 2006, tres años después de que Hugo Chávez impusiera controles de precios a la harina precocida de maíz, entre otros productos básicos. En otras palabras, el producto alimenticio más emblemático del país ha generado pérdidas para Polar durante una década.[214]

Manuel Larrazábal, el director general de Alimentos Polar, me explicó los números de la compañía mientras conversábamos en un salón de conferencias con paredes de vidrio en la sede de la firma en mayo de 2015. El coste para Polar de producir una bolsa de 1 kilo de harina de maíz precocida era un 16 por ciento más alto que el precio que podía cobrar por el producto a los consumidores. De acuerdo con las estimaciones de Larrazábal, la empresa perdía 13,7 millones de dólares anuales con la venta de Harina P.A.N. en Venezuela.[215] «Estamos perdiendo en este momento más dinero que nunca, sin ninguna duda», me dijo. El Gobierno ha mantenido el precio de la harina congelado tanto tiempo y sus

213. Ranking de *Forbes* del 9 de septiembre de 2015. http://www.forbes.com/profile/lorenzo-mendoza/.

214. Entrevista con Manuel Larrazábal, director general de Alimentos Polar, la división de comida de Empresas Polar, 12 de mayo de 2015.

215. La empresa estimaba que en febrero de 2015 las pérdidas anuales de Harina P.A.N. alcanzaban los 683 millones bolívares, o el equivalente a 13,7 millones de dólares, utilizando el tipo de cambio oficial de 50 bolívares por dólar vigente en aquel entonces.

ajustes han sido tan módicos que la Harina P.A.N. es un producto que casi no tiene valor, es tan barato que casi se puede decir que se regala. «Han convertido la harina de arepa en la nueva gasolina», me dijo Larrazábal refiriéndose al combustible subsidiado en Venezuela que se vende al precio más bajo del mundo. Sin embargo, la gran diferencia entre la gasolina y la harina de maíz es que el Gobierno paga por subsidiar la gasolina, pero en el caso de Harina P.A.N. el dinero sale del bolsillo de Polar.

La Harina P.A.N. se vendía a 19 bolívares (o 10 centavos de dólar) por cada bolsa de 1 kilo, lo que la hacía más barata que prácticamente cualquier otro producto en la economía venezolana.[216] Por el precio de una taza de café en 2015, un consumidor podía comprar 2 kilos de Harina P.A.N., con los que se podían hacer hasta cuarenta arepas. Un ejemplo aún más sorprendente es el siguiente: por el precio que un consumidor pagaba a cualquier vendedor ambulante por una arepa con queso, compraba 4 kilos de Harina P.A.N., suficiente harina para hacer ochenta arepas en casa. La razón detrás de estas distorsiones es que las leyes no han regulado el precio de un café o de la arepa de queso del vendedor ambulante, y esos precios han subido constantemente a medida que ha subido la inflación, mientras que el precio de Harina P.A.N. se ha mantenido congelado en el tiempo. Para explicar a los venezolanos el problema, en julio de 2015 Polar lanzó una campaña televisiva en la que se mostraban estas distorsiones. «El esfuerzo de los trabajadores venezolanos para producir tu marca preferida merece un precio justo», decía el anuncio.[217]

La demanda de Harina P.A.N. continúa creciendo porque su bajo precio en el mercado la convierte en un producto ideal para los contrabandistas que se la llevan a Colombia, pero también porque la harina de Polar es la única que los consumidores logran encontrar en tiendas y supermercados. La producción de Harina P.A.N. abastece la mitad de las 1.250 toneladas de harina de maíz

216. Calculado utilizando el tercer tipo de cambio oficial, de 190 bolívares por dólar, vigente en mayo de 2015.

217. Campaña televisiva de Polar. https://www.youtube.com/watch?v=-TWlKsreju84.

que los venezolanos consumen al año. No obstante, Larrazábal señalaba que los últimos estudios que revisaban las existencias de productos alimenticios en las alacenas de los consumidores mostraban que más del 70 por ciento de los hogares tenía Harina P.A.N. en sus cocinas. En otras palabras, el porcentaje de mercado que dominaba Harina P.A.N. había crecido de manera dramática. Los competidores de Polar en el segmento de harina precocida de maíz estaban produciendo muy por debajo de su capacidad por una razón muy sencilla: todos ellos operan bajo el control del Gobierno. El Gobierno controla dieciocho plantas industriales de harina de maíz precocido que decomisó a varias empresas. El Gobierno también controla Monaca, una productora de harina de maíz que pertenecía a Gruma, una empresa mexicana multinacional que produce harina de maíz y tortillas, y que se encargaba de abastecer un 20 por ciento del mercado de harina de maíz en Venezuela. Las plantas que controla el Gobierno están plagadas de fallas en sus maquinarias y carecen de los insumos necesarios, lo que causa retrasos en su producción y hasta la suspensión de operaciones. En un incidente que ha sido particularmente bochornoso para el Gobierno, Lorenzo Mendoza, el director ejecutivo de Polar, ha pedido públicamente al presidente Maduro que permita a Polar dirigir las plantas de harina que el Gobierno no logra hacer funcionar de manera eficiente, para así incrementar la producción de harina de maíz en el país. Maduro nunca ha respondido a esa oferta, por lo menos de manera pública.

Los competidores de Polar no producen lo suficiente, principalmente porque también ellos pierden dinero. Polar incrementó la capacidad de producción de Harina P.A.N. en 2014 porque el Gobierno le prometió que subiría el precio de la harina de maíz lo suficiente para hacer que el producto le generara ganancias si invertía dinero para incrementar su capacidad de producción. Cuando Polar puso en funcionamiento sus nuevos equipos, en agosto de 2014, el Gobierno incrementó el precio de la harina un 50 por ciento, lo que hizo que por primera vez en muchos años la harina de maíz fuese de nuevo un negocio rentable para Polar. Pero los productores de maíz pidieron al Gobierno que aumentara los precios del maíz también y, dos meses después, el Gobierno incrementó el precio del maíz —el principal ingrediente para producir Harina P.A.N.— un 218 por ciento, lo que hizo que producir Harina P.A.N. dejara de ser rentable de nuevo. «La única manera de incrementar la capacidad de producción es la rentabilidad. No hay otra manera», argumentó Larrazábal.

El principal problema es que la agricultura en Venezuela no produce suficiente maíz para satisfacer el consumo de los venezolanos. Incluso tras la nacionalización de tierras que obligó a los productores de caña de azúcar como Ron Santa Teresa a producir maíz en sus campos, los planes del Gobierno de lograr autosuficiencia en la producción han fallado. El Gobierno importa seis de cada diez toneladas de maíz que se consumen, pero las leyes prohíben que una empresa o persona particular pueda importar maíz. «Si el Gobierno dejara de importar maíz dejamos de comer arepas», me dijo Larrazábal. Lo que es peor, el Gobierno vende el maíz que compra a Polar a un precio tres veces más alto que el precio que paga por importarlo, lo que termina siendo un gran negocio para el Gobierno socialista de Venezuela.[218] Polar pidió al Gobierno que le vendiera el maíz que importaba a un precio más bajo para permitir que la producción de harina fuera rentable pero el Gobierno ha rehusado hacerlo pues eso afectaría a los productores de maíz locales, que no pueden competir con un precio tan bajo.

Polar se ha visto forzada a absorber las pérdidas de Harina P.A.N. y compensar esas pérdidas con el dinero que genera de otras líneas de productos que sí son rentables. Pero en 2015 el Gobierno de Venezuela le prohibió vender otras variantes de Harina P.A.N. no sujetas a controles de precios, tales como una versión de trigo integral con fibra extra, bajo el argumento de que esos productos tenían como único objetivo evadir los controles de precios. De nada sirvió que Polar demostrara al Gobierno que ha

218. Entrevista con Manuel Larrazábal, director general de Alimentos Polar, 12 de mayo de 2015, y con otras fuentes de la industria de la harina en días posteriores. Polar le pagaba al Gobierno 7 bolívares por cada kilo de maíz, pero el Gobierno importaba ese maíz pagando más o menos 2 bolívares por kilo.

producido varias versiones de Harina P.A.N. desde mucho antes que el chavismo comenzara a regular los precios de la comida. Como me dijo Larrazábal: «Ellos siempre dicen que nosotros ganamos mucho dinero produciendo cerveza y otros productos». El argumento del chavismo es que la familia Mendoza es lo suficientemente rica como para soportar malos tiempos sin acceso a dólares, con poco acceso a materia prima y absorbiendo las pérdidas que le genera su principal producto.

El proceso de distribución de Harina P.A.N. en Venezuela también es una pesadilla para Polar. La empresa tiene la mejor red de distribución del país, por medio de la cual el producto llega a 37.000 puntos de venta. No obstante, ante la escasez de productos, el Gobierno obliga a Polar a dirigir sus cargamentos desde otras partes del país hacia Caracas, la ciudad que el chavismo considera estratégicamente importante para mantener su apoyo político. Cuando la escasez de productos se agravó también en la capital, el Gobierno pidió a Polar dirigir sus cargamentos de harina a las cadenas de supermercados controladas por el Estado. La idea detrás de esta medida era generar la percepción en los venezolanos de que únicamente los supermercados del Estado tenían suficiente comida en oferta para los consumidores. La razón por la cual los bachaqueros prefieren hacer sus compras en los supermercados del Gobierno es porque el chavismo hace hasta lo imposible por asegurarse de que estos supermercados tengan suficiente producto, a expensas de otras tiendas y supermercados del país. Naturalmente, «redirigir» comida es un sustituto pobre para una mayor producción de harina, especialmente en momentos en los que la demanda continúa creciendo por los bajos precios irreales que incentivan el contrabando.

Cualquier empresa en cualquier otro país habría dejado de producir Harina P.A.N. hace muchos años. ¿Por qué soportar a un Gobierno que te obliga a producir un producto que genera pérdidas? La razón es sencilla: dejar de producir un producto tan adorado por millones de venezolanos dañaría la relación que la empresa ha construido con sus clientes durante décadas. Más importante aún, hacerlo podría darle al Gobierno la excusa perfecta para nacionalizar Polar, algo con lo que Chávez y Maduro han amenazado muchas veces. Polar ya está bajo el punto de mira constante del Gobierno. Larrazábal enumeró una lista de media docena de instituciones regulatorias, incluidas la superintendencia que regula precios y la agencia recaudadora de impuestos, que envía inspectores a la empresa casi diariamente para vigilar sus operaciones.

Durante la semana de mi visita a Polar, la empresa recibió quince inspecciones de varias oficinas de Gobierno. De hecho, Polar mantiene un recuento, a disposición del público a través de su página web, de cuántas veces el Gobierno ha inspeccionado las operaciones de la empresa. Desde comienzos de 2008 hasta finales de febrero de 2016 la empresa había contabilizado 2.800 inspecciones —29 inspecciones al mes— sólo a la unidad de alimentos. «Nosotros decimos que Polar es como Disneylandia porque todo el mundo nos visita», bromeaba Larrazábal. Hasta esa fecha, Larrazábal me dijo con orgullo, ni una sola inspección había encontrado anomalías. De hecho, me dijo que a veces los inspectores del Gobierno se asombran ante las modernas instalaciones de la empresa. Cuando usan el baño, muchos de ellos se sorprenden al ver que tienen papel higiénico disponible. A veces, según Larrazábal, los inspectores ofrecen su currículo a cualquier empleado de la empresa que tenga pinta de ser un gerente con capacidad de ofrecerles un puesto de trabajo. «Ellos realmente entienden lo que está pasando en este país», me dijo Larrazábal.

Polar ha optado por responder de una manera única y bastante valiente ante el acoso del Gobierno: ofreciendo total transparencia. A diferencia de cualquier empresa privada, Polar publica en su página web informes mensuales, quincenales y semanales en los que detalla sus niveles de inventario de materias primas, cuánto produce de cada producto, el inventario que mantiene de producto terminado, cuántas toneladas de productos distribuye a sus clientes y en cuántos camiones. Los datos que Polar hace públicos dejan al desnudo lo difícil que es hacer negocios en Venezuela. El 29 de enero de 2016 la empresa mantenía un inventario de comida suficiente para abastecer la demanda nacional apenas 1,1 días. Mantenía un inventario tan bajo en parte para evitar que el Gobierno la acusara de acaparar productos. La mayor cantidad de inventario que mantenía en ese entonces, según los datos de la empresa, era suficiente atún enlatado para dos días de consumo nacional. Una semana antes, Polar mantenía poco más de siete días de inventario de maíz blanco para producir Harina P.A.N. Ése es un nivel de inventario sumamente bajo que podría obligar a la empresa a dejar de producir harina si no lograba reponer más maíz a tiempo.

A finales de enero de 2016 la planta de Polar que embotella Pepsi anunciaba que tenía un nivel de azúcar suficiente para apenas cuatro días de producción del refresco. Polar importa ese azúcar ya que la producción local sufrió después de que el Gobierno expropiara las tierras del valle de Aragua. Así como Ron Santa Teresa tiene problemas a la hora de encontrar melaza para producir ron, Polar los tiene similares a la hora de encontrar suficiente azúcar para producir botellas de Pepsi. Polar alertó al Gobierno en 2015 de que necesitaba varios permisos para importar más azúcar regularmente o de lo contrario su producción de Pepsi sufriría. Obtener dólares del Gobierno para importar materias primas es un problema también para Polar. A finales de enero de 2016 Polar tenía pendientes de respuesta 360 requisiciones para comprar un total de 78 millones de dólares con los que pagar a sus proveedores internacionales. Polar se ha visto obligada a esperar hasta 460 días para que el Gobierno apruebe sus pedidos de compra de dólares, de acuerdo con estadísticas que la empresa publica en su página web. Y ha llegado a esperar hasta 738 días adicionales, o más de dos años, para obtener esos dólares tras acceder el Gobierno a venderle esas divisas.

Lo más estupendo de la política de transparencia de Polar es que la empresa publica datos sobre sus fallas de producción y las razones que hay detrás de ellas. En un país donde el Gobierno ha dejado de publicar regularmente datos tan básicos para ahorrarse el bochorno de admitir altos niveles de inflación y escasez de productos, los datos de Polar son un sutil codazo a un Gobierno famoso por su ineficiencia.

El problema del absentismo laboral en Polar —un problema recurrente para la mayoría de empresas— llevó a que la empresa dejara de producir 62.211 kilos de mayonesa y 86.000 kilos de harina durante el período de quince días que terminó el 24 de enero de 2016. ¿Qué efecto tienen las fallas eléctricas, tan recurrentes en Venezuela? Polar dejó de producir 473,3 kilos de varios productos en esas mismas dos semanas debido a apagones eléctricos y por problemas de bajo voltaje. Y eso no es todo. La planta embotelladora de agua Minalba, que pertenece también a Polar y lleva más de cincuenta años operando, se vio forzada a dejar de embotellar 3,32 millones de litros de agua en enero de 2016, una caída de casi un 40 por ciento de la producción, porque carecía de suficientes materiales para empaquetar las botellas. Minalba también dejó de producir otros 3.053 litros debido a apagones eléctricos.

La empresa también pierde mucho tiempo en el proceso de hacer llegar sus productos a los consumidores. Polar necesita autorización del Gobierno antes de despachar cada camión que transporta su mercancía. Debe notificar además al Gobierno de cada cargamento en cada camión, su origen y destino, el número de matrícula de cada uno, incluso el nombre del conductor del camión. Luego, debe esperar a que el Gobierno dé su aprobación antes de despachar cada cargamento, pero a veces los oficiales del Gobierno se toman demasiado tiempo en dar luz verde. Estos retrasos causaron a Polar una pérdida acumulada de 582 horas en el envío de sus productos durante un período de dos semanas a finales de enero de 2016, casi el equivalente a un mes de tiempo perdido. El proceso de rastrear el trayecto de cada camión con bienes de consumo tiene como objetivo evitar que los productos de Polar terminen en algún lugar al otro lado de la frontera con Colombia o en manos de bachaqueros. «El Gobierno dice que estamos en una guerra económica», me dijo Larrazábal, «entonces cada venezolano debe ser un guerrero económico, porque la gente por lo general se comporta de manera económicamente racional, especialmente en tiempos de crisis».

La Superintendencia para la Defensa de los Derechos Socioeconómicos (SUNDDE) es un flagelo para las empresas, los dueños de abastos, contrabandistas, bachaqueros y para cualquier persona involucrada en negocios, legales o irregulares. La SUNDDE es el garrote que utiliza el Gobierno para amedrentar o castigar a aquellos que considera que se han desviado de las directivas económicas del Estado, y ayuda a reforzar la lógica económica del chavismo. El trabajo y los objetivos de la SUNDDE son bastante ambiciosos: busca regular los patrones de consumo de los venezolanos, vigilar la estructura de costes de todas las empresas, fijar precios máximos de productos y regular la rentabilidad máxima que las empresas tienen permitido generar. El Gobierno de Venezuela ha decretado que ningún negocio puede generar ganancias de más del 30 por ciento por encima de los costes de producción, y en 2015 la SUNDDE comenzaba a hacer cumplir esta regla.

Pero el propósito de la SUNDDE sobrepasa lo técnico y entra en el ámbito de lo ideológico y lo político. En sus informes anuales de 2014 y 2015 los oficiales de la SUNDDE describen su labor y sus metas con estas palabras: luchar contra «la guerra económica que la burguesía parasitaria venezolana declaró al pueblo» o bien «continuar construyendo el socialismo bolivariano del siglo XXI en Venezuela como alternativa al sistema destructivo y salvaje del capitalismo».[219] Para los oficiales de la SUNDDE, la inflación en Venezuela y la escasez de productos no tiene «una explicación racional bajo una perspectiva económica». Este concepto está en consonancia con la famosa frase de Hugo Chávez de que «ser rico es malo». Durante un tiempo el entonces presidente intentó popularizar la idea de que ser empresario es un oficio dudoso, aun cuando su Gobierno hizo posible que muchos empresarios lograran fortunas astronómicas haciendo negocios con el Estado. Bajo el chavismo, hacerse rico es perfectamente legal y muy factible, siempre y cuando el empresario no critique o interfiera con las metas políticas del Gobierno. Muchos venezolanos adinerados han aprendido a sobrevivir apoyando al chavismo o manteniéndose alejados de la política. Aquellos que tienen una

219. *Memoria y Cuenta 2014*, Vicepresidencia de la República Bolivariana de Venezuela, capítulos 7 y 8. Fuente: http://transparencia.org.ve/wp-content/uploads/2012/10/MEMORIA_2014-VICEPRESIDENCIA.pdf

actitud hostil contra el Gobierno reciben visitas frecuentes de parte de la SUNDDE.

Los más de 27.000 inspectores voluntarios de la SUNDDE, conocidos como «inspectores populares», están divididos en «círculos de lucha» y se encargan de fiscalizar cada eslabón en la cadena de distribución de un producto desde que llega a un puerto venezolano o desde su producción en una empresa hasta que ocupa los anaqueles del supermercado. Los oficiales de la SUNDDE, vestidos con sus chalecos color café con rojo, dirigen operaciones conjuntas con la fuerza armada venezolana para arrestar a vendedores ambulantes que revenden productos controlados, decomisan el inventario de empresas acusadas de acaparar productos, y arrestan a ejecutivos de empresas acusados de sabotear la economía nacional. La SUNDDE opera en un mundo legal donde, según expertos legales consultados, la palabra de un inspector es suficiente para arrestar a alguien. Fueron los inspectores de la SUNDDE quienes, en operación conjunta con agentes de la inteligencia venezolana, arrestaron a los ejecutivos de la cadena de farmacias Farmatodo en febrero de 2015 y los acusaron de boicot económico por no haber tenido suficientes cajeras operando a la vez en una de sus tiendas.[220]

En los primeros dos meses de 2015 las autoridades venezolanas arrestaron a más de veinte ejecutivos de empresas, que en su mayoría trabajaban en supermercados, farmacias y distribuidoras de carne, todos acusados de desestabilizar la economía venezolana. En un caso notable, el Gobierno arrestó al gerente y al representante legal de Día Día Practimercados, una cadena de pequeños supermercados populares que llegaba a más de un millón de clientes en barrios pobres, tras una inspección que determinó que la cadena tenía demasiado inventario.[221] El Gobierno

---

220. «Cárcel para dos directivos de Farmatodo en Venezuela por ocasionar filas», *El Colombiano*, 5 de febrero de 2015. http://www.elcolombiano.com/carcel-para-dos-directivos-de-farmatodo-en-venezuela-por-ocasionar-filas- EE1226363.

221. «Director de supermercado Día Día acusado por boicot», *El Impulso*, 24 de marzo de 2015. www.elimpulso.com/noticias/sucesos/director-de-supermercado-dia-dia-acusado-por-boicot

encarceló a los ejecutivos en las oficinas centrales de la agencia de inteligencia del Estado y puso a Día Día bajo la administración de la cadena estatal de supermercados y abastos PDVAL. Día Día comenzó como un proyecto de emprendimiento social de José Vicente Aguerrevere, un ingeniero mecánico con un MBA por la Universidad de Harvard que había estudiado cadenas de distribución de alimentos en América Latina buscando un modelo que pudiera ofrecer precios bajos a familias pobres que tienen por costumbre comprar a diario los artículos que necesitan. Día Día le valió el reconocimiento como emprendedor social del Foro Económico Mundial. Aguerrevere no fue arrestado y ahora vive en Boston.

Muchos creen que el verdadero papel de la SUNDDE es encontrar a quien culpar por los problemas económicos que afronta el país. Y los antecedentes profesionales del personal de la agencia indican que la política es la preocupación principal de sus líderes. En el primer año y medio desde que el presidente Maduro creó esa superintendencia, la SUNDDE tuvo tres superintendentes, todos con un historial de activismo político. La primera superintendente fue Andreína Tarazón, una joven abogada de veinticinco años de edad con gran presencia telegénica que trabajó durante sus años estudiantiles recientes como organizadora política para el Partido Socialista Unido de Venezuela. Tarazón no tenía experiencia alguna trabajando en el sector privado o en cualquier otro lugar para merecer su nombramiento como jefa de un ente regulador. En el momento de su nombramiento, ocupaba el puesto de ministra de la Mujer, un puesto para el que había sido nombrada nueve meses antes, y que mantuvo con el otro al mismo tiempo. Tarazón duró cinco meses como superintendente de la SUNDDE y fue reemplazada por Dante Rivas, un geógrafo de treinta y nueve años con cara de presentador de televisión, quien en los dos años previos había ejercido funciones de ministro para el Ambiente (cuatro meses), director del Instituto Nacional de Transporte Terrestre (nueve meses) y ministro de Comercio (seis meses). Rivas dejó la SUNDDE apenas dos meses después de asumir el cargo pues el presidente Maduro lo nombró jefe de la autoridad que emite pasaportes en Venezuela. Su sucesor, un excongresista, duró nueve meses en el puesto. El movimiento constante de burócratas jóvenes de un puesto a otro ha sido una característica distintiva de los Gobiernos de Chávez y Maduro. Ambos presidentes han cultivado a líderes jóvenes y populares y los rotan de un puesto a otro bajo la premisa de que gente joven y nueva ayudará a eliminar la ineficiencia y la corrupción. Sin embargo, todos los superintendentes de la SUNDDE han carecido de la experiencia suficiente en el sector privado como para poder entender un balance financiero. Más aún, ninguno se queda en el puesto el tiempo necesario para entender a fondo cómo funcionan las industrias y las empresas que se supone que deben regular.

El ejército de inspectores de la SUNDDE tampoco está preparado para la labor de inspeccionar empresas. La gran mayoría de ellos carece de una educación primaria básica. Algunos tienen títulos en contaduría o leyes, pero la gran mayoría carece de la experiencia o el entrenamiento necesarios para entender cómo una empresa gestiona sus inventarios de materia prima o productos terminados, cómo se gestiona la mercadería y menos aún cómo funciona la estructura de costes de una empresa. José, un abogado para una empresa de lácteos en Caracas que en el pasado fue parte de una empresa multinacional, me contó como los inspectores de la SUNDDE aparecen por la empresa por lo menos una vez cada dos semanas y siempre les piden la misma información: cuál es la capacidad instalada de la planta, cuánto está produciendo y cuánto inventario tienen a mano. José me dijo que al final no importa lo que la empresa responda pues la mayoría de los inspectores no parece entender lo que está preguntando.

Cuando la SUNDDEE lanza un llamamiento para reclutar a nuevos inspectores, decenas de desempleados como amas de casa, antiguos maestros y estudiantes de derecho se presentan como candidatos con la idea de que un trabajo como inspector voluntario de la SUNDDE puede acarrear algún beneficio o llevar a algún puesto fijo en el Gobierno. Muchos de los aspirantes repiten los estribillos de izquierda y el lenguaje político del chavismo para lograr el puesto aun si no creen en esa ideología pues saben que usar ese lenguaje es necesario para lograr un puesto en el Gobierno. Aquellos que logran un puesto dentro de la SUND-DE juran el cargo al lado de una estatua de Chávez y prometen hacer lo necesario para proteger a los pobres de los capitalistas. Acto seguido, la SUNDDE envía a sus nuevos reclutas a inspeccionar las operaciones de empresas multimillonarias como Polar. Esto explica por qué muchos inspectores del Gobierno llegan a Polar con su currículo en mano en busca de un trabajo y harían cualquier cosa por trabajar en una de las empresas mejor gestionadas del país.

Muy pocos negocios en Venezuela son tan rentables y peculiares como el sistema financiero. La rentabilidad de la banca venezolana es considerada una anomalía alrededor del mundo. Los banqueros de Wall Street venderían sus almas y a sus madres si eso les permitiera que sus bancos fuesen la mitad de rentables que los bancos en Venezuela. Por supuesto que las ganancias totales de los bancos en Estados Unidos son muchísimo mayores que las de las instituciones financieras venezolanas, especialmente en épocas en las que el bolívar no vale nada, pero los márgenes de rentabilidad de los bancos estadounidenses son mucho más bajos.

La revista *Rolling Stone* una vez describió el banco Goldman Sachs como «un enorme calamar vampiro enrollado sobre la cara de la humanidad», por su constante e implacable búsqueda de ganancias, pero los márgenes de rentabilidad de Goldman en 2014 estaban muy por debajo de las ganancias de las principales instituciones financieras en Venezuela.[222] Por ejemplo, Banesco, el banco más grande de Venezuela por el tamaño de sus activos, carece de la presencia global de Goldman, pero su rendimiento nominal sobre activos en 2014 era seis veces más grande que el de la firma de Wall Street.[223] Y el rendimiento nominal sobre capital

222. Taibbi, Matt, «The Great American Bubble Machine», *Rolling Stone*, 5 de abril de 2010.

223. Los activos totales de Banesco ascendían al 15,2 por ciento del total de activos del sistema financiero a junio de 2015, según datos de la Superintendencia de las Instituciones del Sector Bancario de Venezuela (Sudeban). El ROAA

del Grupo Banesco —una medida de la ganancia que obtiene un banco por cada dólar que invierten sus accionistas— era casi ocho veces más grande que el de Goldman.[224] Esta enorme diferencia de rentabilidad entre bancos venezolanos y estadounidenses se repite año tras año. Un ejemplo aún más concreto es el del famoso presidente y director general de Goldman Sachs, Lloyd Blankfein, un hombre de sesenta años de edad, quien finalmente logró en 2015 una fortuna cuyo patrimonio neto alcanzaba los 1.100 millones de dólares, según estimaciones del índice de multimillonarios de Bloomberg.[225] Pero en Caracas, Juan Carlos Escotet, el fundador de Banesco, de cincuenta y seis años, ya es el número 534 en la lista de multimillonarios de *Forbes*, con un patrimonio neto de 2.600 millones de dólares.[226] Sin embargo, muy poca gente fuera de Venezuela sabe quién es Escotet. Los bancos venezolanos son mucho más rentables que sus pares en América Latina también, incluidos bancos mucho más grandes en Brasil y México.

Es difícil para muchas personas comprender o creer que instituciones financieras en un país tan cargado de problemas como Venezuela puedan lograr semejantes niveles de rentabilidad. Es cierto que ajustados por inflación los niveles de rentabilidad de la banca venezolana son menores de lo que inicialmente parecen para sus accionistas. Pero el sistema financiero venezolano tradicionalmente ha logrado márgenes de rentabilidad mucho mayo-

---

(rendimiento sobre activos) de Banesco se situaba en el 6,21 por ciento en 2014, comparado con el ROAA de Goldman, del 0,96 por ciento ese mismo año, según datos de la agencia calificadora de riesgo Fitch Ratings. Véanse Fitch Ratings, Banesco Banco Universal, *Full Rating Report*, 6 de julio de 2015, y Goldman Sachs Group, *Full Rating Report*, 6 de abril de 2015.

224. Fitch Ratings, Banesco Banco Universal, Full Rate Report y Goldman Sachs Group, *Full Rating Report*. El retorno sobre capital de Banesco alcanzó el 78,95 por ciento comparado con el 10,5 por ciento en el caso de Goldman.

225. Moore, Michael J., «Lloyd Blankfein Is Now a Billionaire», *Bloomberg*, 17 de julio de 2015. http://www.bloomberg.com/news/articles/2015-07-17/blankfein-becomes-billionaire-riding-goldman-s-shares-to-riches.

226. Lista *Forbes*, 11 de noviembre de 2015.

res que muchos otros alrededor del mundo. La fuente clave de las ganancias extraordinarias de la banca venezolana es la diferencia que existe entre las bajas tasas de interés que pagan por los depósitos del público y las altas tasas que cobran a sus clientes por préstamos. Esa diferencia, conocida en el caló financiero como «margen de intermediación», ha sido y sigue siendo mayor en Venezuela que en cualquier otro lugar. Esto comenzó siendo así cuando el Gobierno permitió a comienzos de la década de los ochenta que los bancos en este país rico en petróleo pudieran ajustar las tasas de interés libremente.Pero los bancos venezolanos no dependen únicamente del diferencial de tasas de interés para hacer dinero. De hecho, para los bancos de este país, prestar dinero es un negocio aburrido comparado con los negocios en los que se involucran. Los bancos en Venezuela han desarrollado la costumbre de especular en bienes raíces y hoteles durante los momentos de auge de la construcción y de prestar dinero a los negocios de sus propios ejecutivos y accionistas. Estas prácticas son consideradas muy arriesgadas y hasta ilegales en el negocio financiero, pero en Venezuela la regulación de la banca ha sido bastante laxa durante décadas.

La banca es un sistema de tuberías de la economía por medio del cual el dinero pasa de unas manos a otras. Y con tanto dinero del petróleo fluyendo por la economía venezolana, aquellos que controlan este sistema pueden hacer mucho dinero cobrando comisiones por el servicio prestado y haciendo negocios poco ortodoxos bajo la mesa. Cuando la inflación es demasiado alta y crea condiciones poco propicias para prestar dinero, los bancos continúan prestando dinero a los consumidores venezolanos, pero a la vez invierten fuertes sumas en instrumentos financieros del Estado que generan ingresos constantes y prácticamente sin riesgo. Y en tiempos en los que controles de capitales dificultan la entrada y salida de dólares de la economía, los bancos han participado activamente en transacciones de divisas en el mercado negro, logrando hacerse con beneficios extraordinarios.

Los bancos venezolanos han aprendido a adaptarse a las condiciones extremas de esta economía para hacer dinero. «La verdadera fuente de ganancias de la banca siempre está cambiando», me dijo en una entrevista telefónica Óscar García Mendoza, presidente y director ejecutivo del Banco Venezolano de Crédito durante treinta y un años hasta retirarse del cargo en 2014. «Como banquero en Venezuela, si quieres manejar un negocio bancario conservador y sencillo, nunca vas a tener éxito», me dijo, refiriéndose a la labor tradicional de los bancos de prestar dinero y aceptar depósitos.[227] En los tiempos en los que la práctica de cambiar dólares del mercado negro por medio de instrumentos financieros como bonos o utilizando oro aún no era ilegal durante el período de Chávez, el banco de García, así como todos sus competidores, hacía un negocio redondo conectando a compradores y vendedores de estos instrumentos y cobrando una comisión por tal servicio. No obstante, García Mendoza se aseguraba de tener un equipo de los mejores abogados para sacar al banco de apuros en caso de que el Gobierno decidiera de un momento a otro perseguir a todas aquellas instituciones financieras involucradas en el negocio.

Durante el Gobierno de Chávez, el banco de García Mendoza, a diferencia de sus competidores, se caracterizó por no participar del negocio de la compra y venta a gran escala de títulos de deuda en dólares emitida por el Gobierno, un negocio legal y muy rentable en aquellos días. Muchos bancos ávidamente compraban deuda del Gobierno denominada en dólares, pagando por ellos en bolívares a la tasa de 2,15 bolívares por dólar, y luego la revendían a inversores locales a más del doble de esa tasa cambiaria, y se quedaban con la diferencia. El esquema funcionaba porque los controles de cambio de Venezuela creaban un enorme apetito por cualquier instrumento que pudiera ser vendido a cambio de divisas en el exterior, especialmente papel deuda del Gobierno. Todo aquello era un negocio fantástico. El Gobierno lograba financiarse al vender papel deuda, los bancos lograban grandes fortunas al comercializar estos instrumentos, y los consumidores y empresas lograban acceso a dólares.

Pero aquellos que participaban de ese negocio se veían forzados a mantener una relación demasiado estrecha con oficiales del

227. Entrevista con Óscar García Mendoza, 11 de septiembre de 2015.

Gobierno, algo que incomodaba a García Mendoza y a los miembros del cuerpo directivo del banco. «Beneficiarse de un negocio tan rentable con la ayuda del Gobierno nunca es gratis», me dijo García Mendoza, porque los burócratas y los políticos siempre quieren algo a cambio de parte de aquellos bancos que más se benefician. Algunos bancos se dedicaban además a negocios muy poco limpios, me dijo el banquero. García Mendoza recuerda por ejemplo a un cliente de su banco que se acercó a otra institución financiera en busca de un crédito para financiar la reforma de un edificio que quería vender. El presidente del otro banco supuestamente ofreció al cliente aprobar el crédito a cambio de que el banco obtuviese un porcentaje de la eventual venta del inmueble.

Bajo el régimen socialista de Chávez los bancos continuaban haciendo grandes fortunas. Para comenzar, los controles de cambio obligaron a los venezolanos a mantener su dinero en Venezuela, lo que inundó los bancos con depósitos en bolívares. A diferencia de la gran mayoría de instituciones financieras, los bancos venezolanos no tienen la necesidad de pedir dinero prestado de inversores o de otros bancos para hacer negocios, pues casi la totalidad de sus fondos vienen por la vía de depósitos del público por los cuales pagan tasas de interés muy bajas. Y esos mismos controles de capital generaron un negocio de compra y venta de títulos denominados en dólares que duró muchos años. El chavismo dictó niveles máximos y mínimos de tasas de interés que los bancos podían cobrar por préstamos y pagar por depósitos, pero el margen de intermediación siguió siendo muy alto. Chávez obligó a los bancos a dedicar casi dos tercios de sus préstamos a aquellas actividades económicas que el Gobierno consideraba urgentes, como agricultura y turismo, a tasas muy por debajo de las del mercado.[228] No obstante, al mismo tiempo, su Gobierno emitía miles de millones de dólares en títulos de deuda del Gobierno, y hacer transacciones con esa deuda se convirtió en un gran negocio para instituciones financieras. Fue precisamente

---

228. «Gobierno anunció incremento a 20% de gabeta hipotecaria», *El Tiempo*, 13 de febrero de 2013. http://eltiempo.com.ve/venezuela/economia/gobierno-anuncio-incremento-a-20-de-gaveta-hipotecaria/79838

durante el Gobierno de Chávez cuando la importancia de la banca dentro de la economía creció aún más, triplicando su peso a casi el 8 por ciento del PIB hasta septiembre de 2015.[229] En Venezuela la banca como gremio siempre ha buscado tener una relación muy estrecha con el Gobierno para proteger su negocio y mantenerse rentable a través del tiempo. Y los políticos han aprendido a mantener ese vínculo con la banca, pues el sistema financiero controla el sistema de pagos de la economía.

Un año después de haber llegado a Venezuela logré acercarme al presidente Chávez mientras salía de un evento público y le pregunté cómo podía conciliar la contradicción existente entre su retórica de izquierda con políticas económicas que permitían a la banca hacer tanto dinero y fortalecerse de tal manera. Su típica expresión jovial se ensombreció por unos segundos, como si pensara que yo le había tendido una trampa con mi pregunta, pero se recuperó rápidamente y me dio una respuesta en tono conciliador. «Aquí nosotros queremos que todas las empresas hagan dinero», dijo, y siguió su camino.[230] La verdad es que mientras más restrictivas sean las políticas económicas en un país como Venezuela, con controles de tasas de interés y de movimiento de capitales, mayor es el incentivo para que los bancos se dediquen a negocios arriesgados que les permitan lograr una alta rentabilidad, porque el exceso de dinero en la economía continúa existiendo gracias al generoso gasto del Gobierno. Los bancos venezolanos no son los pequeños bancos que puedes encontrar en países en desarrollo. El enorme flujo de riqueza petrolera ha convertido los bancos de este país en una versión inflada, deforme —como un músculo inyectado con esteroides— de lo que debería ser una institución financiera normal. Los banqueros en este país piensan que tienen el derecho de gozar de un alto diferencial de tasas de interés y de cobrar altas comisiones por sus servicios, ya que

229. Basado en los datos del PIB del Banco Central de Venezuela. Véanse los datos macroeconómicos en la página web del BCV: http://www.bcv.org.ve/c2/indicadores.asp

230. Gallegos, Raúl, «Amid Tough Times, Venezuelan Bankers Thrive under Chávez», *Dow Jones Newswires*, 12 de agosto de 2004.

corren el riesgo de que una inflación elevada y la devaluación de la moneda consuman rápidamente sus ganancias. En tiempos de alta inflación, los bancos también pueden perder dinero en términos reales por cada préstamo que otorgan y cada tarjeta de crédito que dan a sus clientes, y por eso buscan hacer negocios haciendo transacciones de títulos de deuda del Estado. Y se dedican a la especulación en el mercado de bienes raíces, porque la entrada de demasiados petrodólares en la economía causa que el bolívar se sobrevalúe. De hecho, la combinación de un exceso de especulación y la otorgación de préstamos sin control a los consumidores llevó al descalabro de muchos bancos en Venezuela durante la crisis que el sistema bancario sufrió en la década de los noventa.

Las ganancias fabulosas de los bancos venezolanos pueden ser peligrosas para el país. Los bancos en Venezuela están bien capitalizados y crecían a un ritmo muy acelerado en 2015, pero sus dueños no estaban invirtiendo lo suficiente en el negocio para continuar capitalizándolos, lo que podría llevar a que muchos bancos terminen afectados por problemas de insolvencia eventualmente.[231] Es perfectamente entendible que los dueños de los bancos rehúsen inyectar más dinero al negocio: no tienen el incentivo cuando la inflación es más alta que el retorno que obtienen por su inversión. Más aún, invertir demasiado dinero en el negocio de hacer transacciones de papel deuda del Gobierno puede ser un problema si un día el Gobierno decide dejar de pagar sus deudas en medio de una crisis de liquidez. De acuerdo con García Mendoza, el gran problema de los bancos en Venezuela es que mantienen relaciones demasiado estrechas con el Gobierno y compran grandes cantidades de deuda del Estado con el objetivo de proteger su negocio y evitar que el Gobierno los nacionalice o les impida ser rentables. «Ellos intentan salvar el negocio pero corren el riesgo de perder un país el día que la banca termine siendo insolvente debido a esa manera tan arriesgada de hacer negocios», advierte García Mendoza. Peor aún, si Venezuela de-

231. «2015 Outlook: Andean Banks», Fitch Ratings, 13 de enero de 2015; entrevista con Mark Narron, de Fitch Ratings, 9 de septiembre de 2015.

cidiera eliminar los controles cambiarios de repente, los venezolanos se lanzarían a retirar su dinero de los bancos en masa para cambiarlo a dólares y eso se convertiría en un escenario catastrófico de corridas en el sistema financiero. Los bancos en este país son un ejemplo de las prácticas de negocios primitivas típicas de un enclave petrolero donde la riqueza y las ganancias van directo a manos de aquellos que tienen el ingenio y un olfato para aprovechar oportunidades en el momento propicio para hacerse con grandes fortunas.

Víctor Vargas, un banquero miembro de la *jet set* venezolana, es el tipo de hombre de negocios que sabe prosperar en este mundo al revés. Su Banco Occidental de Descuento, o BOD, es el cuarto banco privado más grande de Venezuela y en 2015 ocupaba el puesto número 1.407 en la lista *Forbes* de las empresas más grandes listadas en Bolsa, valorada en 12.900 millones de dólares.[232] Vargas creció en una familia de clase media alta y eventualmente se casó con una mujer proveniente de una familia de banqueros, lo que le facilitó entrar en el mundo financiero. En la década de los noventa creó bancos y los vendió y aprovechó la crisis bancaria de Venezuela para comprar el BOD, un banco regional con una cartera de clientes en el sector petrolero. Años más tarde, cuando trabajadores y ejecutivos petroleros que se oponían al Gobierno de Chávez se lanzaron a una huelga general, Vargas expresó su oposición a la huelga y al hacerlo se ganó la confianza del Gobierno.[233] Con el tiempo, Vargas desarrolló una reputación por ser «el banquero de Chávez», principalmente porque el BOD era el principal participante en la compra y venta de deuda estatal denominada en dólares. En 2006, casi cuatro de cada diez dólares de ingresos del BOD provenían de la

232. Hasta junio de 2015, calculado por activos totales de acuerdo con datos de la Superintendencia de las Instituciones del Sector Bancario de Venezuela (Sudeban).

233. Vinogradoff, Ludmila, «Víctor Vargas, un banquero chavista con 120 millones de euros en Suiza», *Abc*, 30 de marzo de 2015.

compra y venta de instrumentos financieros, sobre todo papel deuda del Gobierno.[234]

A medida que su negocio bancario tenía éxito bajo el chavismo, Vargas prosperaba. Y su gusto por el lujo se convirtió en la conversación de muchos periodistas que cubrían eventos de la industria financiera, en los que Vargas atraía mucho la atención. El banquero acostumbraba a aparecer vestido con trajes caros y relojes de lujo. Vargas es conocido por mantener en secreto su patrimonio neto, pero su estilo de vida dice mucho más que cualquier cifra.

La vida de Vargas no tiene zona horaria, ya que viaja constantemente entre varias casas en Caracas, Nueva York, Miami, Palm Beach y la República Dominicana, cuando no está veraneando en el sur de España. A finales de 2004 su casa en la República Dominicana se convirtió en el escenario de una opulenta recepción para 1.570 invitados con comida del restaurante de lujo neoyorquino Le Cirque, cuando su hija se casó por todo lo alto con Luis Alfonso de Borbón, el bisnieto del dictador español Francisco Franco y primo segundo del rey de España Felipe VI.[235] Vargas es un fanático del polo y es dueño del equipo de polo Lechuza Caracas, conocido por caballos pura sangre que Vargas transporta alrededor del mundo para jugar en los principales torneos. La revista española *Hola*, que sigue la pista a las vidas de la realeza y los ultrarricos, con frecuencia publica fotografías de Vargas con su familia pasando los veranos en el exclusivo puerto de Sotogrande,[236] en el sur de

---

234. Resultados financieros de la banca para 2006 según la Superintendencia de las Instituciones del Sector Bancario de Venezuela (Sudeban). En 2006 un 40 por ciento de los ingresos del BOD provenían de la inversión y las transacciones en instrumentos financieros y un 56 por ciento de la actividad crediticia. En ese momento un 31 por ciento de los ingresos totales de la banca provenía de inversiones en instrumentos financieros.

235. «Boda de Luis Alfonso de Borbón con María Margarita Vargas», Hola. com, 7 de noviembre de 2004. http://www.hola.com/famosos/2004110727248/ famosos/bodaluisalfonso/bodaluisalfonso/

236. «Luis Alfonso de Borbón y Margarita Vargas disfrutan de un día en familia junto a sus padres», Hola.com, 17 de agosto de 2012. http://www.hola. com/famosos/2012081760250/margarita-vargas-luis-alfonso-vacaciones/

España, donde a veces se le ha visto a bordo del *Ronin*, un yate de 58 metros de eslora que le compró a Larry Ellison, el fundador de la corporación Oracle.[237] Cuando la mayoría de venezolanos ve la vida que lleva Vargas, asume que su riqueza fluye de los favores y negocios del Gobierno de Venezuela, la riqueza fácil que muchos aspiran alcanzar algún día. Pero Vargas discute airadamente la idea de que le deba toda su riqueza al chavismo. En una entrevista concedida a *The Wall Street Journal* en 2008 —de las pocas que ha concedido a medio alguno— intentó dejar claros los niveles de su fortuna para la prensa que se maravilla con su estilo de vida pero que a su juicio se equivoca constantemente a la hora de cuantificar sus activos: «Yo tengo tres aviones, dos yates, seis casas», dijo Vargas al periódico estadounidense. «He sido rico toda mi vida.»[238]

La idea prevalente en Venezuela de que los más ricos deben su éxito al Gobierno tiene su máxima expresión en el ascenso de Wilmer Ruperti, un excapitán de buques petroleros que se convirtió en un magnate de la industria naviera. Ruperti, un hombre grueso de cincuenta y cinco años, fascinado con todo lo relacionado con la vida de Simón Bolívar, era dueño de una pequeña firma de alquiler de buques en Venezuela cuando en 2002 miles de trabajadores en la industria petrolera intentaron paralizar el país para sacar a Chávez del poder.

Ruperti, hijo de un cocinero italiano que llegó a Venezuela en la década de los cincuenta, había trabajado años atrás como capitán de navío para la empresa estatal Petróleos de Venezuela (PDVSA) antes de lanzarse a hacer negocios por su cuenta en la déca-

237. Smith, Michael, «Venezuela Sees Chávez Friends Rich after His Death amid Poverty», Bloomberg, 12 de agosto de 2014. http://www.bloomberg.com/news/articles/2014-08-12/venezuela-sees-chavez-friends-rich-after-his-death- amid-poverty

238. Lyons, John, «Polo-Loving Banker Lives Really Large in Chávez Socialism—Venezuela's Mr. Vargas Has Yachts, and Good Timing; 'I've Been Rich All My Life'», *The Wall Street Journal*, 29 de enero de 2008.

da de los noventa. El negocio de Ruperti se centraba en fletar buques por unos 5.000 dólares diarios para luego alquilarlos a firmas que comercializan productos básicos a una tarifa hasta siete veces más alta.[239] Cuando el paro petrolero en Venezuela paralizó el abastecimiento de gasolina en el país, Ruperti rápidamente contrató tres buques cisterna rusos cargados de gasolina que vendió al Gobierno venezolano. Se tomó además la molestia de convencer a empresas de buques petroleros y aseguradoras para que permitieran a los buques desembarcar en puertos venezolanos, algo que temían hacer por la situación política en el país.

A juicio de los chavistas, la intervención de Ruperti fue crucial para poner fin al paro petrolero. Años más tarde, Chávez premió sus esfuerzos condecorándolo con la Estrella de Carabobo, una alta distinción gubernamental. La astucia de Ruperti al contratar buques con gasolina para Venezuela en plena crisis le generó unas ganancias de 16 millones de dólares, pero su mayor recompensa fue ganarse la confianza de PDVSA, que pasó a confiarle el transporte de su crudo tras despedir a miles de empleados, incluidos los de su brazo de transporte, por participar en el paro.[240] En 2008 el negocio de Ruperti contaba con 19 buques y tenía un valor estimado por el mismo Ruperti de casi 1.400 millones de dólares.[241] Muchos consideran a Ruperti la versión venezolana de Aristóteles Onassis, en parte por su extravagancia. En una subasta de Christie's en Nueva York en 2004, Ruperti pagó 1,6 millones de dólares por dos pistolas que habían sido propiedad de Simón Bolívar.[242] Años más tarde el presidente Chávez las exhibió en una retransmisión televisada y agradeció públicamente a Ruperti por donarlas al país.[243] Ruperti tiene fama de viajar

239. Webb-Vidal, Andy, «Venezuela Magnate Ruperti Cruises to Fortune», *Latin Finance Magazine*, 1 de septiembre de 2008.

240. Webb-Vidal, A., *art. cit.*

241. Webb-Vidal, A., *art. cit.*

242. «Venezolano adquirió pistolas de Bolívar», *El Universal*, 19 de noviembre de 2004. http://www.eluniversal.com/2004/11/19/imp_til_art_19253D

243. «Vídeo en el que Chávez agradece a Ruperti por dos pistolas de Bolívar», *El Universal*, 12 de septiembre de 2013. http://www.eluniversal.com/na-

en un jet privado, de desplazarse en un BMW blindado y de tener dos guardaespaldas coreanos con la habilidad letal de lanzar puñales a larga distancia contra sus enemigos, algo que pareciera salido de la película *Goldfinger* del agente James Bond, en la que un guardaespaldas con el nombre de Oddjob mata a sus enemigos lanzándoles un sombrero hongo de ala afilada.[244] En los últimos diez años Ruperti ha fundado un canal de televisión, conocido como Canal I, y se casó con la estrella de telenovelas Anastasia Mazzone, una mujer veinte años menor que él [se divorciaron seis años después, en enero de 2016]. «Mucha gente piensa que soy el diablo, pero no es cierto», dijo Ruperti a *The Wall Street Journal* en 2006. «Yo duermo profundamente por la noche y moralmente estoy satisfecho».[245] La ostentosa vida de Ruperti es apenas una muestra de la riqueza que fluye de una industria que ha traído a Venezuela la abundancia y el desastre por igual: el petróleo.

---

cional-y-politica/120913/video-en-el-que-chavez-agradece-a-ruperti-por-dos-pistolas-de-bolivar

244. De Córdoba, José, «Venezuelan High Life: Bulletproof BMW and Vote for Chávez-Oil Tycoon Ruperti Supports Socialist's Re-Election; Gift of Bolivar's Pistols», *The Wall Street Journal*, 1 de diciembre de 2006.

245. De Córdoba, J. *art. cit.*

6

Petróleo para el pueblo

José, *Pepe*, Martín está en el negocio de despachar gasolina prácticamente gratis a sus clientes. Pepe es el gerente de una estación de servicio con tres bombas de gasolina en Parque Cristal, un famoso edificio de oficinas ubicado en el este de Caracas. Su gasolinera es una de las 1.691 ubicadas por toda Venezuela que en 2015 vendían un litro de gasolina premium a una fracción de 1 céntimo de dólar.[246] La gasolina que se vende en Venezuela es la más barata del mundo. Y los venezolanos están tan acostumbrados a este beneficio que la mayoría de ellos no sabe responder cuando se le pregunta cuál es el precio de la gasolina en Venezuela. Simplemente no lo saben y tampoco les importa saberlo. Ser el dueño de un automóvil puede ser un lujo en las principales capitales europeas, y en Estados Unidos la gasolina representa un porcentaje importante del presupuesto de todo hogar. Sin embargo, en Venezuela los conductores pagan por llenar el depósito de gasolina con las monedas que llevan en la guantera. Un venezolano con un

---

246. Venezuela vendía a 0,097 bolívares el litro de gasolina de 95 octanos, y a 0,07 bolívares el litro de 91 octanos. El precio por litro de gasolina premium se estimaba en 1,5 céntimos de dólar usando la tasa oficial de cambio de 6,3 bolívares por dólar y en 0,000323 céntimos de dólar usando la tasa de mercado negro de 300 bolívares por dólar vigente en mayo de 2015.

Hummer H3 que consume grandes cantidades de gasolina puede llenar el tanque de 87 litros pagando no más de 1,38 dólares. En este país se ha convertido en costumbre dar al empleado de la gasolinera una propina que supera el coste de haber llenado el depósito. De hecho, los empleados de las gasolineras ganan mucho más en propinas que lo que perciben por su salario.

Una estación de servicio es un negocio que deja márgenes de ganancia muy bajos. Las gasolineras pagan a las empresas petroleras por el camión cisterna que les entrega la gasolina, la cual posteriormente venden a los conductores con un margen de ganancia mínimo. En Venezuela las cosas funcionan distinto. El Gobierno paga a las gasolineras para que ellas distribuyan gasolina casi gratis a los conductores. La petrolera estatal Petróleos de Venezuela (PDVSA) paga por los seis camiones cisterna que semanalmente entregan gasolina a la estación de Pepe. La familia de Pepe es dueña de las instalaciones, pero los 30.000 litros de gasolina que vende diariamente —la gasolina en Venezuela se vende por litros— generaban poco menos de 3.000 bolívares en ventas en mayo de 2015, el equivalente a dos entradas para ir al cine, unos refrescos con palomitas de maíz y una cena modesta. PDVSA transfiere a Pepe dos sumas de dinero al mes. Una es para cubrir el subsidio que le permite pagar salarios y beneficios a sus empleados y además cubrir gastos de mantenimiento. La segunda se supone que es la «ganancia» que Pepe debería percibir por vender gasolina. «Nada de esto tiene sentido», me dijo Pepe, mientras me comentaba que además, en mayo de 2015, PDVSA le debía dos meses de subsidio de costes. «Los precios de la gasolina deben subir. No hay otra opción.»Los venezolanos consumen gasolina con la misma facilidad con la que una persona consume grandes cantidades de Coca-Cola o agua. Y eso tiene sentido porque en Venezuela un galón de cualquiera de esos líquidos es mucho más costoso que un galón de gasolina. El venezolano promedio consume un 40 por ciento más de gasolina que cualquier otro latinoamericano.[247] Los venezolanos adoran sus ca-

247. Davis, Lucas, «The Cost of Global Fuel Subsidies», *Milken Institute Review*, III trimestre de 2014, pp. 48-57.

mionetas todoterreno 4x4, Hummers y sus vehículos de gran cilindrada. Todavía se ven por las calles de Venezuela, operando como taxis, coches de la década de los setenta que consumen cantidades de gasolina. Yates, botes y motos acuáticas invaden las aguas cristalinas de las playas. Los turistas en bikini y trajes de baño anclan docenas de botes en medio del mar para montar grandes fiestas con DJ, bafles enormes con bajos potentes y grandes cantidades de ron y whisky, sin importarles las cantidades obscenas de gasolina que consumen. El combustible para aviones es ridículamente barato también. Me di cuenta de esto cuando tomé un vuelo de Caracas a Bogotá durante uno de mis viajes de investigación para mi libro. Me subí a bordo de un Airbus A321 en el que casi dos tercios de los 194 asientos estaban vacíos cuando el avión finalmente despegó. Pregunté a una azafata si este nivel tan bajo de pasajeros era normal para ellos a la hora de despegar y ella me respondió que sí. De hecho, me dijo, a veces los vuelos salían de Venezuela con unos tres pasajeros a bordo. A las aerolíneas que viajan a Venezuela no les preocupa que sus vuelos salgan prácticamente vacíos del país pues logran abastecer los depósitos de los aviones con combustible barato en aeropuertos venezolanos, una manera muy inteligente de ahorrarse dinero en vuelos posteriores al resto de la región andina.

La gasolina barata ha creado el fenómeno de los «pimpineros», que contrabandean gasolina a Colombia, donde la venden por un precio docenas de veces superior al precio al que la compran en Venezuela. El término «pimpinero» viene de «pimpina», el nombre que los venezolanos dan a los contenedores plásticos que se utilizan para transportar gasolina. Pequeños contrabandistas llenan pimpinas, las esconden en sus vehículos y cruzan la frontera con Colombia, sin que los soldados venezolanos en la frontera, que se supone que intentan frenar el contrabando, puedan detectarlos y mucho menos detenerlos. Algunas personas llenan el depósito de sus motocicletas, cruzan la frontera, vacían el tanque y venden la gasolina, conservando únicamente la suficiente para regresar a casa. Algunos estiman que alrededor del 14 por ciento de la gasolina que se vende en Venezuela pasa de contrabando al otro lado de la frontera.[248]

El contrabando de gasolina causa escasez de combustible en las mismas estaciones de servicio venezolanas. En Maracaibo, la ciudad capital de Zulia, un estado rico en petróleo al lado de la frontera con Colombia, se ven frecuentemente largas colas de automóviles en estaciones de servicio por la escasez de combustible. A veces los pimpineros venden litros de gasolina en botellas de plástico a unas manzanas de los surtidores de las estaciones de servicio. Como el champú o el detergente para la ropa, la escasez de gasolina se ha vuelto tan crónica que un pimpinero no tiene necesidad de cruzar la frontera para vender gasolina más cara a los colombianos, sino que puede venderla más cara dentro de Venezuela. Para frenar el contrabando, los estados fronterizos venezolanos han puesto en práctica colocar chips electrónicos a los parabrisas para hacer un seguimiento electrónico del consumo de camiones, autobuses y automóviles para evitar que compren demasiado combustible. Obviamente, el venezolano promedio y los pimpineros son los peces pequeños en este negocio. Los altos cargos de las fuerzas armadas tienen la reputación de ser los peces gordos que realmente logran pasar grandes tanques de gasolina por la frontera para venderla en Colombia sin ser detectados. Las ganancias de este negocio son enormes y más que suficientes para sobornar a soldados, oficiales de aduana y cualquier otra persona que esté medianamente involucrada en la cadena de valor de la gasolina en el país. Incluso altos ejecutivos de PDVSA, la responsable de suplir de gasolina al país entero, han sido relacionados con las mafias del combustible. En enero de 2015, Gladis Nubia Parada, la directora de PDVSA encargada de la división del mercado interno de gasolina, fue arrestada y luego acusada de estar involucrada en el desvío de gasolina como contrabando a la

248. Mogollón, Mery, y Chris Kraul, «Venezuela Begins Overnight Closures of Border to Deter Smuggling», *Los Angeles Times*, 12 de agosto de 2014. http://www.latimes.com/world/mexico-americas/la-fg-venezuela-closures-border-smuggling-20140812-story.html

frontera.[249] Algunas veces pareciera como si todo el mundo en este país tiene la tentación de obtener una tajada del negocio de regalar la gasolina.

Venezuela comenzó a gozar de la gasolina más barata del mundo a finales de la década de los cuarenta. En aquel entonces, los venezolanos habían llegado a la conclusión de que vivir en un país petrolero debía tener ciertos beneficios, como gozar de combustible muy barato. Durante muchos años, los precios de la gasolina en Venezuela habían sido más altos que los precios del combustible en países no productores de petróleo, y los venezolanos consideraban que eso era sumamente injusto. ¿Por qué motivo no podían los venezolanos gozar de su propia riqueza con gasolina barata? El Gobierno de Venezuela ordenó la reducción del precio de la gasolina en 1945, y cuatro años más tarde un galón se vendía en Caracas por menos de la mitad de lo que costaba en Nueva York. Los precios de la gasolina en Venezuela se habían convertido en los más bajos del mundo,[250] una distinción que el Gobierno ha logrado mantener durante muchos años.

La cantidad de dinero que PDVSA recibe por la venta de gasolina en el mercado doméstico no es suficiente para cubrir el coste de producción. Se estima que PDVSA dedica alrededor de 12.500 millones de dólares cada año para mantener el hábito de consumo de gasolina barata en el país.[251] Ese dinero sería suficiente para construir anualmente una nueva refinería con capacidad para refinar 300.000 barriles de petróleo diarios,[252] lo nece-

---

249. «Fiscalía acusa a Gladis Parada de peculado doloso», *La Verdad*, 21 de marzo de 2015. http://www.laverdad.com/economia/71758-fiscalia-acusa-a-gladys-parada-de-peculado-doloso.html

250. Betancourt, Rómulo, *Venezuela, política y petróleo*, 6ª edición (Academia de Ciencias Políticas y Sociales, 2007), p. 294.

251. Estimaciones de la empresa de análisis Ecoanalítica. Oliveros, Asdrúbal, «Subsidios en Venezuela, ¿un problema o parte de la solución para 2015?», *Prodavinci*, 12 de diciembre de 2014. http://prodavinci.com/2014/12/12/economia-y-negocios/subsidios-en-venezuela-un-problema-o-parte-de-la-solucion-para-2015-por-asdrubal-oliveros-y-gabriel-villamizar/

252. De hecho, PDVSA tiene una participación en la construcción de la Refinería del Pacífico en Ecuador cuyo coste total se estima en 12.000 millones

sario para satisfacer la mitad de la demanda de consumo de gasolina del país. Esto es mucho dinero para un país al que se le acaba el papel higiénico porque no tiene las divisas suficientes para producirlo. Esto se ha convertido en una preocupación aún mayor en 2015 y 2016, una época en la cual los precios del petróleo han caído, recortando dramáticamente los ingresos de Venezuela.

En un intento por ahorrar parte de ese dinero, el Gobierno lanzó una campaña en enero de 2015 para preparar a los venezolanos para el primer incremento del precio de la gasolina en décadas. El Gobierno lanzó una campaña publicitaria, con el lema un poco engañoso de «Energía para el pueblo», en la televisión y en periódicos locales. En uno de los tres anuncios televisivos, tres carpinteros discuten qué precio ponerle a una mecedora que produjeron a un coste de 2.500 bolívares. Cuando uno de los tres sugiere que vendan la silla por 100 bolívares los otros dos se enfadan y le recriminan el precio tan por debajo del coste. «En Venezuela pasa algo similar con los precios de la gasolina. Vale 35 veces menos de lo que cuesta producirla.»[253] El mensaje que el anuncio quiere transmitir —el sinsentido que supone colocar un precio a un producto por debajo de su coste de producción— es bastante irónico de boca de un Gobierno cuya política de controles de precios obliga a muchísimas empresas a perder dinero en cada producto que producen, y cuyos líderes políticos de izquierda regularmente denuncian la ganancia como algo malo. La idea de aumentar el precio de la gasolina para por lo menos cubrir el coste de producirla es lógica y necesaria, pero la lógica económica en Venezuela, así como el azúcar o la leche, es muy escasa estos días en el país. Y es que prácticamente todos los venezolanos, des-

---

de dólares. PDVSA ha tenido problemas para hacer efectivo el dinero que le corresponde como socio de este proyecto. Véase Valencia, Alexandra, «Ecuador Says China's CNPC Joins US$12 Billion Refinery Project», Reuters, 6 de julio de 2013. http://www.reuters.com/article/2013/07/06/us-ecuador-refinery-cnpc-idUSBRE9650CN20130706.

253. Vídeo subido a YouTube por Rocío Ángela Pérez, 23 de enero de 2015. https://www.youtube.com/watch?v=48Iwdm3vpR4.

de el conductor de un taxi hasta el alto ejecutivo de una empresa, están de acuerdo con la idea de que la gasolina es demasiado barata. Pero cuando se les plantea la idea de aumentar el precio, muchos de ellos inmediatamente comienzan a plantearse cómo debería gastarse el dinero adicional que entre en las arcas del Estado como resultado del incremento. La gran mayoría de venezolanos no parece entender que incrementar el precio de la gasolina para poder cubrir el coste de su producción implica que ese dinero no puede utilizarse también para pagar otros proyectos. Los venezolanos se han acostumbrado a pensar que lo pueden tener todo sin necesidad de sacrificar nada.

Aquellos que han vivido muchos años en Venezuela no creen que el Gobierno chavista tendrá algún día la valentía de deshacerse del subsidio de la gasolina, y parecen tener toda la razón. En febrero de 2016 el presidente Maduro decretó el primer aumento del precio de la gasolina en casi veinte años. Maduro incrementó el precio de la premium de 95 octanos a 6 bolívares por litro, un incremento del 6,185 por ciento. El aumento parece grande en términos porcentuales pero en realidad era una subida mínima. A la tasa del dólar negro, un litro de gasolina valía aproximadamente medio céntimo de dólar al nuevo precio, lo que significa que la gasolina en Venezuela seguía siendo la más barata del mundo. Los venezolanos aún pueden pagar por ella usando unas cuantas monedas.

La razón detrás del tímido incremento es la creencia en el país de que cualquier político que ose subir los precios de la gasolina de manera sustancial terminará arruinado políticamente. A juicio de muchos venezolanos, «El Caracazo» de 1989, que dejó cientos de muertos, fue la reacción a la decisión del Gobierno de aumentar los precios del combustible. «El Caracazo» marcó profundamente a toda una generación de políticos venezolanos que asumen que imponer precios autosostenibles a la gasolina ocasionará, sin duda, una agitación social desenfrenada. El riesgo de protestas por un aumento sustancial del precio existe particularmente porque los políticos en Venezuela únicamente contemplan un incremento en tiempos de crisis económica, cuando los precios del crudo están bajos y el Gobierno ya no tiene más dinero. Lógicamente, aumentar el precio de la gasolina en tiempos de crisis puede fácilmente llevar a mayores niveles de descontento popular.

Los venezolanos se siente merecedores de gasolina barata por una razón muy sencilla: el petróleo es de suma importancia en este país. Venezuela tiene más petróleo de fácil acceso que cualquier otra nación en el mundo. Las reservas probadas de petróleo —aquellas reservas que pueden ser fácilmente explotadas con la tecnología actual— ascienden a casi 300.000 millones de barriles, son más grandes que las de Arabia Saudí y son suficientes para satisfacer el consumo de petróleo de Estados Unidos durante cuarenta y cuatro años.[254] Visto de otra manera, Venezuela puede continuar produciendo petróleo al ritmo actual durante más de tres siglos.[255] Pero las reservas probadas no reflejan del todo la riqueza petrolera de este país. La totalidad de los recursos petroleros «in situ» en los depósitos venezolanos —una medida que incluye además el petróleo que es más difícil de recuperar con la tecnología vigente— es de más de 1,2 billones de barriles, lo que equivale a casi la misma cantidad de petróleo que la humanidad ha consumido desde que éste fue descubierto.[256] Es muy probable que mucho antes de que Venezuela pueda producir y vender todo ese petróleo, alguna otra forma de energía lo convierta en algo obsoleto. Venezuela también tiene la capacidad de convertir gran-

254. Arabia Saudí controlaba 266.600 millones de barriles de reservas probadas de crudo según estimaciones de la OPEP de agosto de 2015. http://www.opec.org/opec_web/en/about_us/169.htm. El cálculo de satisfacción de la demanda de Estados Unidos está basado en el consumo de crudo del país, estimado en 19,05 millones de barriles al día, de acuerdo con la Administración de Información Energética estadounidense (EIA), y las reservas probadas de Venezuela de 299.000 millones de barriles de petróleo. Fuente de los datos de la EIA: http://www.eia.gov/tools/faqs/faq.cfm?id=33&t=6.

255. Calculado usando las estimaciones de producción venezolana de 2,68 millones de barriles diarios y reservas probadas de 299 950 millones de barriles a julio de 2015, de acuerdo con cifras de la OPEP. http://www.opec.org/opec_web/en/about_us/171.htm.

256. Incluye cálculos del economista venezolano Francisco Monaldi y estimaciones del Servicio Geológico de Estados Unidos sobre petróleo en el sitio de la Faja del Orinoco en Venezuela. http://pubs.usgs.gov/fs/2009/3028/pdf/FS09-3028.pdf

des cantidades de petróleo en gasolina. La nación es dueña del Centro de Refinación Paraguaná, ubicado en el noroeste del país. El complejo, con tres refinerías, es uno de los más grandes del mundo, con kilómetros de ductos y tanques de almacenamiento; cuando se dirige de manera eficiente, tiene la capacidad de refinar casi un millón de barriles de crudo a gasolina diariamente.

En el exterior, Venezuela es dueña de Citgo, la refinadora con sede en Houston, que controla tres refinerías en Estados Unidos y es una de las empresas de refinación más importantes que sirve a la economía más grande del mundo. El Gobierno de Venezuela también controla total o parcialmente refinerías en Reino Unido, Suecia, Escocia y el Caribe. Esto explica en parte el sentimiento de derecho de los venezolanos a la hora de demandar prebendas de su Gobierno. A juicio de muchos venezolanos, un país con tanto petróleo y con una presencia tan prominente en el negocio petrolero mundial puede permitirse subsidiar la gasolina a nivel nacional.

Para entender mejor como los venezolanos ven su riqueza petrolera, basta con hojear la tercera sección del informe anual de PDVSA del año 2014. En medio de un documento monótono cargado de cifras y jerga petrolera encuentras una simple lista de campos petroleros, cada uno con un nombre, una fecha de descubrimiento, cuánto petróleo contiene cada uno, cuánto produce y cuántos años puede durar ese petróleo. Es como el inventario de una bodega de vinos gigante, con añadas y el número total de botellas.

Por ejemplo, el campo Melones, ubicado en Anzoátegui, en el noreste, fue descubierto en 1955, cuando el dictador Pérez Jiménez controlaba el país y el mismo año que Elvis Presley hizo su debut televisivo. Si Melones continúa produciendo al ritmo de 26.000 barriles de petróleo diarios, tiene suficiente petróleo para continuar produciendo otros 116 años.[257] El campo más viejo es Lagunillas, descubierto en 1913, el año en que la Ford Motor Company lanzó la primera línea de montaje móvil. Lagunillas tiene 62 años más de producción petrolera. La versión «costa afuera» de Lagunillas, una porción del campo que yace bajo las

---

257. PDVSA, *Informe Gestión Anual 2014*.

aguas del lago de Maracaibo, puede producir petróleo otros 66 años. La cuenca de Maracaibo dio origen al negocio petrolero de Venezuela. El petróleo de Lagunillas ayudó a impulsar el avance de las fuerzas aliadas durante la segunda guerra mundial. El campo Cerro Negro, descubierto en 1979, es el que más produce, con un nivel de bombeo de 431.000 barriles diarios, y el que más petróleo contiene, suficiente para 767 años.[258]

Así como el vino, el petróleo tiene diferentes propiedades que dependen de la región donde se produce. El crudo ligero y dulce de Maracaibo es más líquido y posee menos azufre, lo que lo hace más preciado y caro. Ese crudo es también el que se está acabando. El crudo más pesado, con la consistencia de una pasta o lodo y que está cargado de azufre, como el del campo Cerro Negro, viene de una región llamada la faja del Orinoco, la zona petrolera más grande del mundo, un territorio plano y salvaje de más de 54.000 kilómetros cuadrados que va de este a oeste a lo largo del Orinoco, uno de los ríos más largos de América del Sur, conocido por sus cocodrilos y pirañas. Fue el agua dulce del Orinoco la que convenció a Cristóbal Colón de que había encontrado un nuevo continente durante su tercer viaje al nuevo mundo, en 1498. El petróleo del Orinoco es filtrado de impurezas y mezclado con el petróleo más liviano para incrementar su valor y para poder moverlo a través de oleoductos hasta la costa de Venezuela, donde es cargado en grandes tanqueros, los cuales, de ser puestos en vertical, podrían ser tan altos como la Torre Eiffel.

Los venezolanos se enteran del valor de su vasta reserva de petróleo al seguir el precio de la «canasta» petrolera venezolana, que incorpora los diferentes tipos de crudo que vende el país y que se publica abiertamente en periódicos y páginas web. En este país, para gozar de la riqueza petrolera, prácticamente lo único que tienen que hacer los venezolanos es abrir un grifo, como si bebieran vino directamente de un enorme barril. Cuando el precio de la canasta petrolera es alto los venezolanos se frotan las manos anticipando que muchos petrodólares fluirán a su econo-

258. PDVSA, *Informe Gestión Anual 2014*.

mía. Y cuando el precio de la canasta es demasiado bajo, el presidente de Venezuela toma un avión y visita países miembros de la OPEP para negociar y convencer a estas naciones para que recorten su producción petrolera y así poder ayudar a elevar los precios del crudo de nuevo. Venezuela vive y muere por el precio de su canasta petrolera.

La empresa estatal PDVSA, que controla este vasto imperio petrolero, se ha convertido en una institución tan inusual como la economía de Venezuela. PDVSA controla la reserva más grande de petróleo del mundo, pero paradójicamente no tiene suficiente dinero para pagar sus facturas. La empresa ha percibido más de 100 millones de dólares anuales en años recientes y durante años ha vendido cada barril de petróleo en por lo menos el doble de lo que le ha costado producirlo.[259] Esto implica que genera grandes cantidades de dinero cada vez que bombea un barril de crudo. Sin embargo, PDVSA tarda meses y hasta años en pagar a sus proveedores y ha acumulado miles de millones en cuentas por pagar, al punto que sus propios contratistas le prestan dinero. La firma francesa de servicios petroleros Schlumberger, la principal proveedora de servicios de perforación petrolera en Venezuela, ha otorgado al país una línea de crédito revolvente de 1.000 millones de dólares que PDVSA puede usar para pagar por sus servicios.[260] Dicho de otra manera, Schlumberger presta suficiente dinero a PDVSA para que la estatal pueda pagarle por sus servicios. Es difícil para una empresa como PDVSA justificar semejante préstamo de parte de un contratista cuando la petrolera

259. Producir un barril de petróleo en Venezuela podía costar alrededor de 23 dólares de promedio en 2015 pero los precios de la canasta de crudo venezolano ascendían a 49 dólares por barril en julio de 2015. Previo a octubre de 2014, el precio del petróleo venezolano rondaba los 100 dólares por barril.

260. Ulmer, Alexandra, y Deisy Buitrago, «Venezuela's PDVSA Says Schlumberger Poised to Extend Credit Line», Thomson Reuters, 27 de febrero de 2015. http://www.reuters.com/article/2015/02/27/venezuela-schlumberger-idUSL-1N0W130O20150227

gana más de ocho veces esa cantidad en un mes en épocas de altos precios del crudo.

PDVSA debe miles de millones de dólares a tenedores de bonos y a bancos internacionales.[261] Le debe dinero al Gobierno chino, que afortunadamente quiere que le paguen con envío de crudo y no en efectivo, de lo contrario PDVSA tendría problemas para pagar su deuda con China. Pagar los salarios de sus propios trabajadores es un problema para PDVSA, a tal punto que la petrolera ha tenido que pedir prestado dinero al Banco Central de Venezuela, el cual se ha visto en la necesidad de imprimir grandes cantidades de billetes nuevos para ayudarla a cubrir sus faltas de liquidez.[262] Esto explica por qué PDVSA se atrasa con las transferencia de dinero que Pepe necesita para poder pagar a sus empleados.

PDVSA ha tenido problemas con dinero en efectivo pues se ha convertido desde hace mucho tiempo en la alcancía de los políticos venezolanos. La empresa paga por los planes de gasto social del Gobierno —las llamadas «misiones»— que son tan populares entre los seguidores del Gobierno chavista, la mayoría de los cuales pertenecen a hogares de escasos recursos. Estos proyectos incluyen la Misión Barrio Adentro, una red de médicos cubanos que trabajan en barrios pobres, la Misión Alimentación, que ofrece comida a precios subsidiados a los venezolanos, y más de una docena de otros programas similares y fondos de gasto que el presidente de Venezuela utiliza con toda libertad para financiar sus proyectos favoritos.[263] PDVSA prioriza el gasto social por encima de pagar sus facturas o invertir en el sector petrolero. Y el dinero que gasta en los programas sociales del Gobierno es «ade-

261. A finales de 2014 la deuda financiera total de PDVSA superaba los 46.000 millones de dólares, de acuerdo con estimaciones de la propia compañía en el informe *Estados Financieros Consolidados 2014*.

262. Para marzo de 2015, PDVSA había acumulado una deuda con el Banco Central estimada en 51.000 millones de dólares, el equivalente en aquel entonces a más de la mitad de los ingresos anuales por venta de petróleo.

263. El gasto social anual de la empresa promedió los 34.000 millones de dólares en el período comprendido entre el año 2010 y finales de 2014.

más» de los impuestos, regalías y dividendos que le entrega por ley al Gobierno cada año.[264] PDVSA consistentemente ha gastado más dinero en programas sociales durante los cinco años previos a enero de 2015 de lo que invirtió en la producción y exploración de crudo y en el equipo que necesita para poder incrementar la producción de petróleo en el tiempo. Después de todo, la razón principal de la existencia de la empresa petrolera estatal es producir petróleo.[265]

Además de la actividad petrolera, PDVSA se dedica a otras actividades que sus pares en otros países no hacen. Produce maíz, arroz, carne y leche, y también cosecha azúcar, pero no produce suficiente comida para realmente marcar una diferencia en el consumo del venezolano. Produce además madera, tejas y ladrillos para construir las casas que el Gobierno entrega a sus seguidores prácticamente gratis. Y a diferencia del negocio de extraer petróleo, pierde dinero en todos estos negocios.[266] Sin embargo, mantener estos negocios a pérdida da trabajo a miles de trabajadores y a muchos seguidores del chavismo.

La petrolera estatal también es sumamente generosa con los aliados políticos del Gobierno de Venezuela. Ha vendido petróleo con términos de financiamiento muy generosos a un grupo de once países vecinos, todos ellos aliados políticos cercanos al chavismo, como Nicaragua bajo Daniel Ortega o Cuba bajo el régimen de los hermanos Castro. Los países pagan la mitad del coste del petróleo y la otra mitad la pueden pagar durante un período de veinte años con una tasa de interés de hasta el 2 por ciento

264. Aristizábal, Lucas, y Xavier Olave, «Special Report: PDVSA—Something's Got to Give», Fitch Ratings, 10 de febrero de 2015. Los petrodólares de PDVSA representan la mitad del presupuesto anual y más del 90 por ciento de las exportaciones del país.

265. De acuerdo con los estados financieros de PDVSA del año 2014, la empresa gastó 26.080 millones de dólares en financiar programas sociales, mientras que sus costes de operación y exploración se situaban en 24 600 millones de dólares (PDVSA, *Informe de Gestión Anual 2014*). Véanse los estados financieros de PDVSA desde 2009 hasta 2014.

266. PDVSA no hace público un desglose de las finanzas de cada una de sus unidades de negocios.

anual.[267] Ninguna institución financiera en el mundo ofrece términos tan generosos a los países para poder pagar sus facturas energéticas. Más problemático aún, mientras más petróleo vende PDVSA a los países en esos términos, menos dinero obtiene la petrolera por su producto. Esta situación es especialmente problemática para Venezuela en la época de precios bajos que afronta. En 2015 y 2016 PDVSA se ha visto forzada a recortar los embarques de petróleo con financiamiento generoso para sus amigos.[268]

La petrodiplomacia de Venezuela también es costosa porque varios de estos países no han pagado a PDVSA los miles de millones de dólares que le deben. En julio de 2015 Jamaica, aquejada por problemas financieros, logró un acuerdo con Venezuela para pagar 1.500 millones de dólares a PDVSA y cancelar la deuda que tenía con la petrolera, que ascendía a 3.200 millones de dólares. En otras palabras, el abrumado Gobierno de la isla canceló a Venezuela 47 centavos por cada dólar que le adeudaba.[269] PDVSA aceptó este arreglo porque necesitaba el dinero en efectivo inmediatamente. Venezuela concluyó que era mejor obtener algún dinero en ese momento que no obtener nada a futuro. La República Dominicana logró un acuerdo similar, con un descuento del 52 por ciento en su propia deuda petrolera con Venezuela.[270] Bajo el Gobierno de Chávez, PDVSA también refinanció la deuda petrolera de Cuba y el presidente incluso perdonó deudas a Nicaragua en 2007.[271]

---

267. «Venezuela: Reducing Generosity», Barclays, 25 de marzo de 2015.

268. Véase nota 22. Los embarques de crudo a sus países aliados en la región se redujeron a la mitad entre 2012 y marzo de 2015.

269. Collister, Keith, «Was the Petrocaribe Buyback a Good Deal for Jamaica?», *Jamaica Observer*, 31 de julio de 2015.

270. Arias, César, «Petrocaribe Deal Benefits Dominican Republic Finances», Fitch Wire, 3 de febrero de 2015. En enero de 2015 la República Dominicana pagó a PDVSA 1 930 millones de dólares para saldar su deuda pendiente de 4.000 millones de dólares por cargamentos de petróleo.

271. «Venezuela y Cuba logran un acuerdo para refinanciar la deuda petrolífera», *América Económica*, 21 de abril de 2003. http://www.americaeconomica.com/numeros4/209/noticias/ravenezuelaycubana.htm; Delgado, Antonio María, «Chávez condonó secretamente millonaria deuda nicaragüense», *El Nuevo Herald*, 10 de mayo de 2015.

La tendencia de PDVSA de gastar dinero en todo menos en producir más crudo preocupa a sus acreedores. En 2016 analistas de Wall Street y tenedores de bonos temían que sus problemas de liquidez la forzarían a dejar de pagar sus deudas. Las calificaciones de crédito de la empresa —el equivalente a la puntuación de crédito de un consumidor— son abismales. La agencia calificadora de crédito Fitch Ratings le daba una calificación de CCC en marzo de 2016, lo que sugería que la empresa petrolera tenía una posibilidad muy alta de dejar de pagar sus deudas en algún momento durante los siguientes dos años.[272] Aún más, el precio de los bonos venezolanos es sumamente inestable y en 2015 y 2016 algunos de los bonos de la empresa se vendieron con un descuento de hasta el 70 por ciento de su valor nominal. Esto implica que muchos tenedores de bonos asumen que PDVSA podría dejar de pagar su deuda pronto y esperan recobrar un máximo de un 30 por ciento del valor del bono en caso de que eso ocurra.[273] Los acreedores se preocupan porque PDVSA comenzó a tener problemas de liquidez cuando los precios del petróleo estaban altos, y naturalmente asumen que las cosas sólo pueden empeorar en tiempos de precios bajos.

Arreglar los problemas financieros de PDVSA no es tan sencillo como simplemente aumentar los impuestos a las empresas petroleras que operan en Venezuela. Bajo el chavismo, el Gobierno ya se queda con más o menos el 90 por ciento del dinero que se obtiene de la venta de cada barril de petróleo, un porcentaje que se ha incrementado considerablemente del 60 por ciento que obtenía durante los primeros ocho años de Gobierno de Chávez, incluido el 2006.[274] El 10 por ciento remanente queda en manos de

272. Aristizábal, L. y X. Olave, *art. cit.*

273. Boyd, Sebastian, y Katia Prozsecanski, «These 30-Cent Bonds Are Barclays's Top Pick in Venezuela Default», Bloomberg, 26 de agosto de 2015. http://www.bloomberg.com/news/articles/2015-08-27/these-30-cent-bonds-are-barclays-s-top-pick-in-venezuela-default

274. «Alberta's Royalty System—Jurisdictional Comparison», Price Waterhouse Coopers, junio de 2009. http://www.energy.alberta.ca/org/pdfs/royalty_jurisdiction.pdf; Manzano, Osmel, y José Sebastián Scrofina, «Resource Revenue Management in Venezuela: A Consumption-Based Poverty Reduction Strategy». http://www.resourcegovernance.org/sites/default/files/Venezuela_Final.pdf

las empresas privadas que son socias de PDVSA. El porcentaje que se llevan PDVSA y el Gobierno de cada barril vendido, conocido en el argot petrolero como *government take*, ya es considerado uno de los niveles más altos del mundo.

Cualquiera diría que la empresa que controla las reservas de petróleo más grandes del mundo podría resolver todos sus problemas produciendo más petróleo. Pero PDVSA no tiene la facilidad de incrementar su producción rápidamente, en gran parte porque no ha invertido lo suficiente en infraestructuras y equipos necesarios para hacerlo. Venezuela produjo 2,53 millones de barriles de crudo diarios en promedio en febrero de 2016,[275] casi un 20 por ciento menos de lo que producía en 1999 cuando Hugo Chávez asumió el cargo de presidente.

Es más, la eficiencia no es una fortaleza de PDVSA. A comienzos de 2015 PDVSA era una empresa con una hinchada burocracia de casi 150.000 empleados.[276] Esto es más del doble de personal que la gigante ExxonMobil, una empresa que produce casi un 66 por ciento más de petróleo que Venezuela y que es considerada una de las más eficientes y mejor gestionadas del mundo.[277] PDVSA también es deficiente comparada con otras petroleras estatales. Saudi Aramco, la petrolera estatal saudí considerada la mejor gestionada del mundo, emplea a menos de la mitad de las personas que emplea PDVSA y produce más de 3,5 veces el número de barriles de crudo que produce el país andino.[278]

---

275. La cifra incluye el petróleo producido por los socios de PDVSA en Venezuela. OPEP, *Informe mensual de mercado*, 14 de marzo de 2016. http://www.opec.org/opec_web/static_files_project/media/downloads/publications/MOMR%20March%202016.pdf

276. Según el informe de PDVSA *Balance de la Gestión Social y Ambiental 2014*, la cifra de empleados del negocio petrolero ascendía a 116 806, mientras que la cifra de empleados de unidades de negocios no petroleros gestionados por PDVSA ascendía a 30 320, lo que suponía un total global de 147 126 empleados en la plantilla de la empresa.

277. ExxonMobil produjo 3,97 millones de barriles de petróleo equivalente en 2014. Fuente: *ExxonMobil 2014 Financial and Operating Review*.

278. La fuerza laboral de Saudi Aramco totalizaba 61 907 empleados. Fuente: *Saudi Aramco 2014 Facts and Figures*; Mahdi, Wael, «Saudi Aramco's 2014

Desde que Chávez despidió a más de 19.000 trabajadores y ejecutivos de PDVSA tras el paro petrolero de 2002, su administración y la de su sucesor, Nicolás Maduro, han dado prioridad a la contratación de personas políticamente leales al Gobierno por encima de personal técnicamente cualificado. Casi dos tercios de la fuerza laboral de la empresa ha trabajado en PDVSA menos de nueve años, y casi el 40 por ciento son menores de treinta y cinco años de edad.[279] La cultura de la empresa ha cambiado también favoreciendo la política en detrimento de la capacidad de trabajo. El color del logo de la empresa fue cambiado al rojo para simbolizar la llegada de una administración con inclinaciones socialistas. Y su nuevo eslogan, «PDVSA ahora es de todos», se convirtió en un llamamiento a la acción dentro del chavismo. Los trabajadores de PDVSA recibieron instrucciones de vestirse con camisas color rojo y parafernalia política, un símbolo del cambio cultural dentro de la empresa. Bajo el chavismo, se hizo prácticamente obligatorio para los empleados hacerse presentes en mítines políticos durante períodos electorales, especialmente para las elecciones a presidente. Miembros de la junta directiva y altos directivos muchas veces pasaban largas horas en eventos transmitidos por televisión a nivel nacional y en los cuales Chávez hablaba casi todo el día.

Pero PDVSA posiblemente llegó a su nivel más alto de involucramiento político cuando en noviembre 2006 el entonces presidente de la empresa y ministro de Petróleo, Rafael Ramírez, un ingeniero petrolero con tendencias políticas de izquierda y leal a Chávez, dijo a los gerentes de la empresa —en una reunión que alguien grabó secretamente con una cámara de vídeo justo antes de las elecciones en las que Chávez buscaba la reelección— que la meta de PDVSA era hacer lo posible por reelegir al presidente. Ramírez es un hombre con un pedigrí revolucionario impecable.

Oil, Gas Output Reaches Near-Record High», Bloomberg, 11 de mayo de 2015. http://www.bloomberg.com/news/articles/2015-05-11/more-saudi-aramco-shi pped-2-5b-bbl-of-oil-in-14-annual-report

279. Información obtenida del *Balance de la Gestión Social y Ambiental 2014* de PDVSA.

Su padre fue miembro del movimiento guerrillero en la década de los sesenta. Ramírez calificó a la empresa en esa reunión como «roja rojita», refiriéndose a los colores del movimiento político de Chávez. Y advirtió además a los gerentes de la petrolera que «es un crimen, un acto contrarrevolucionario que algún gerente aquí pretenda frenar la expresión política de nuestros trabajadores en apoyo al presidente Chávez». El vídeo se hizo público poco después y la autoridad electoral venezolana multó a Ramírez por sus declaraciones. Sin embargo, Ramírez continuó dirigiendo la empresa bajo esos mismos parámetros durante una década, hasta que dejó el cargo en septiembre de 2014.

Una PDVSA altamente politizada también se ha convertido en una fuente de múltiples escándalos de corrupción. Los aviones privados de la empresa estatal se han convertido en virtuales taxis para las familias y los amigos de sus ejecutivos y de otros oficiales del Gobierno, quienes han hecho viajes de placer a lugares como Sídney, Hawai, París o Colorado.[280] A veces, el propio Chávez prestaba aviones a sus aliados políticos en la región, como el presidente de Bolivia, Evo Morales, o el líder depuesto de Honduras José Manuel Zelaya.[281] El abuso de los aviones de PDVSA se hizo particularmente notorio ya que Chávez, recién llegado a la presidencia en 1999, públicamente subastó 23 aviones privados propiedad de la empresa para obtener dinero con el cual pretendía financiar sus planes de gasto social y en ese momento prometió que, a diferencia de Gobiernos anteriores, el suyo no toleraría el abuso de aviones del Gobierno por parte de burócratas corruptos.[282]

El caso más notorio de corrupción ocurrió cuando los oficiales de aduanas de un aeropuerto argentino arrestaron a un hombre de negocios venezolano, Guido Antonini Wilson, intentando

---

280. Morales, Maru, y Hernán Lugo-Galicia, «Viajes familiares de directivos de PDVSA y de Citgo costaron a la nación $418,801 en 2009», *El Nacional*, 7 de diciembre de 2014.

281. Morales, M. y H. Lugo-Galicia, *art. cit.* Véase también Párraga, Marianna, *Oro rojo* (Caracas: Ediciones Punto Cero, 2010).

282. «Venezuela Sells Planes to Fund Social Programs», Reuters, 14 de septiembre de 1999.

entrar en Argentina una maleta con 800.000 dólares sin declarar en agosto de 2007. El escándalo reveló que Antonini estaba acompañado de ejecutivos de PDVSA en un jet contratado por oficiales del Gobierno argentino. Una corte en Estados Unidos se involucró en el caso pues Wilson vivía en Miami, y un tiempo después varios enviados por el Gobierno de Venezuela entraron en suelo norteamericano para intentar convencerlo de mantener silencio sobre el origen y el destino del dinero. Una investigación de la Oficina Federal de Investigación de Estados Unidos, el FBI, llegó a la conclusión de que Wilson llevaba dinero proveniente de PDVSA en esa maleta y que estaba destinado a ayudar a financiar la campaña electoral de Cristina Fernández de Kirchner a la presidencia de ese país.[283] Fernández ha negado públicamente esta versión de las cosas. En un país con instituciones notoriamente débiles, PDVSA ha sido una de las más afectadas por una cultura de gasto sin medida.

PDVSA ha tenido mejores días. El Gobierno de Venezuela creó la empresa petrolera en 1976 usando los activos que había nacionalizado de manos de empresas internacionales. En las décadas siguientes, PDVSA forjó una sólida cultura corporativa con la ayuda de ejecutivos petroleros venezolanos que habían trabajado en años anteriores con multinacionales como Exxon, Chevron o Shell. Para la década de los noventa, una serie de encuestas de la revista *Petroleum Economist* mostraba que los expertos del mundo petrolero veían a PDVSA como la empresa estatal con las operaciones y finanzas mejor manejadas.[284]

Los más altos ejecutivos de la empresa, muchos de ellos educados en las mejores universidades de Estados Unidos, la mane-

---

283. De Córdoba, José, y Joel Millman, «Venezuelan Businessman Details Corruption-Durán Offers Glimpse into Chávez's Rule in Interview with FBI», *The Wall Street Journal*, 12 de marzo de 2008.

284. Victor, David G.; David R. Hults, y Mark Thurber, *Oil and Governance: State-Owned Enterprises and the World Energy Supply* (Cambridge: Cambridge University Press, 2012).

jaban con un enfoque férreo en la rentabilidad. PDVSA se convirtió en una de las empresas petroleras más eficientes y rentables, produciendo más de 3 millones de barriles de petróleo al día con una nómina de casi 40.000 empleados a finales de la década de los noventa,[285] menos de un tercio de los trabajadores que tenía a finales de 2015. La empresa era una de los lugares de trabajo más deseables en Venezuela. Sus trabajadores matriculaban a sus hijos en escuelas financiadas por la empresa, que tenían los mejores profesores y recursos educacionales, podían ir de compras a tiendas de la empresa y afiliarse a clubes de su propiedad.[286] Sus altos ejecutivos tenían fama de ganar salarios que, convertidos a dólares, alcanzaban los seis dígitos. Podían permitirse comprar yates y apartamentos en Miami, entre otros lujos. Y tenían también fama de abusar de la flota de aviones de la empresa para su uso personal.

Los empleados de PDVSA evitaban, dentro de lo posible, inmiscuirse en la política del país. En la década de los noventa la empresa petrolera se había convertido en una institución que tenía muchísima más credibilidad que la clase política venezolana inepta y corrupta. Mantenerse alejados de la política tenía una lógica muy clara. Los presidentes de Venezuela ya habían saqueado en el pasado las arcas de la empresa para financiar sus planes políticos, por lo que los ejecutivos de PDVSA hacían lo posible por mantenerla alejada de lo político y a la vez mantener niveles de dinero efectivo muy bajos para evitar que los políticos de turno tuvieran la tentación de usar ese dinero para ganarse la popularidad de los votantes. Llegó un momento, sin embargo, en el que la brecha entre la cultura elitista de la compañía y los niveles de pobreza en Venezuela se hizo demasiado evidente. Cuando Chávez concurrió a las presidenciales en 1998 denunció que PDVSA se había convertido en un «estado dentro del Estado», y su retó-

---

285. Barrionuevo, Alexei, «Management Revolt: How Technicians at Oil Giant Turned Revolutionaries-State Petroleum Firm Holds Out in Venezuela's Strike; Business Won't Be Usual-the Engineer Who Roared», *The Wall Street Journal*, 10 de febrero de 2003.

286. Barrionuevo, A., *art. cit.*

rica encontró eco en las clases populares venezolanas, que se sentían excluidas de esa cultura de élite.

La mala gestión de PDVSA bajo el chavismo se evidencia en sus metas fallidas. Durante años la empresa ha anunciado planes ambiciosos pero poco realistas para aumentar su producción petrolera. En 2005 su estrategia corporativa prometía duplicar la producción a 5,85 millones de barriles de petróleo al día para el año 2012.[287] Más de una década después de publicar este objetivo, la empresa producía no más de 2,7 millones de barriles diarios y estaba muy lejos de lograr una meta tan ambiciosa. Los últimos planes de PDVSA incluyen llegar a esa misma cifra, pero en el año 2019.

En 2015 el nuevo presidente de PDVSA intentaba mejorar las cosas. Eulogio Del Pino, un ingeniero petrolero educado en Stanford con la costumbre de hacer senderismo en El Ávila, es una rareza en la empresa. Del Pino, un hombre corpulento, tiene una vena competitiva. Durante mis años en Venezuela ocasionalmente lo veía subiendo el cerro, temprano por las mañanas. En una conversación que tuvimos se jactó una vez de poder subir un trecho de 300 metros en menos de 25 minutos, pero tras encontrarme con él en repetidas ocasiones durante su caminata matinal su paso lento me convenció de que estaba fanfarroneando.

En la industria, Del Pino se ha granjeado la reputación de ser un gestor hábil y de haber hecho la tarea dura de dirigir PDVSA, mientras que Ramírez, el anterior presidente, asumía un papel cada vez más político dentro del chavismo. A Del Pino se le conoce por pasar más tiempo ocupándose de la gestión de la empresa que haciendo acto de presencia en mítines políticos. Y bajo su gestión, a los empleados se les ha pedido que comiencen de nuevo a vestirse con ropa formal en el trabajo y que usen cada vez menos ropa de color rojo y con insignias políticas, una señal clara de que en una PDVSA en crisis el negocio está asumiendo de nuevo un papel más importante que la ideología.[288] Del Pino se ha dedicado

---

287. «High Oil Prices to Bankroll PDVSA US$56bn Investment Plan», *Business News Americas*, 31 de agosto de 2005.

288. Ullmer, Alexandra, y Marianna Párraga, «Its Red Shirts Fading, Venezuela's Oil Giant Embraces Pragmatism», Reuters, 13 de marzo de 2015.

a convencer a las empresas petroleras privadas de que inviertan dinero fresco en la maltrecha industria petrolera nacional, y eso no es fácil en tiempos de precios bajos. En marzo de 2016 la canasta petrolera de Venezuela se situaba en apenas 25 dólares por barril.

Un viernes de enero de 2015 visité la oficina del presidente de PDVSA para reunirme con Rafael Rodríguez, el hombre de confianza y mano derecha de Del Pino. En un lateral del edificio, una enorme valla publicitaria con la imagen de Chávez clamaba por el avance de la revolución. La parafernalia chavista sigue siendo parte de la decoración de las instalaciones de PDVSA. Mientras esperaba que comenzara mi reunión, eché un vistazo a un artículo en una revista petrolera publicada por PVDSA que citaba a un trabajador agradeciendo a la revolución por haberlo contratado para trabajar en una nueva empresa sísmica, un trabajo para el cual él no tenía experiencia alguna.[289] Rodríguez, un abogado en la treintena, vestía con una americana a cuadros, mocasines de piel y lo que parecía ser un reloj IWC Portugieser, una indumentaria muy poco chavista. Y a la vez, una gran foto de Chávez colgaba detrás de su escritorio.

Del Pino había pedido a Rafael Rodríguez que se reuniera conmigo para conocer un poco más sobre mi proyecto y sondear la tesis de mi libro. Del Pino y su equipo no suelen ofrecer entrevistas y evitan dar conferencias de prensa. Y no es de extrañar. En los días de mi visita la prensa local publicaba historias sobre cómo los chavistas más radicales le estaban pidiendo al presidente Maduro que reemplazara a Del Pino por alguien con una filosofía más revolucionaria. Rodríguez aprovechó la oportunidad de nuestra conversación inicial para defender el papel que desempeñaba la empresa como principal fuente de gasto público desmedido para el Gobierno. PDVSA, argumentaba Rodríguez, no puede compararse con otras empresas petroleras globales. «La mayoría de empresas responden a los intereses de una gran cantidad de accionistas que buscan ganancias, pero PDVSA respon-

289. Revista informativa de *Sísmica Bielovenezolana*, 3ª edición.

de sólo a un accionista, el Estado», me dijo. Finalmente, Del Pino y Rodríguez nunca accedieron a concederme una entrevista formal. En septiembre de 2015, Del Pino asumió el rol dual de presidente de PDVSA y ministro de Petróleo, lo que le obligaba a tener una participación directa en la política. Al parecer, cambiar la cultura política y el modo de operar de PDVSA llevará todavía algunos años.

Los jueves a las cinco de la tarde es la hora de la clase de natación en el Altamira Tennis Club. La piscina semiolímpica de seis carriles, rodeada de palmeras y un césped prolijamente cuidado, está llena de niños vigilados por un entrenador de natación que se ve muy relajado. Niñeras uniformadas y madres jóvenes sumamente delgadas caminan por los alrededores. Sin embargo, el viejo edificio principal, de arquitectura art déco, da la imagen de un glamour gastado. La terraza cubierta, los muebles de la piscina, incluso las papeleras, se ven anticuados. El club está flanqueado por los lujosos edificios de La Castellana al sur, y al norte, por una impresionante vista de El Ávila. El club es considerado el lugar donde durante años la élite de Caracas se ha congregado para relajarse. El éxodo de una gran cantidad de venezolanos adinerados en los últimos quince años ha sido duro para la institución. Las familias acaudaladas, que huyeron a medida que el Gobierno socialista se fortalecía y el nivel de criminalidad se disparaba, vendieron sus acciones en el club a empresas extranjeras que hoy día las usan para ofrecer el acceso a la institución a sus ejecutivos extranjeros que aún viven en Caracas, como un beneficio adicional. Y los nuevos dueños no parecen ver la necesidad de renovar las instalaciones del club en un país con tantos problemas económicos y políticos.

En una mesa al lado de la piscina me reuní para conversar con Luis Xavier Grisanti, el presidente de la Asociación Venezolana de Hidrocarburos (AVHI), una institución que ejerce la doble función de unión gremial y centro de investigación para las empresas petroleras extranjeras que operan en Venezuela. Grisanti es un venezolano de pelo entrecano y aire de diplomático que, de hecho, ocupó años atrás el cargo de enviado diplomático de Venezuela en la Unión Europea, Bélgica y Luxemburgo. Hoy en día, Grisanti ocupa uno de los puestos más delicados en el sector petrolero al ser la cara de las empresas petroleras extranjeras en el país, entre las que figuran algunas de las corporaciones más grandes del mundo, como Chevron o Royal Dutch Shell. Grisanti, además, da clases de geopolítica petrolera en la Universidad Simón Bolívar.

Para romper el hielo, Grisanti me relata la historia de un encuentro reciente, cuando fue víctima de un secuestro exprés organizado por cuatro maleantes. Este tipo de secuestro se da cuando un agresor secuestra a su víctima por unas horas durante las cuales obliga a la persona a sacar grandes cantidades de dinero de su cuenta de cajeros automáticos, un problema cada vez más recurrente en Caracas. A Grisanti lo mantuvieron secuestrado más de dos horas mientras su esposa intentaba dialogar con los maleantes por teléfono. Grisanti no quería dar más detalles del asunto pero estaba agradecido de haber salido sano y salvo de semejante aventura. «Afortunadamente ellos no sabía quién era yo. Yo les dije que era un profesor universitario, lo cual es cierto», me dijo. Al ser exdiplomático, Grisanti es muy cauto al hablar sobre la experiencia de las empresas extranjeras en Venezuela. Él estima que los miembros de la AVHI han invertido casi 10.000 millones de dólares en la industria petrolera local durante los nueve años previos a mayo de 2015 y un total de casi 40.000 millones desde 1992. La mayor parte de ese dinero no era dinero nuevo sino la reinversión de las ganancias generadas por los proyectos petroleros venezolanos en los que participan.

Para las empresas extranjeras, invertir en un país considerado de alto riesgo por su clima político y económico, donde el Gobierno ha nacionalizado los activos de las empresas y ha cambiado los contratos de manera unilateral, requiere de ciertas garantías. ¿Por qué invertirían más dinero en un negocio en el cual fungen como socios minoritarios, donde PDVSA toma prácticamente todas las decisiones, y en el cual el dinero destinado a inversiones puede terminar siendo usado por el Gobierno para alimentar el gasto público con el fin de mantener la popularidad de los políticos de turno, en lugar de usarlo para fortalecer la producción petrolera? El Gobierno de Chávez aumentó las tasas de impuestos y regalías que las empresas debían pagar y algunas de ellas se vieron forzadas a renunciar al control de los campos petroleros que operaban. En 2007, Chávez llegó a nacionalizar los activos de las empresas norteamericanas ExxonMobil y Conoco-Phillips, pues ambas se opusieron a hacer negocios en el país bajo los nuevos términos decretados por el presidente.[290] Desde entonces, los socios de PDVSA han invertido lo mínimo necesario en sus proyectos venezolanos. Si el Gobierno de Venezuela no considera necesario invertir dinero en el negocio, las empresas extranjeras han llegado a la conclusión de que ellas tampoco tienen por qué arriesgar su propio dinero.[291] En este sentido, los miembros de la AVHI han seguido los mismos pasos de los nuevos dueños del Altamira Tennis Club, quienes no ven la necesidad de invertir dinero en renovar las instalaciones anticuadas del club y prefieren dejarlas ancladas en la década de los cincuenta.

En 2015 producir petróleo en Venezuela todavía generaba ganancias a las empresas extranjeras, pero las condiciones en las que operaban las empresas mixtas con participación del Gobierno eran muy restrictivas para el inversor privado. Bajo la gestión del chavismo, los ejecutivos de empresas privadas petroleras se han acostumbrado a sentarse en las reuniones de las juntas direc-

290. Bajo el Gobierno de Chávez, Venezuela ofreció pagar únicamente el valor en libros de los activos de empresas internacionales, cuando el valor de mercado de esos activos era muchísimo más elevado dado el coste en ese momento de reemplazar esas instalaciones y los ingresos futuros que se podían derivar de esas operaciones.

291. En octubre de 2014, un panel de arbitraje del Centro Internacional de Arreglo de Diferencias Relativas a Inversiones del Banco Mundial falló a favor de ExxonMobil y le otorgó una cifra de compensación de 1.600 millones de dólares en su disputa con PDVSA, una fracción de los 16.600 millones de dólares que la empresa había intentado obtener por participación en los activos del mejorador de petróleo del proyecto Cerro Negro. Vyas, Kejal, «ExxonMobil Awarded $1.6 Billion in Venezuela Case», *The Wall Street Journal*, 9 de octubre de 2014. http://www.wsj.com/articles/exxon-mobil-awarded-1-4-billion-in-venezuela-case-1412879396

tivas de los proyectos petroleros a escuchar lo que deciden los procuradores del Gobierno en temas como cuánto dinero invertir o a cuántos trabajadores contratar, sin poder decir absolutamente nada al respecto. Se supone que las empresas extranjeras están ahí para mantener la boca cerrada, concordar con cualquier decisión del Gobierno y trabajar para que el petróleo siga fluyendo.

En 2014, PDVSA contrató a la empresa británica de comunicaciones Bell Pottinger para sondear las preocupaciones de las empresas petroleras que operaban en Venezuela y su apetito por invertir en el negocio. Los resultados de la encuesta de Bell Pottinger no sorprendieron a nadie. Las empresas se sentían maltratadas y tenían muy poco interés en invertir más dinero en un negocio en el que el socio mayoritario, el Gobierno, regularmente ignoraba sus recomendaciones y su vasta experiencia en el negocio. El Gobierno chavista veía a las empresas con desconfianza, no como socios en un negocio conjunto.[292] Rodríguez, el ejecutivo de PDVSA con quien conversé, fue el encargado de contratar y dirigir la encuesta, pero tanto él como Del Pino declinaron darme acceso a los resultados del estudio. Los hallazgos de la encuesta de Bell Pottinger eran exactamente los mismos que había obtenido la AVHI en un estudio similar realizado tres años antes. Según el estudio de la AVHI, algunas de las empresas petroleras más grandes del mundo se sentían oprimidas por el Gobierno, su socio mayoritario en el negocio. PDVSA manejaba las empresas mixtas como un mero apéndice de la petrolera estatal sin mostrar consideración alguna hacia sus socios, quienes querían cogobernar los proyectos y tener la oportunidad de opinar sobre temas tan básicos como la mejor manera de emplear mejores prácticas a la hora de extraer petróleo, cosa que los trabajadores de PDVSA violaban constantemente. Según Grisanti, aun antes del Gobierno de Chávez, «PDVSA carecía de una cultura de saber cómo trabajar con empresas extranjeras».

Gran parte del problema es un tema de ideología. Los nacionalistas petroleros en Venezuela ven a las empresas extranjeras

---

292. Basado en conversaciones con ejecutivos de PDVSA y de empresas internacionales que dirigieron y respondieron a la encuesta de la firma Bell Pottinger.

como usurpadoras. Carlos Mendoza Pottellá, el experto petrolero del Banco Central de Venezuela y durante años secretario personal de Juan Pablo Pérez Alfonzo, el fundador de la OPEP, no ve a las petroleras transnacionales que Grisanti representa con buenos ojos. Su visión del mundo petrolero es bastante cercana a la de los chavistas cuando dice que las empresas petroleras internacionales «no ven a Venezuela como una potencia petrolera. Nos ven como un botín».

Nacionalistas petroleros como Mendoza Pottellá fueron críticos acérrimos de la política venezolana conocida como la Apertura Petrolera, en la década de los noventa, que ofreció a las empresas extranjeras impuestos bajos y la libertad de dirigir proyectos petroleros en Venezuela de nuevo, algo que no se había permitido desde que el país nacionalizó su petróleo a finales de la década de los setenta. La apertura enfureció a los nacionalistas, quienes veían esta estrategia como una privatización disfrazada de la industria. Incluso Grisanti admite que algunos de los acuerdos que se firmaron con las empresas internacionales en los años noventa «tenían visos de ilegalidad». Por su parte, Mendoza Pottellá admite que los planes corporativos de PDVSA de más de doblar su producción a 6 millones de barriles al día antes de 2019 son ridículamente inviables,[293] pues la mayor parte del dinero que se necesita invertir en el sector para alcanzar esa meta debe venir precisamente del bolsillo de las mismas empresas internacionales que al chavismo le encanta calificar de enemigas de la revolución.

Tras un largo período de conversaciones entre el Estado y las empresas extranjeras entre 2013 y 2014, PDVSA llegó a un importante acuerdo con algunos de sus socios. Toda empresa interesada en invertir en Venezuela podría colocar el dinero en un fideicomiso fuera del país bajo su control, y no bajo el de PDVSA. Esta medida tenía como objetivo asegurar al socio que ese dinero no terminaría en manos de políticos venezolanos que lo usarían para gasto político. Además, el acuerdo permitía a los socios de PDVSA designar gerentes clave como el de finanzas o el de con-

---

293. Ley del Plan de la Patria, Segundo Plan Socialista de Desarrollo Económico y Social de la Nación, 2013-2019.

trataciones y suministros de los proyectos petroleros, cargos que PDVSA nombraba en el pasado. Y la empresa estatal petrolera encontró maneras también de reducir costes para sus socios. En mayo de 2015, PDVSA había dado señales de permitir a las empresas mixtas petroleras cambiar dólares a un tipo de cambio más beneficioso a los socios para reducir los costes de pago de salarios y beneficios del personal de cada proyecto.[294] Bajo esas condiciones, varios socios —incluidas empresas como el gigante estadounidense Chevron— habían accedido a invertir más dinero. El riesgo político al que se enfrentan estos acuerdos es que los nacionalistas más radicales pueden comenzar a denunciarlos como una señal de debilidad del Gobierno ante las transnacionales petroleras.

Grisanti es optimista sobre el pragmatismo que PDVSA ha mostrado al darse cuenta de que necesita a sus socios. Pero según estimaciones de la AVHI los precios bajos del crudo en muchos casos hacen que no sea rentable para las empresas invertir en sus proyectos en Venezuela y, en otros casos, las tasas de retorno estimadas son muy bajas para proyectos que afrontan altos riesgos políticos y operativos en un país tan impredecible políticamente como Venezuela.[295] Grisanti estima que Venezuela tendrá que

294. En mayo de 2015 PDVSA había acordado para las empresas extranjeras que invirtieran dinero fresco colocar esos fondos en fideicomisos y cambiarlo a la tercera tasa cambiaria oficial de ese momento, conocida como Simadi, y que se situaba en los 190 bolívares por dólar. No obstante, PDVSA aún evaluaba si permitiría a las empresas extranjeras convertir sus dólares en bolívares a esa tasa para pagar los salarios de sus empleados en bolívares, entre otros costes operativos.

295. Basado en estimaciones de la AVHI, y asumiendo que un barril de petróleo se mantenía a 50 dólares por barril y que un proyecto se financiaba enteramente con capital extranjero, el valor presente neto de algunos proyectos era negativo. Los ejecutivos de PDVSA no estaban disponibles para discutir las estimaciones de rentabilidad de nuevas inversiones en las empresas mixtas. Bajo los escenarios más optimistas contemplados por la AVHI, el petróleo venezolano ofrece tasas internas de retorno de un 15 o un 10 por ciento. Asumiendo el precio de 70 dólares por barril, algunos proyectos generaban un 15 por ciento de retorno pero únicamente si PDVSA permitía que sus socios intercambiaran los dólares destinados a inversiones de capital y a costes de operación a la tercera tasa cambiaria oficial, conocida como Simadi.

ofrecer de nuevo a las empresas el tipo de condiciones atractivas de las que gozaban antes de que Chávez incrementara sus impuestos y regalías y decidiera nacionalizar sus activos.[296] La nueva actitud de brazos abiertos de PDVSA hacia sus socios es especialmente importante si la petrolera estatal quiere incrementar su capacidad de producir más petróleo en la región del Orinoco, donde producir crudo es mucho más costoso. Es muy posible que las empresas internacionales quieran una participación accionarial más alta en los proyectos petroleros en un futuro cercano a cambio de inversiones más cuantiosas.[297] El problema es que permitirles una mayor participación accionarial es para los chavistas más radicales el equivalente a entregar la soberanía del país a extranjeros y darles el petróleo gratis. Grisanti y los miembros de la AVHI entienden que las percepciones y la historia del país importan muchísimo en el negocio petrolero venezolano. Es importante para los miembros de la AVHI que estos acuerdos que se han logrado con PDVSA no parezcan ideas paternalistas de multinacionales petroleras. O como me dijo Grisanti: «Para algunas personas es difícil entender que somos socios y que no estamos acá para enfrentarnos el uno contra el otro».

Un miércoles a las cinco y treinta de la mañana, en mayo de 2015, me encontraba sentado en una sala de espera en el aeropuerto de Maiquetía junto a docenas de viajeros soñolientos que esperaban abordar el primero vuelo hacia Maracaibo, en Zulia, el estado venezolano conocido por su larga historia de riqueza petrolera. Por el ventanal frente a la sala de espera se veía un anuncio publicita-

---

296. Algunas de esas condiciones incluían regalías de hasta un 1 por ciento durante varios años, mientras las empresas recuperaban sus inversiones.

297. Bajo el Gobierno de Chávez las empresas internacionales podían optar a un máximo de un 40 por ciento de participación en las empresas mixtas con PDVSA controlando un 60 por ciento. La legislación venezolana deja claro que PDVSA debe controlar el 51 por ciento de cada proyecto, lo que quiere decir que el Gobierno tiene cierto margen para ofrecer a empresas extranjeras porcentajes de participación más altos que el 40 por ciento actual.

rio a lo largo del puente que conecta la puerta de embarque con el avión, con dos enormes fotografías de Chávez y el presidente Nicolás Maduro con una frase subrayada: «Sembramos petróleo, conciencia y valores socialistas». El mensaje iba acompañado de imágenes de trabajadores petroleros, cada uno con las palabras «humanismo», «lealtad» y «solidaridad». La propaganda del Gobierno ha intentado convertir el petróleo y la industria que lo produce —el alma de la economía nacional— en un instrumento de transformación política y económica. Los trabajadores que bombean crudo son camaradas revolucionarios, y la industria es más que un negocio rentable, es una fuente de clientelismo político. El anuncio me preparó para lo que estaba a punto de encontrar en mi visita a Maracaibo. Bajo el chavismo, PDVSA se ha tomado la ambiciosa misión de eliminar la pobreza. Y cualquier obstáculo en el camino a esta meta —ya sea una cultura corporativa sensata, las mejores prácticas para producir petróleo, un consumo responsable del petróleo o, en general, una industria petrolera bien manejada— tiene poca importancia.

El objetivo de mi viaje era visitar la ciudad de Cabimas, a unos treinta o cuarenta minutos en automóvil al sudeste desde Maracaibo. Tras aterrizar en el aeropuerto de Maracaibo, abordé un coche y crucé el puente Rafael Urdaneta, de más de 230 metros de longitud, que conecta las orillas este y oeste del lago de Maracaibo, un lago de más de 13.200 metros cuadrados, un poco más grande en tamaño que el estado norteamericano de Connecticut. Pequeñas plataformas petroleras flotan sobre sus aguas verdosas. El lago sufre de una infestación de lemna, un problema que los expertos atribuyen a las aguas negras que se vierten en él y a más de un siglo de explotación petrolera.

Cabimas está ubicada en la orilla oeste del lago y tiene un población de unas 200.000 personas. Es un lugar de edificios bajos que rara vez superan los dos pisos de altura y el calor húmedo es insoportable. La temperatura promedio anual es de unos 30 grados centígrados, pero las llamas producidas por la quema de gas, propia de la producción petrolera en el lugar, hacen que la ciudad se sienta más caliente. Cabimas tuvo su momento de fama mundial en 1922 cuando un pozo petrolero conocido como el Barroso

No. 2 «explotó» [se activó], produciendo 100.000 barriles de crudo al día. La riqueza que fluyó de ese pozo transformó el pequeño pueblo, que por aquel entonces contaba con apenas 5.000 habitantes. Para la década los setenta Cabimas se había convertido en una pequeña ciudad con suficiente autoestima para pretender ser un pequeño centro cultural. En una época el pueblo atrajo a estrellas de fama internacional, como el famoso cantante de tango Carlos Gardel. A medida que la producción de Barroso y otros pozos en la zona maduró y declinó, también declinó la fama y fortuna del pueblo. El sitio del pozo Barroso se convirtió en una plaza pública y los teatros que en su momento atrajeron tanto talento cerraron sus puertas. En 2013 Cabimas finalmente abrió una serie de Cines Multiplex en un centro comercial, lo cual constituyó un gran acontecimiento para una ciudad cuyo último cine, La Fuente, había cerrado unos dieciséis años antes. Para la inauguración de los nuevos cines, algunos en Cabimas aún recordaban haber visto el estreno de la película *Parque Jurásico*, una de las últimas que se reprodujeron en la ciudad.

Cabimas encarna la esencia de lo que es un pueblo petrolero. Parte de la ciudad yace por debajo del nivel de las aguas del lago debido a un fenómeno conocido como «subsidencia», un hundimiento de la tierra que ocurre tras décadas de extracción de petróleo y gas. Una pared de contención evita que el agua del lago inunde las ciudades de la costa oeste. Cabimas no está cerca de o junto a un pozo petrolero importante. La ciudad misma está ubicada justo encima de una acumulación de petróleo. Los típicos gatos de bombeo que extraen petróleo a la superficie martillean al lado de edificios de apartamentos, justo en medio de áreas residenciales. Tuberías que queman gas salen de la tierra y sus llamas se ven por encima de los techos de la ciudad. Los niños montan en bicicleta y se pasean por las verjas que delimitan estaciones de bombeo de crudo justo al lado de parques, supermercados y licorerías. Cabimas tiene 178 pozos activos, lo que obliga a los trabajadores petroleros a desplazarse en coche de un lado a otro de la ciudad —una ciudad del tamaño de Nueva Orleans, en Estados Unidos— para controlar la producción en las distintas estaciones de bombeo.

En 2015 Cabimas ya se consideraba un campo petrolero marginal que producía unos 7.000 barriles de crudo al día, pues su vida productiva estaba acercándose a su fin. Los pozos marginales requieren de más dinero y tecnología para poder extraer el combustible que aún queda bajo tierra. La difícil tarea de operar este tipo de yacimiento en medio de una ciudad recae en Petrocabimas, una empresa que tiene como accionistas a PDVSA y una empresa socia llamada Suelopetrol, la única petrolera venezolana privada que ha logrado firmar un acuerdo para crear una empresa mixta conjunta con la gigante petrolera estatal. A pesar de tener una industria petrolera con una historia de más de cien años, los venezolanos no han creado muchas petroleras privadas con la capacidad de gerenciar proyectos petroleros como lo hacen las grandes petroleras multinacionales. Durante mucho tiempo, han considerado el negocio de invertir dinero en campos petroleros y gerenciar la producción como algo que únicamente el Gobierno y multinacionales con muchos recursos pueden hacer. Suelopetrol es un ejemplo de éxito poco común en el que una empresa local entra en el negocio petrolero. La empresa nació en 1984 como una pequeña compañía de servicios especializada en estudios sísmicos, la tecnología que normalmente se utiliza en el sector para evaluar los yacimientos. Suelopetrol comenzó como una contratista de este tipo de servicios para PDVSA.

El modesto negocio fue la creación de Henrique Rodríguez Guillén, un ingeniero civil de una familia de clase media alta en Caracas. Rodríguez tenía un buen sentido de la oportunidad. A finales de la década de los noventa, cuando Venezuela subastó una gran cantidad de campos petroleros para ser operados por empresas extranjeras, Suelopetrol llegó a un acuerdo con la alemana Preussag Energie, que operaba el campo de Cabimas. El acuerdo significó una participación del 10 por ciento del campo para Suelopetrol, y se convirtió en un enorme paso para la compañía, que pasó de ser sólo una empresa de servicios petroleros a ser parte responsable de operar un campo petrolero. Esto permitía a Suelopetrol adquirir experiencia en el tipo de labor que realizan empresas como Chevron, ExxonMobil y BP en campos petroleros alrededor del mundo. La importancia de Suelopetrol creció con el tiempo y en 2004 compró la participación de los alemanes; al hacerlo, se convirtió en un socio principal de PDV-SA. El estatus de socio significó para Suelopetrol codearse con las mayores empresas mundiales que hacían negocios en Venezuela. En 2016 Suelopetrol no sólo controla un 40 por ciento de Petrocabimas sino que también se ha convertido en socia de Chevron en un negocio que incluye la extracción y eventual mejoramiento del crudo pesado en la faja del Orinoco. Suelopetrol también participa en la exploración de petróleo en Colombia y produce crudo en un campo en Texas.

A mediados de mayo de 2015, durante mi visita a Cabimas, el personal de Cabimas tenía un serio problema. Alrededor de treinta vehículos, entre automóviles y pick ups —casi un cuarto de la flota que utilizaban para inspeccionar estaciones de bombeo de crudo y tanques de almacenamiento— tenían neumáticos dañados o carecían de batería. Esto dificultaba enormemente sus rutinas básicas de seguridad necesarias para mantener las operaciones del campo en buen estado. Comprar neumáticos y baterías era un problema en gran parte porque se habían convertido en bienes muy escasos en Venezuela. En la distribuidora de baterías Duncan en la ciudad de Maracaibo docenas de personas hacían una larga cola que daba la vuelta a la manzana todas las mañanas antes de que el negocio abriera sus puertas. Y no había garantía alguna de que el cliente pudiera encontrar una batería del tamaño adecuado para su vehículo. Encontrar neumáticos nuevos era igualmente problemático.

Los gerentes de Petrocabimas se enfrentaban además con un proceso tedioso a la hora de comprar algo tan sencillo como un neumático. Prácticamente toda compra medianamente grande debía contar con la aprobación de PDVSA, el socio mayoritario en el proyecto Petrocabimas. Los gerentes del proyecto dedicaban muchas horas de trabajo a conseguir que los grandes gerentes de PDVSA en Caracas les den la aprobación para comprar uno a uno estos neumáticos y baterías, en lugar de hacer una sola compra. Bajo las difíciles circunstancias que atraviesa la economía venezolana, ningún distribuidor puede vender a Petrocabimas todos los neumáticos y baterías que necesita para reparar su flota de automóviles. Y el proceso de aprobaciones por el que tienen que pasar los gerentes del proyecto puede durar varios meses. Primero tienen que anunciar una licitación para la compra del producto que necesitan, para luego obtener estimaciones de costes de varias empresas interesadas. Estas estimaciones pasan entonces a un equipo de ingeniería de costes y —en caso de que el coste sea aprobado— la decisión de compra pasa a manos de la junta directiva de Petrocabimas y de ahí a otra junta de gerentes en PDVSA en Caracas, que son los responsables de dar el visto bueno final. Algunas de estas juntas de gerentes se reúnen únicamente una vez al mes, lo que implica que algo tan sencillo como reparar unos cuantos automóviles puede llevar varios meses y hasta un año, aun cuando la ley en Venezuela dicta que estos procesos de contratación deberían tardar un máximo de cuarenta y cinco días. En un país con una inflación desbocada como Venezuela, los precios de los productos cambian con tanta frecuencia que una estimación original para reparar un automóvil expira en quince días o menos. Cuando esto ocurre, todo el proceso de compra debe comenzar de nuevo desde el principio.

Durante años, PDVSA ha mantenido un control férreo sobre el presupuesto de proyectos petroleros como Petrocabimas. Esto implica que los gerentes de Petrocabimas no tienen capacidad de decidir la mejor manera de utilizar el dinero para producir petróleo. La razón detrás de esto va más allá de la prudencia fiscal. Durante la administración del presidente Chávez, PDVSA cambió su misión de empresa productora de petróleo a la de financiera generosa de la nómina salarial de los empleados del Gobierno y de los programas sociales para los más pobres. Esto reduce la cantidad de dinero que la empresa tiene a mano para invertir en el negocio petrolero, y proyectos como Petrocabimas sufren las consecuencias de este cambio de prioridades. PDVSA determina qué contratistas de Petrocabimas recibirán el pago, cuánto se les paga de lo que se les adeuda y cuándo se les paga. En mayo de 2015 Petrocabimas tenía un atraso de pagos con sus contratistas de más de dos años en algunos casos. Algunos contratistas, frustrados con los constantes atrasos de pagos, habían dejado de trabajar con ellos. En un caso particularmente notorio, uno de los gatos hidráulicos de bombeo de petróleo de Petrocabimas había estado en funcionamiento casi cuatro años y la empresa que se lo había vendido aún no había recibido pago alguno. El problema con los pagos a proveedores y contratistas era aún más grave en un momento en el cual Petrocabimas sufría además un problema de robos de equipamientos. El proyecto petrolero y otros en la zona habían perdido varios de sus vehículos a manos de bandas criminales presuntamente relacionadas con grupos guerrilleros colombianos que ocasionalmente se refugian en territorio venezolano. Petrocabimas mantiene estaciones de bombeo, partes de oleoductos y generadores de electricidad protegidos dentro de jaulas de metal para evitar que los criminales roben el equipo. Bandas de ladrones se han dado a la tarea de utilizar barcazas para robar partes y equipos de las pequeñas plataformas de bombeo de petróleo en medio del lago de Maracaibo que luego venden como chatarra.

El tema del personal es uno de los aspectos más difíciles en Petrocabimas. Bajo las reglas operativas de Petrocabimas, los gerentes de Suelopetrol no tienen poder de decisión alguno sobre cuántos trabajadores y cuáles de ellos son contratados para trabajar en el campo petrolero. PDVSA toma todas las decisiones en cuanto a contratación de personal y esto ha conllevado lo que algunos gerentes consideran como un exceso de empleados para un proyecto del tamaño de Petrocabimas. En 2006, trabajaban en Petrocabimas aproximadamente 77 personas, pero en 2015 la empresa empleaba a 250 personas; sin embargo, el campo producía la misma cantidad de petróleo que nueve años antes.

El absentismo de los trabajadores es alto también, en parte porque PDVSA es sumamente flexible y laxa en sus reglas para la baja médica y los trabajadores abusan de este beneficio. Para mostrarme los niveles a los que se llega en este aspecto, un gerente de Petrocabimas me relató su propia experiencia cuando visitó a un médico de PDVSA para revisarse un problema menor de la vista. El médico le ofreció recetarle un reposo de hasta tres semanas. El gerente declinó el ofrecimiento del médico, pero muchos trabajadores de la estatal petrolera han aprovechado este tipo de ofrecimientos para extender sus bajas médicas durante meses mientras continúan cobrando sus salarios. Algunos trabajadores nuevos que llegan con la recomendación del algún alto ejecutivo en PDVSA pueden sumarse de repente a las cuadrillas de trabajo en Petrocabimas. A los gerentes de Suelopetrol nunca se les consulta sobre estos nuevos empleados porque PDVSA paga directamente su salario. Este arreglo causa problemas en Petrocabimas, donde algunos empleados simplemente ignoran las órdenes de gerentes nombrados por Suelopetrol. Su lealtad es con PDVSA.

Durante la década pasada PDVSA contrató una gran cantidad de personal sin experiencia simplemente por manifestar lealtad total al chavismo. Para poder medir adecuadamente la simpatía política de sus empleados, las evaluaciones de personal en Petrocabimas y en otros proyectos petroleros han incluido la monitorarización de cosas tales como participación en trabajo social y en actividades políticas organizadas por el Gobierno. La decoración del edificio de dos pisos de las oficinas de Petrocabimas da una idea de esta cultura. Fotografías de Hugo Chávez, con sus frases más famosas y el color rojo propio de su movimiento político, se exhiben de manera bastante prominente en prácticamente todas las paredes. Durante eventos políticos importantes en los que se necesitan grandes multitudes para demostrar el apoyo de los trabajadores al chavismo y al presidente, PDVSA envía a la mayoría de los trabajadores de Petrocabimas a Caracas en autobuses —un viaje que dura hasta 12 horas— y deja una plantilla mínima de trabajadores para mantener las operaciones del campo. Durante años, PDVSA también pedía a los gerentes de Suelopetrol que estuvieran presentes en estos eventos políticos, pero eso dejó de ser el caso con el tiempo. Negarse a participar en estos eventos puede ser sumamente contraproducente para los trabajadores en cuanto a ascensos o a la posibilidad de mantener su trabajo en el futuro.

Los problemas relacionados con el personal tienen un efecto en los niveles de eficiencia del proyecto de Petrocabimas. Los trabajadores que operan un taladro pueden tardar hasta 120 días en realizar una labor que una cuadrilla de trabajadores bien entrenados y eficientes podría realizar en la mitad de ese tiempo. Y aun cuando la cultura laboral de PDVSA genera tantos problemas al proyecto, Suelopetrol no puede hacer nada sobre la gran cantidad de contrataciones de personas poco eficientes porque el gerente de recursos humanos del proyecto es nombrado por PDVSA. De hecho, Petrocabimas sufre del cambio constante de presidentes y gerentes nombrados por la estatal petrolera. Petrocabimas había tenido tres presidentes en el año previo a mi visita a Cabimas y dos gerentes generales en los seis meses previos a mi llegada.

La falta de dinero en efectivo, los bajos niveles de eficiencia y la constante rotación de los cuadros directivos hacen prácticamente imposible que Petrocabimas pueda alcanzar sus metas de producción. Cabimas alguna vez aspiró a producir 12.000 barriles diarios de crudo, pero esa aspiración era casi el doble de lo que el campo producía en su mejor día. Los costes de producción están fuera de control también. Aproximadamente dos tercios del presupuesto anual de Petrocabimas se dedica a pagar costes administrativos, costes de personal y las pensiones y beneficios de los empleados, y menos de un tercio cubre el equipo y los servicios necesarios para la producción petrolera. Los gerentes petroleros que consulté me explicaban que esa relación debería invertirse si la empresa aspirara a producir más petróleo del que producía en ese momento.

A pesar de esos problemas el coste de producción de un barril de petróleo en Venezuela es relativamente bajo. En parte eso se explica porque en este país el crudo es muy accesible y no es necesario gastar miles de millones de dólares en exploración petrolera para encontrar el crudo. Los campos petroleros venezolanos están ubicados en tierra firme, no mar adentro donde usualmente los costes de producción se disparan rápidamente. Incluso el petróleo pesado es más fácil de extraer en Venezuela que en otros países que tienen petróleo similar, como Canadá, donde las bajas temperaturas hacen que el crudo sea tan duro como una roca y por tanto se necesita de maquinaria pesada y grandes camiones para explotarlo y transportarlo, como en una enorme operación minera.

Producir un barril de petróleo en Petrocabimas costaba un promedio de 24 dólares en 2015, un poco más del coste promedio a nivel nacional pero aún muy por debajo de lo que costaba producir un barril de crudo en Estados Unidos, Canadá y en muchos países de Oriente Medio y de África, donde los robos, las guerras y ataques terroristas pueden agregarle altos costes a cada barril que se produce. Los costes por barril en Venezuela podrían ser aún más bajos. PDVSA obligaba a sus socios a pagar a los trabajadores en bolívares pero para hacerlo tenía que convertir dólares a bolívares a la tasa preferencial de 6,3 bolívares por dólar. De no ser por esa restricción, el coste por barril en Petrocabimas podría reducirse a la mitad, a 12 dólares por barril.[298] En otras palabras, Petrocabimas fácilmente generó una alta rentabilidad durante años bajo el chavismo cuando los precios del petróleo se mantuvieron elevados. Sin embargo, el panorama se veía bastante grave para la compañía a comienzos de 2016, cuando debido a la caída de los precios del crudo Venezuela vendía su crudo a 25 dólares el barril, prácticamente lo que le costaba a Petrocabimas producir un barril con todas sus ineficiencias.

Existe un dicho bastante conocido en el mundo petrolero, popularmente atribuido a John D. Rockefeller, el fundador de Standard Oil, la empresa que se convertiría en ExxonMobil: «El mejor negocio del mundo es una empresa petrolera bien administrada. Y el segundo mejor negocio del mundo es una empresa petrolera mal administrada». En Venezuela esta frase cobra todo su sentido. Los problemas que afronta Petrocabimas son una radiografía de lo que ocurre en casi todos los proyectos petroleros del país, incluidos los más importantes, ubicados en la faja del Orinoco. Incluso algunas de las empresas petroleras más importantes del mundo que operan en Venezuela han tenido que soportar altos niveles de ineficiencia, un liderazgo muy pobre y una abultada burocracia que se han convertido en el sello distintivo de la capacidad de gerencia del chavismo.

---

298. Petrocabimas estimaba que sus costes por barril alcanzaban los 24 dólares, asumiendo que el proyecto cambiaba sus dólares a una tasa de 6,3 bolívares por dólar. Los socios internacionales habían pedido a PDVSA que les permitiera convertir sus dólares a bolívares para pagar costes operativos a la tasa de 12 bolívares por dólar.

Bajo el nuevo acuerdo de crear fideicomisos que PDVSA firmó con sus socios en 2013 y 2014, Suelopetrol acordó invertir 625 millones de dólares de su propio bolsillo. Bajo ese arreglo, ese dinero se colocaría dentro de un fideicomiso que únicamente los gerentes nombrados por la compañía podrían gastar a su manera. El acuerdo también concedía al proyecto Petrocabimas la libertad de pagar a sus propios empleados, un paso necesario para lograr generar su propia cultura de excelencia. Asimismo, el nuevo arreglo daba la oportunidad a Suelopetrol de lograr mayor importancia como empresa petrolera. A cambio de la promesa de una nueva inversión de parte de Suelopetrol, PDVSA dio a Petrocabimas control sobre Tía Juana, un campo ubicado justo al sur de sus operaciones, con una extensión el doble de grande que Cabimas. Tía Juana empleaba a 400 personas y producía 26.000 barriles diarios a comienzos de 2015, más de tres veces la producción de Cabimas y con el doble de trabajadores. A comienzos de 2015 Petrocabimas se encontraba aún en el proceso de incorporar Tía Juana a sus operaciones y su meta era doblar la producción de los campos Cabimas y Tía Juana para 2022. Pero es más fácil decirlo que hacerlo. PDVSA dirigió Tía Juana por sí sola, sin ayuda de socio alguno, durante años. El estado del campo cuando lo recibió Petrocabimas ofrece una pequeña muestra de la deficiencia de las prácticas operativas propias de la estatal.

Suelopetrol realizó una evaluación del estado de Tía Juana cuando PDVSA le hizo entrega del campo.[299] El estudio examinó 3.290 pozos petroleros y 65 estaciones de acopio de petróleo, así como el resto de las infraestructuras. El estudio encontró la presencia de vegetación y maleza en más de la mitad de las instalaciones petroleras. Permitir el crecimiento de maleza cerca de pozos petroleros es un riesgo de incendios y por ende mantener las zonas productoras libres de maleza se considera entre las prácticas más básicas que una empresa debe observar a la hora de producir crudo. El estudio encontró además derrames de petróleo en el 58 por ciento de los pozos examinados. Las vías de acceso del

---

299. Tuve acceso a leer el informe confidencial titulado *Informe técnico de toma física de campo Tía Juana tierra.*

campo también estaban invadidas de maleza y mantenidas en condiciones muy precarias, con pocas medidas de seguridad para proteger las operaciones. En otras palabras, el equipamiento petrolero está a merced de los ladrones. El equipo de bombeo de Tía Juana estaba en tan malas condiciones que un gerente de Petrocabimas filmó con su teléfono móvil un balancín petrolero roto que carecía de las partes cruciales y que no había sido engrasado en más de seis meses, pero que de manera casi milagrosa continuaba bombeando petróleo. A juicio del gerente, el hecho de que el balancín continuara operando tras meses de abandono decía mucho de la calidad del equipo y su manufactura. Este equipo abandonado que continuaba produciendo crudo por inercia ofrece una explicación bastante clara de los problemas que afronta Venezuela y revela por qué los políticos venezolanos creen que pueden darse el lujo de invertir la menor cantidad de recursos posibles en el negocio petrolero mientras se gastan ese dinero para mantener su popularidad. También nos dice mucho del origen de la tendencia del venezolano a buscar una existencia cómoda, haciendo el mínimo esfuerzo y trabajo posibles. En este país, la riqueza simplemente brota de la tierra fácilmente sin la necesidad de hacer mucho esfuerzo.

7

La gestión del mango

El sábado 18 de abril de 2015 Marleni Olivo logró golpear en la cabeza al presidente Nicolás Maduro con un mango amarillo. Olivo participaba en un evento político del Gobierno en el estado de Aragua, en la zona central norte de Venezuela, cuando el presidente Maduro —un exconductor de autobús— hizo una aparición pública conduciendo un autobús rojo con la ventanilla abierta, saludando a medida que se abría paso entre la multitud. La mujer lanzó la fruta y logró darle al presidente justo en la parte superior de la oreja izquierda. Un vídeo que se hizo viral captura el momento exacto en que Maduro siente el impacto y por instinto se agacha, mientras uno de sus guardaespaldas intenta encontrar al culpable entre la multitud.[300] El mango tenía un mensaje escrito con un rotulador negro: «SI PUEDE, ME LLAMA», con el número de teléfono de Marleni. La mujer, de cincuenta y cuatro años, no era fanática o acosadora enloquecida del presidente,

300. Drury, Flora, «Woman Is Given a New Home after Hitting Venezuelan President on the Head with a Mango», *Daily Mail*, 29 de abril de 2015. http://www.dailymail.co.uk/news/article-3054656/Woman-hit-Venezuela-leader- mango-rewarded-new-home.html

sino una ciudadana desesperada por obtener una de las viviendas construidas por el Gobierno y que tanto Maduro como su predecesor, Hugo Chávez, habían entregado a familias pobres durante años, prácticamente gratis, por medio de un programa social conocido como Gran Misión Vivienda.

El incidente del mango ocurrió en un momento difícil para Maduro. El país sufría de escasez de alimentos básicos como arroz y pollo, así como de analgésicos para tratar la fiebre. Bajo el mandato de Maduro, los recortes de electricidad y el racionamiento de agua potable se habían convertido en problemas recurrentes y la inflación en Venezuela, que había alcanzado un 68 por ciento en 2014, era una de las más altas del mundo. Peor aún, el precio que Venezuela recibía por su petróleo había caído a la mitad en el último año para situarse en 50 dólares por barril, lo que indicaba que el país afrontaría días muy duros en el futuro cercano. La popularidad del presidente había alcanzado mínimos históricos. Ese mismo mes, la encuestadora Datanálisis estimó que apenas un 28 por ciento de los venezolanos aprobaba su gestión, la mitad del apoyo que tenía cuando tomó posesión del cargo dos años antes. Con unas importantes elecciones legislativas programadas para diciembre de ese año, alrededor del 46 por ciento de los votantes planeaba apoyar a candidatos de oposición y sólo un 25 por ciento apoyaba a los aliados socialistas de Maduro.[301]

Unos días después, Maduro bromeó sobre el incidente del mango en una aparición televisada a nivel nacional y dijo que sus ayudantes se habían puesto en contacto con Marleni a petición suya para ayudarla. «Marleni tenía un problema con su vivienda. Marleni, ya aprobé, en el marco de la Gran Misión Vivienda, y ya tienes tu apartamento. Te lo van a entregar en las próximas horas», dijo Maduro, dirigiéndose directamente a Marleni a través de la cámara. La historia de Marleni se convirtió en un titular de noticias que dio la vuelta al mundo. «La mujer que golpeó al líder

301. «Datanálisis: Oposición mantiene ventaja de 20% de cara a las parlamentarias», *El Universal*, 21 de abril de 2015. http://www.eluniversal.com/nacional-y-politica/150421/datanalisis-oposicion-mantiene-ventaja-de-20-de-cara-a-las-parlamentar

venezolano con un mango, recompensada con una nueva casa», resaltaba un titular del periódico británico *Telegraph*.[302] El comediante John Oliver, en su programa *Last Week Tonight*, se burló del incidente y del hecho de que una gran cantidad de venezolanos decidiera copiar la idea de Marleni y comenzaran a lanzar y a entregar mangos al presidente y a sus ayudantes con mensajes escritos. El episodio del mango incluso sirvió de inspiración para la creación de una aplicación de juego para Google Play llamada «Maduro Mango Attack», en la cual los jugadores lanzaban fruta tropical al presidente.[303] El juego había alcanzado las 100.000 descargas a finales de mayo de 2015.[304]

Cuando Marleni finalmente habló con los periodistas, explicó que había usado un mango que tenía a mano, pues carecía en ese momento de papel para escribir un mensaje al presidente. De hecho, ese mismo día el presidente recibió más de 4.000 pequeños papeles con todo tipo de peticiones y pedidos que sus seguidores entregaron a sus allegados con la esperanza de recibir ayuda para pagar algún tratamiento médico, o bien para obtener una casa o un trabajo.[305]

La búsqueda por obtener favores de algún líder político no es nueva en naciones con una gran mayoría de la población en estado de pobreza. Pero los presidentes venezolanos, que tienen control sobre una vasta riqueza petrolera, atraen más peticiones que muchos otros. Cuando Hugo Chávez asumió la presidencia en

302. «Woman Who Hit Venezuelan Leader with Mango Rewarded with New Home», *The Telegraph*, 25 de abril de 2015. http://www.telegraph.co.uk/news/worldnews/southamerica/venezuela/11562934/Woman-who-hit-Venezuela-leader-with-mango-rewarded-with-new-home.html

303. «Venezuelan President's Bout with Thrown Mango Inspires Game», *Daily Mail*, 6 de mayo de 2015. http://www.dailymail.co.uk/wires/ap/article-3069656/Venezuelan-presidents-bout-thrown-mango-inspires-game.html

304. Margolis, Mac, «Venezuela Sues the Messenger», Bloomberg, 21 de mayo de 2015. http://www.bloombergview.com/articles/2015-05-21/venezuela-sues-the-messenger

305. «La mujer a la que Venezuela le prometió una vivienda tras lanzar un mango a Maduro», *BBC*, 26 de abril de 2015. http://www.bbc.com/mundo/noticias/2015/04/150425_venezuela_mujer_lanzo_mango_maduro_lv.

1999, pronto se vio abrumado por la cantidad de mensajes escritos en largas cartas o en pedazos de papel que sus seguidores intentaban poner en sus manos o meterle en los bolsillos cuando caminaba en medio de multitudes. Mujeres jóvenes y ancianas se peleaban con sus guardaespaldas en su intento desesperado por pedir un favor al presidente. Apenas seis meses después de llegar a la presidencia, un artículo escrito por la agencia de noticias Reuters llamó a Chávez «el santo de los milagros de los empobrecidos venezolanos»,[306] porque sus seguidores parecían creer que el presidente podía solucionar todos sus problemas casi por arte de magia con tan sólo colocar un mensaje en sus manos. En esa época, el palacio de Miraflores recibía alrededor de 8.000 cartas al día pidiendo favores al presidente.[307] La gente pedía a Chávez, entre otras cosas, una bolsa de cemento, una beca educativa o que apresara a algún criminal.

Chávez hacía el esfuerzo por cumplir esos deseos de la manera más pública posible, anunciando esos favores a seguidores preseleccionados por televisión en su programa televisado semanal *Aló Presidente*. Chávez creó la Fundación Pueblo Soberano en el año 2000 con su propio presupuesto para satisfacer todas estas peticiones dentro de lo posible. Un venezolano que había sufrido un accidente podía de repente obtener un extenso tratamiento médico, o bien alguien con problemas de visión podía viajar a Cuba para operarse los ojos con todos los gastos pagados. Otros lograron un trabajo en un ministerio o en un programa social dirigido por el Gobierno. Durante los años de Chávez en el poder, aquellos con más suerte lograron dejar casas precarias y se instalaron en viviendas construidas y financiadas por el Gobierno, un gesto de generosidad presidencial.

Esta manera personalista de manejar un país tiene claros beneficios políticos. Permite que los votantes se sientan más conectados con su líder, y a la vez permite al presidente generar la percepción de tener el poder de resolver los principales problemas que aquejan a la población. También fomenta la creencia, muy

---

306. Lugo, Omar, «Chávez, "el Santo de los Milagros" de empobrecidos venezolanos», Factiva, 24 de julio de 1999.

307. Lugo, O., *art. cit.*

arraigada en la psique del venezolano, de que el Gobierno tiene el poder y la riqueza suficientes para solucionar prácticamente cualquier problema. De acuerdo con una encuesta realizada en 2011 por Latinobarómetro, aproximadamente el 48 por ciento de los venezolanos cree que el Gobierno puede resolver «todos los problemas de la sociedad».[308] Ese porcentaje llegaba al 81 por ciento cuando se incluye a aquellos que estaban de acuerdo con la idea de que el Gobierno puede resolver «la mayoría de los problemas de la sociedad». El porcentaje de aquellos que respondían afirmativamente a estas percepciones era casi el doble del promedio de respuestas similares en el resto de América Latina. Pero el Gobierno de Venezuela está muy lejos de tener la capacidad casi mágica de resolver problemas. Cuando el presidente asume el papel del principal cuidador de la salud de los venezolanos, proveedor de trabajos o de viviendas, la resolución de problemas se convierte en una lotería: algunas personas tienen la suerte de que el presidente se encargue de su caso y el resto de los venezolanos cree que un día ellos tendrán esas misma suerte también.

Naturalmente esto genera una frenética competencia por llevar los problemas directamente al presidente. Los venezolanos de a pie no son los únicos que compiten por captar su atención. Bajo el chavismo, los presidentes se han dedicado a delegar muy poco a sus subalternos, por lo que una gran cantidad de decisiones requieren del visto bueno presidencial. Si se necesita la última palabra del líder para la mayor parte de las decisiones, sin importar lo pequeñas que sean, los ministros dejan de pensar por sí mismos y luchan entre ellos por lograr entrevistarse cara a cara con el presidente. Las metas de largo plazo del Gobierno dejan de ser importantes y toman un segundo plano ante los deseos inmediatos del presidente. En un mundo donde el éxito depende de obtener la atención del presidente, la idea del mango de Marleni fue simplemente brillante. Era una manera creativa de obtener la atención del presidente lo suficiente como para solucionar un problema

---

308. Citado por Pedro L. Rodríguez, José R. Morales, y Francisco J. Monaldi, «Direct Distribution of Oil Revenues in Venezuela: A Viable Alternative?», Center for Global Development, 13 de septiembre de 2012. www.cgdev.org

puntual. Maduro y Chávez han manejado el país desplazando constantemente su atención de una emergencia a otra, y ofreciendo soluciones de corto plazo con muy poco planeamiento de largo plazo, como si recibieran constantemente golpes de mango en la cabeza, lo que podría llamarse como «la gestión del mango».

Esta manera de dirigir el país no es nueva en Venezuela, pero se ha convertido en un sello distintivo del chavismo. La gestión del mango afecta a la manera en la que el Gobierno gasta dinero. Para pagar por proyectos al antojo del líder de turno, el presidente requiere de libertad absoluta de reglas presupuestarias. Con esto en mente, Hugo Chávez creó el Fondo Nacional de Desarrollo, conocido como Fonden, un fondo utilizado para acumular miles de millones de dólares fuera del presupuesto gubernamental que el presidente podía utilizar en cualquier momento con poca transparencia y una mínima rendición de cuentas. Más aún, el Tesoro venezolano subestima de forma intencionada y consistente los ingresos que espera obtener del petróleo cada año para así presupuestar lo menos posible. Esto permite al presidente disponer de más fondos libres de restricciones, de los excedentes del ingreso petrolero, para hacer lo que le place. Por ley, el Gobierno debe compartir parte de sus ingresos presupuestarios con Gobiernos estatales y municipales en todo el país, de manera que al presupuestar menos dinero, el presidente y su equipo de Gobierno logran acumular una gran cantidad de dinero para el gasto social a expensas de las administraciones de gobernadores y alcaldes.[309]

Las famosas misiones creadas por Chávez son el ejemplo más notorio de la gestión del mango. El mismo Chávez admitió en su momento que creó los programas sociales en respuesta a una emergencia política: sus niveles de aprobación eran demasiado bajos en un momento en el que sus enemigos políticos buscaban convocar un referendo para revocar su mandato.[310] Las misiones eran un parche, una medida de corto plazo. Estos proyectos no sólo se convir-

309. Rodríguez, P.L.; J.R. Morales, y F.J. Monaldi, *art. cit.*
310. «Taller de alto nivel: "El nuevo mapa estratégico"», 12 y 13 de noviembre de 2004. http://www.minci.gob.ve/wp-content/uploads/downloads/2013/01/nuevomapaestrategico.pdf

tieron en una burocracia paralela a la ya establecida, sino que además tenían más poder que los ministerios de educación y de salud, en los que Chávez no confiaba que le pudieran ayudar a recuperar su popularidad con suficiente rapidez. A largo plazo, las misiones engrosaron la plantilla salarial del Gobierno y empeoraron aún más los notorios niveles de ineficiencia y corrupción de la Administración pública. Sin embargo, las misiones ayudaron a los votantes de escasos recursos y, al hacerlo, lograron hacer de Chávez uno de los presidentes más populares de la región latinoamericana.

Sus programas sociales fueron extremadamente exitosos como herramienta de clientelismo político. Chávez y sus aliados se convirtieron en la fuerza política dominante en el país, y lograron fácilmente superar la popularidad de todos sus opositores en todas las elecciones presidenciales, legislativas y locales, así como la mayoría de referendos entre 1999 y 2014. A través de la Misión Vivienda, Chávez repartió decenas de miles de viviendas a venezolanos pobres, particularmente en los meses que precedieron a la elección presidencial de 2012. El programa de vivienda fue instrumental en persuadir a los venezolanos para que votaran por la reelección de Chávez aun cuando estaba en la última etapa de su lucha contra el cáncer, apenas seis meses antes de que falleciera. La falta de planificación a futuro era evidente. En el apuro por construir viviendas antes de las elecciones presidenciales, muchos edificios de apartamentos terminaron siendo mal construidos. El país tampoco estaba preparado para una iniciativa de construcción a semejante escala y pronto en Venezuela comenzaron a escasear los materiales como el acero y el cemento, lo que llevó a la paralización de muchos proyectos durante varios meses. El Gobierno continuó construyendo viviendas de interés social tras la muerte de Chávez, y la escasez de acero se hizo tan grave que el Gobierno comenzó una campaña para triturar automóviles abandonados y bicicletas para obtener de ahí las barras de acero necesarias para sus proyectos de construcción.[311]

311. Ore, Diego, «Venezuela to Crush Cars, Bikes to Build Houses», Reuters, 29 de abril de 2014. http://www.reuters.com/article/us-venezuela-autos-idUSKBN0DF1VX20140429

Las misiones de Chávez también estaban en muchos casos mal enfocadas a un público que no siempre era el más necesitado. Un estudio de los programas sociales del chavismo realizado en 2014 por el experto venezolano en pobreza Luis Pedro España concluyó que casi la mitad de los 2,5 millones de venezolanos que se beneficiaron de los programas sociales del chavismo no se podía clasificar de pobres en ese momento.[312] Por ejemplo, España encontró que casi la mitad de los venezolanos que compraron comida a precios subsidiados en supermercados del Gobierno no eran los destinatarios previstos para tales subsidios. En el caso de los apartamentos que el Estado entregaba a venezolanos a tasas de interés por debajo del mercado, nueve de cada diez beneficiarios tampoco se podían considerar pobres. La política tenía mucho que ver en el proceso de asignación de beneficios sociales. El estudio de España muestra que casi cuatro de cada diez personas que decían no beneficiarse de las misiones se sentían excluidas de éstas porque no apoyaban políticamente al chavismo.[313]

Bajo la gestión del mango, el gasto en políticas públicas que generan mayor rédito político tiene primacía por encima de la inversión en infraestructuras y servicios básicos. El servicio de agua es un claro ejemplo. Venezuela posee el décimo segundo recurso acuático más grande del mundo —medido por disponibilidad de agua—,[314] pero sus ciudades, especialmente Caracas, sufren de escasez de agua durante largos períodos de tiempo. La razón es muy simple. Los seis depósitos de agua que abastecen a la capital del país no dan abasto con la demanda, y el Gobierno no ha construido un solo nuevo depósito en más de quince años en el poder.[315] Bombas de agua deficientes y viejas y tuberías agujerea-

---

312. España, Luis Pedro, «Pobreza y programas sociales», *Encuesta sobre Condiciones de Vida. Venezuela 2014*, IIES-UCAB.

313. España, L.P., *op. cit.*

314. En 2011 Venezuela ocupaba la posición número 12 en la lista de acuerdo con datos del *World Factbook* de la CIA.

315. Vyas, Kejal, «Venezuela's Latest Woe: Water Shortages», *The Wall Street Journal*, 8 de julio de 2014. http://www.wsj.com/articles/venezuelas-latest-woe-water-shortages-1404849526.

das son comunes en el servicio de aguas de Venezuela, lo cual explica por qué la presión del agua es baja y ocasionalmente no hay servicio en varias partes de la ciudad. El Sistema Tuy IV para proveer de agua a la ciudad, considerado el más grande del mundo, con un embalse y alrededor de 72 kilómetros de tuberías, aún está en construcción a comienzos de 2016; la falta de financiación ha retrasado su finalización más de una década.[316] El resto del país sufre de problemas similares. De hecho, en 2014 casi cuatro de cada diez venezolanos no recibía servicio de agua diariamente.[317]

El servicio de electricidad también está en ruinas. Desde que Venezuela nacionalizó las empresas eléctricas en 2007, no se ha invertido suficiente dinero en ampliar la capacidad del país de generar electricidad. La red de transmisión de electricidad está vieja y falla constantemente.[318] Varios períodos de sequía han impactado constantemente en la capacidad de generar electricidad, pues más de la mitad de la electricidad que el país consume viene de plantas hidroeléctricas. El gran problema, sin embargo, es el nivel de consumo, que está fuera de toda proporción para una economía débil y golpeada como la de Venezuela, un fenómeno que se da por la existencia de precios de electricidad subsidiados. Cada venezolano consumía en promedio alrededor de 3.413 kilovatios-hora en 2012, prácticamente un consumo de electricidad similar al de China, que ha tenido una de las economías más pujantes del mundo.[319] En abril de 2015, la demanda llegó a tales

316. Vyas, K., *art. cit.*; Rosati, Andrew, «Caracas Poor Go Thirsty amid Political Strife and Poor Planning», *The Miami Herald*, 5 de julio de 2014. http://www.miamiherald.com/news/nation-world/world/americas/venezuela/article1974102.html; «Sistema Tuy IV, entrará en servicio en octubre de 2017», *El Universal*, 11 de junio de 2015. http://www.eluniversal.com/caracas/150611/sistema-tuy-iv-entrara-en-servicio-en-octubre-de-2017.

317. «Sistema Tuy IV».

318. «Venezuela Energy Industry Report», Economist Intelligence Unit, junio de 2014, www.eiu.com. Véase también «45% de las plantas eléctricas de Caracas no funcionan», *El Nacional*, 21 de agosto de 2015. http://www.el-nacional.com/sociedad/plantas-electricas-Caracas-funcionan_0_686931495.html

319. Datos de consumo de electricidad del Banco Mundial. http://data.

niveles que el Gobierno se vio forzado a declarar una emergencia nacional y redujo las jornadas laborales de sus empleados a menos de seis horas diarias con el objetivo de ahorrar en el gasto de electricidad por el uso de aparatos de aire acondicionado.[320] Y a comienzos de 2016 el Gobierno obligó a centros comerciales y hoteles a reducir el uso de electricidad durante el día, lo que conllevó que, por ejemplo, las tiendas tuvieran que cerrar temprano y que los hoteles dejaran a sus huéspedes sin electricidad durante horas en sus habitaciones.

La ineficiencia es otro efecto secundario muy común de la gestión del mango. El chavismo logró un mayor nivel de popularidad y apoyo de los votantes cuando el Gobierno nacionalizó empresas e incrementó la cantidad de empleados que trabajaban en ellas, pero las empresas terminaron siendo menos eficientes. Sidor, la siderúrgica más grande del país, es un claro ejemplo. En 2007, un año antes de que el presidente Chávez la nacionalizara, sus 4.500 empleados a tiempo completo producían 4,3 millones de toneladas métricas cúbicas de acero líquido.[321] Chávez nacionalizó la empresa argumentando que una empresa en manos estatales tendría un mejor desempeño produciendo acero y cuidando de sus empleados. Sin embargo, siete años más tarde, la siderúrgica había triplicado su plantilla salarial a más de 15.500 empleados, pero su producción de acero de 1,04 millones de toneladas métricas era menos de un cuarto de lo que producía antes de que el Gobierno asumiera su dirección.[322]

worldbank.org/indicator/EG.USE.ELEC.KH.PC/countries?order=wbapi_data_value_2012%20wbapi_data_value%20wbapi_data_value-last&sort=desc&-display=default.

320. «Venezuela Cuts Working Hours to Tackle Energy Crisis», *BBC*, 29 de abril de 2015. http://www.bbc.com/news/world-latin-america-32506572

321. Gallegos, Raúl, «Venezuela's Sidor Workers Rally, Call for Nationalization», *Dow Jones Newswires*, 8 de mayo de 2007; Crowe, Darcy, y Raúl Gallegos, «Venezuela Ternium Seen Reaching Agreement in 15 Days—Sanz», Dow Jones. 13 de enero de 2008.

322. Ministerio del Poder Popular para Industrias, *Memoria y Cuenta*

La nacionalización de empresas fue una de varias políticas económicas que el chavismo adoptó en su intento por avanzar sus ideas socialistas. Chávez intentó persuadir a los venezolanos de adoptar el trueque en lugar de usar dinero para hacer transacciones.[323] Animó a líderes empresariales a reestructurar sus empresas de manera que sus trabajadores tuvieran representación en las juntas directivas y pudieran contribuir a la gestión de las empresas junto a sus dueños. Como aliciente, el presidente ofreció ayudarles a modernizar sus operaciones, una copia de la autogestión de empresas bajo Josip Broz, *Tito*, en Yugoslavia.[324] Creó docenas de empresas, algunas de ellas en alianzas con China, Bielorrusia e Irán, para ensamblar tractores iraníes, computadoras chinas y camiones mineros bielorrusos. Cada iniciativa económica fallida dio paso a otra nueva. A mediados de 2014, el chavismo había duplicado el número de empleados públicos a 2,7 millones en un período de quince años, de acuerdo con cifras del Instituto Nacional de Estadística de Venezuela. En un ejemplo claro de que en Venezuela las personas rara vez incorporan las lecciones de la historia, Maduro creó una nueva misión llamada Eficiencia o Nada en 2013, con 800 voluntarios que tenían como objetivo eliminar la corrupción y la ineficiencia en instituciones de Gobierno. La idea de Maduro era que podía, de alguna manera, luchar contra los vicios de la burocracia creando aún más burocracia.[325]

Los bancos extranjeros y los tenedores de bonos que han prestado dinero a Venezuela a través de los años son quienes

2014, p. 602. https://drive.google.com/file/d/0B65M4qe0vsR1TmlhLWp0
am5ra28/view

323. Figueroa, Ahiana, y Blanca Vera Azaf, «La mayoría rechaza el trueque y cree que habrá devaluación», *El Nacional*, 5 de enero de 2007.

324. Gallegos, Raúl, «Chávez's Agenda Takes Shape—'Co-Management' Helps to Advance Socialism in Venezuela», *The Wall Street Journal*, 27 de diciembre de 2005.

325. «Misión Eficiencia o Nada destituye a funcionarios por incumplimiento de sus funciones», Venezolana de Televisión, 30 de septiembre de 2013. http://www.vtv.gob.ve/articulos/2013/09/30/mision-eficiencia-o-nada-destituye-a-funcionarios-por-incumplimiento-de-sus-funciones-8009.html

más temen las repercusiones de la gestión del mango en el país. En 2016 Venezuela está corta de dinero, porque los precios del petróleo se han desplomado y el país ha perdido miles de millones de dólares en divisas en importaciones excesivas y en una cultura de derroche y corrupción. Pero Venezuela aún debe pagar sus deudas y necesita importar comida y otros bienes de consumo básicos que los venezolanos necesitan en su día a día. Ya tiene problemas graves a la hora de importar maíz para hacer arepas y azúcar para que los venezolanos puedan endulzar el café que toman. Ante este panorama, los acreedores temen que pronto el país se vea forzado a dejar de pagar sus deudas.

El banco de inversión Bank of America Merrill Lynch estimaba que el total de la deuda del Gobierno venezolano superaba los 123.000 millones de dólares a finales de 2015,[326] varias veces lo que el país obtenía en ingresos provenientes de ventas petroleras ese mismo año cuando los precios del crudo se desplomaron. De hecho, en 2015 y a principios de 2016 la empresa petrolera estatal venezolana apenas tenía suficiente dinero en efectivo para respetar los pagos de deuda que tenía que cancelar durante el año.[327] La necesidad de obtener efectivo era tal que en abril de 2015 el país empeñó casi 1,4 millones de onzas troy de las barras de oro que mantenía como reservas en el Banco Central a cambio de 1.000 millones de dólares en efectivo,[328] en una transacción que realizó con Citibank, y continuó haciendo líquidas las reservas de oro en los meses siguientes. El presidente Maduro incluso visitó China en busca de la ayuda financiera de su socio y aliado político.[329] El país con las reservas de petróleo más grandes del mundo

326. «Venezuela Viewpoint», *The Red Book: 4Q2015 edition*, Bank of America Merrill Lynch, 12 de febrero de 2016.

327. «Venezuela Viewpoint».

328. «Venezuela Carries Out $1 Bln Gold Swap with Citibank-Media», Reuters, 24 de abril de 2015. http://www.reuters.com/article/2015/04/24/venezuela-cenbank-idUSL1N0XL0TY20150424.

329. Vyas, Kejal, «Venezuela Says China to Give $5 Billion Oil Loan», *The Wall Street Journal*, 1 de septiembre de 2015. http://www.wsj.com/articles/venezuela-says-china-to-give-5-billion-oil-loan-1441159070

había sido reducido a depender del bolsillo y la generosidad de otros para sobrevivir.

Observar a Venezuela en su intento por pagar sus deudas es el equivalente a observar el espectáculo de un equilibrista borracho cruzar el Gran Cañón caminando sobre una cuerda floja y sin usar un arnés. Con suerte, podría lograr su hazaña, pero una ráfaga repentina de viento podría llevar a un final verdaderamente trágico. De acuerdo con los cálculos del Bank of America, Venezuela estaba gastando dinero y activos a un ritmo de 20.000 millones de dólares a finales de 2015, y el país tenía la capacidad de hacer esto no más de tres años. Pero si los precios del petróleo se mantenían bajos mucho tiempo y si los acreedores, incluidos China y los tenedores de bonos, rechazaban renegociar la deuda o prestarle más dinero, pronto Venezuela podría cesar de pagar sus obligaciones.

Sin embargo, son los venezolanos de a pie los que más sufren de la gestión del mango, aunque muchos de ellos no lo sepan. Los venezolanos deben soportar largos períodos sin servicio de agua potable o electricidad en sus casas. Tienen problemas para encontrar féretros para sus muertos, porque Sidor tiene dificultades a la hora de proveer de suficiente metal a los fabricantes de ataúdes.[330] Y los políticos adoptan una solución de corto plazo tras otra, decretando controles de precios sobre ataúdes y agua embotellada, lo que los hace más costosos de producir.[331] Lo cierto es que ningún ciudadano venezolano alguna vez escribió un mensaje en un pequeño papel o en un mango pidiéndole al presidente un nuevo embalse, una mejor infraestructura eléctrica, más inversión en el sector petrolero o una empresa siderúrgica nacional

---

330. «Gremio funerario alerta sobre disminución en producción de ataúdes», *El Tiempo*, 10 de diciembre de 2014. http://eltiempo.com.ve/venezuela/gremio/gremio-funerario-alerta-sobre-disminucion-en-produccion-de-ataudes/164443

331. León, Ibis, «Trabajadores de Minalba exigen eliminar control de precios en agua embotellada», *Efecto Cocuyo*, 23 de junio de 2015. efectocuyo.com/economia/trabajadores-de-minalba-exigen-eliminar-control-de-precios-en-agua-embotellada

bien gestionada. Y ya que literalmente nadie está golpeándoles la cabeza para atraer su atención sobre esos temas, los líderes de Venezuela han aprendido a ignorar este tipo de necesidades hasta que se convierten en emergencias.

Un viernes por la mañana, en febrero de 2015, Jenny me llamó por teléfono para decirme que el Che —el famoso activista del chavismo— aún dormía, pues había pasado una larga noche de farra con sus amigos. El Che, Jenny y yo teníamos planes ese día para ir a La Guaira a visitar a la madre de Jenny, Rosa Meza, quien vivía en un apartamento totalmente equipado a cien metros de la playa gracias a la generosidad del Gobierno venezolano. Decidí dar al Che unas horas más de sueño y me reuní con Vladimir, un fotógrafo venezolano, quien accedió a acompañarme en el viaje. Vladimir y yo tomamos un taxi camino a la casa del Che, pero el conductor no estaba muy convencido de llevarnos a una zona de la ciudad donde corría el riesgo de ser asaltado. Sin embargo, unos minutos más tarde su nerviosismo dio paso a la sorpresa cuando se dio cuenta de que el Che, un ícono de la revolución chavista, nos serviría de escolta hasta nuestro destino, conduciendo una de sus motocicletas, «La Poderosa II». Con el Che escoltándonos, la carrera era una de las más seguras que el taxista había dado a cualquiera de sus clientes.

Antes de salir hacia La Guaira, el Che me pidió que habláramos un momento en privado. Quería tener claro exactamente qué tenía planeado escribir en mi libro. Una cosa era llevarme de paseo por el barrio, mostrarme su casa y su estilo de vida, y otra muy distinta era acompañarme a casa de su «suegra» (el Che y Jenny no están casados). El Che me aseguró que nunca había visitado la casa de Rosa y aunque no me lo dijo directamente, se notaba que no estaba del todo cómodo con la idea. Le expliqué que visitar la casa de Rosa me permitiría ver la vida de alguien que había tenido la suerte de obtener un apartamento del chavismo. Chávez y Maduro habían financiado los famosos programas sociales para los pobres pero muchas menos personas habían logrado obtener un apartamento nuevo de manos de la revolución. Tras unos minutos de conversación, el Che se convenció y decidió emprender el viaje. Jenny se veía mucho más entusiasmada con la idea de ir a casa de su madre, probablemente porque el viaje finalmente obligaría al Che a acompañarla a casa de su madre.

Emprendimos camino hacia la costa con el Che conduciendo su motocicleta en la autopista en lo que parecía una escena de la película clásica norteamericana *Easy Rider*. Jenny nos acompañó a Vladimir y a mí en el taxi y daba indicaciones al taxista. De repente, en plena autopista, un mototaxista acercó su moto a la del Che y le pidió hacerse una foto con él. El hombre sacó un teléfono móvil de su bolsillo y se hizo una *selfie* con una mano mientras se aferraba al manillar con la otra, una maniobra bastante arriesgada. Tomó la foto, se despidió del Che y siguió su camino. El viaje nos llevó más o menos media hora y pronto llegamos a un edificio blanco y azul de 13 pisos de altura, uno de tres en un complejo llamado OPPPE 36, en el área de Playa Grande, a unos pasos de la playa y aproximadamente a seis kilómetros de distancia del aeropuerto de Maiquetía. Obviamente, la zona no es exactamente la mejor ubicación en cuanto al valor de los bienes raíces. Las playas cerca del aeropuerto están sucias y mal cuidadas. Y desde el estacionamiento del edificio se pueden ver y oír los aviones aterrizando. Pero lo más notable de todo era el edificio mismo. El complejo de apartamentos había sido construido dos años antes pero se veía muy deteriorado. La fachada tenía una gran cantidad de grietas y la pintura se desprendía de las paredes como si el edificio se estuviera descascarando. El vestíbulo del edificio tenía el suelo de cemento cubierto de polvo y un local comercial abandonado con techos falsos rotos y una montaña de basura y de ripio dentro donde obviamente nadie había querido montar un negocio. El edificio entero daba la sensación de haber estado a medio construir cuando los habitantes comenzaron a habitarlo.

La madre de Jenny, una mujer en los sesenta, resultó ser una señora muy dulce y simpática que nos recibió en su casa y nos ofreció inmediatamente una taza de café. Rosa vive en el segundo piso del edificio con vista al estacionamiento, y eso es una suerte para ella pues el ascensor no funciona, por lo que los habitantes deben subir y bajar por las escaleras diariamente, lo que resulta muy cansado para todos aquellos que viven en los pisos superiores. La casa de Rosa es una casa modesta de dos habitaciones con suelo de cemento y una pequeña cocina equipada con electrodomésticos de la marca china Haier. La nevera, la cocina, una lavadora-secadora y el calentador de agua le fueron entregados por el Gobierno de Venezuela sin coste alguno dos semanas después de llegar al edificio.

La cocina, la sala de estar y el comedor son un solo espacio abierto, amueblado con sillas de madera y una mesa con un jarrón con flores de plástico. Rosa me contó que el complejo de apartamentos lo había levantado una constructora china, una de las que el Gobierno de Chávez contrató para construir viviendas de interés social. Rosa y sus vecinos recibieron sus apartamentos en octubre de 2013, justo dos meses antes de las elecciones municipales en Venezuela. Muchas de las noventa y seis familias que viven en el edificio venían del mismo albergue para personas sin vivienda. Muchos de ellos habían perdido sus casas precarias por lluvias torrenciales y habían vivido en ese albergue casi tres años antes de recibir esta vivienda de manos del Estado.

La noticia de la llegada del Che con unos visitantes generó un poco de revuelo en el edificio. Y en cosa de minutos un grupo de personas llegó de visita al apartamento de Rosa. Una mujer que se identificó como el enlace de la comunidad con el Gobierno me dijo que los residentes aún estaban esperando que éste les enviara los muebles gratis que les había prometido, y que ya llevaban un año esperando. Los vecinos de Rosa gradualmente fueron cogiendo confianza y empezaron a hablar con más soltura sobre los problemas que afrontaban día a día en un edificio que estaba claramente mal construido. El proceso mismo de construcción de OPPPE 36 se atrasó mucho tiempo pues las obras estuvieron paralizadas casi ocho meses, en parte porque alguien robó el sistema de iluminación, los cables de electricidad y otros materiales. Y aunque el Gobierno tenía la intención de entregarles apartamentos totalmente equipados y amueblados a su llegada, finalmente decidió que era más prudente que las familias tomaran posesión de sus apartamentos vacíos primero, porque de lo contrario alguien habría robado los muebles y los aparatos eléctricos también antes de la llegada de los residentes.

El ascensor del edificio funcionó unos meses tras la llegada de los residentes, pero sufría desperfectos constantemente. La comunidad se organizó para llamar y pagar para que un técnico revisara el problema. El hombre se encontró con que el salitre había corroído los carriles metálicos y el motor. Al parecer los constructores habían instalado el ascensor aun cuando todo el sistema estaba corroído. Desde entonces estaba fuera de servicio, pues nadie se atrevía a usarlo. Me levanté un segundo de la mesa del comedor donde conversábamos para usar el baño de Rosa y descubrí que las paredes y la ducha no tenían azulejos, las paredes estaban agrietadas y un agujero en el suelo cubierto de manera bastante ruda con un pedazo de cartón y cinta adhesiva desprendía un olor fétido. Rosa y sus vecinos me informaron más tarde de que las tuberías del edificio a veces se atascaban y eso causaba malos olores en los baños de los apartamentos. La pésima construcción de OPPPE 36 fue noticia en los periódicos de la zona apenas unos meses después de que el contratista terminara las obras. Los residentes se quejaban de una mala recogida de las basuras, de problemas con roedores y de que las aguas negras se filtraban por las paredes.[332]

La calidad de las viviendas construidas por el Gobierno varía dependiendo de quién las construyó. Justo al otro lado de la avenida que pasa frente al edificio de Rosa, está la Comuna Socialista Hugo Chávez, una zona residencial con 1.700 apartamentos nuevos construidos por la constructora turca Summa. Las viviendas construidas por Summa son edificios de cuatro pisos de color gris con blanco, de arquitectura moderna y de apariencia mucho más lujosa que el edificio de Rosa. El complejo de viviendas tiene calles bien iluminadas y áreas verdes con césped bien cuidado y con parques infantiles nuevos donde los niños juegan. Rosa y sus vecinos me explicaron que el Gobierno asignaba esas viviendas

---

332. Moreno, María E., «96 familias en riesgo habitan en la OPPPE 36 de Playa Grande», *Diario La Verdad de Vargas*, 5 de agosto de 2014. laverdaddevargas.com/24/?p=13059

más modernas y de mejor calidad a miembros de las fuerzas armadas y a sus familias. Rosa conoce de cerca ese favoritismo pues su otra hija, la hermana de Jenny, está casada con un militar y la pareja obtuvo de manos del Gobierno un muy buen apartamento en Caracas ubicado justo al lado del Fuerte Tiuna, la base militar más grande del país.

La conversación con Rosa y sus vecinos viró hacia el precio de sus viviendas y cuánto pagaban por ellas. Me interesaba saber además si tenían la documentación legal que comprobara que ellos eran dueños legítimos de sus viviendas. Cuando Rosa y sus vecinos llegaron al edificio, muchos de ellos asumían que sus viviendas eran un regalo del Gobierno de Chávez. Y tenían esa impresión pues el propio presidente Chávez en su momento había dicho públicamente en televisión que estos apartamentos eran un obsequio de la revolución para el pueblo. A finales de 2013 el Gobierno había entregado alrededor de 381.000 viviendas en dos años sin dar documentación o título legal alguno a esas familias.[333] Muchas familias recibieron únicamente un certificado que decía que la vivienda les había sido asignada, pero les prohibía vender o transferir la propiedad a terceros. Tras la muerte de Chávez, el presidente Maduro anunció que legalizaría la tenencia de miles de viviendas construidas por el Estado y haría que los beneficiarios comenzaran a pagar por ellas. «Nadie está pagando ni medio —se quejó Maduro a comienzos de 2013—. ¿Cómo vamos a sostener el gasto y la inversión para las viviendas de los próximos años? ¿Haciendo magia?»[334] Tres años después de haber hecho esas declaraciones miles de familias seguían sin obtener los papeles legales para sus propiedades.[335]

Cinco meses después de haber tomado posesión de sus vivien-

333. Scharfenberg, Ewald, «Maduro sugiere que los que reciben viviendas del Estado paguen por ellas», *El País*, 17 de mayo de 2013.

334. Scharfenberg, E., *art. cit.*

335. Armas, Mayela, «Cuatro años después del inicio de la Misión Vivienda, Gobierno regulariza la propiedad», *Crónica Uno*, 15 de agosto de 2015. http://cronica.uno/cuatro-anos-despues-del-inicio-de-la-mision-vivienda-Gobierno- regulariza-la-propiedad/

das nuevas, las familias de OPPPE 36 se enfrentaron con un problema aterrador. Cada una de ellas recibió una notificación del Banco Nacional de Vivienda y Hábitat, Banavih, el banco hipotecario del Estado, informándoles de que estaban en mora y de que, a menos que pagaran lo que debían por sus viviendas, podrían ser desalojados de sus casas en quince días. Rosa me mostró la carta de Banavih que recibió en marzo de 2014. La carta le informaba de que tenía cinco meses de atrasos en los pagos de su hipoteca de 878 bolívares mensuales, que era el equivalente a un tercio del salario mínimo en ese momento.[336] El Banavih le pedía que pagara la totalidad de lo adeudado para «evitar el pleito» y amenazaba con reclamar el inmueble para luego subastarlo.

Rosa me aseguró que los oficiales del Gobierno que le entregaron la vivienda nunca le explicaron, ni a ella ni a sus vecinos, que tenían la obligación de hacer pagos mensuales para su hipoteca. Cuando revisé con más cuidado los papeles que tenía Rosa en casa encontré un documento del Ministerio del Poder Popular para la Vivienda con fecha del 3 de octubre de 2013, cuando le entregaron el apartamento, que detallaba los términos del préstamo. Los ingresos mensuales de Rosa estaban estimados en 3.000 bolívares (o 50 dólares en aquel entonces)[337] y el valor del apartamento era de 340.000 bolívares (o el equivalente a 5.666 dólares). Bajo los términos de la hipoteca, el Estado pagaba la mitad del precio del apartamento como un subsidio y daba a Rosa treinta años para pagar el resto con una generosa tasa de interés fija del 4,7 por ciento anual. Este tipo de financiación era extremadamente generoso en un país donde la inflación rondaba el 70 por ciento en ese momento. Bajo esas condiciones, el Gobierno estaba perdiendo dinero en términos reales y los venezolanos que se han beneficiado de la misión vivienda obtienen sus casas prácticamente gratis.

---

336. El salario mínimo en Venezuela en marzo de 2014 era de 3 270,3 bolívares, o 54 dólares al mes, calculado a la tasa cambiaria del mercado negro de 60 bolívares por dólar.

337. Calculado a la tasa del mercado negro válida en octubre de 2013 de 60 bolívares por dólar.

Me di cuenta entonces de que Rosa no entendía del todo los términos básicos del acuerdo financiero que había firmado. No me queda claro si los procuradores del Gobierno no explicaron del todo las obligaciones a Rosa y a sus vecinos o si ellos optaron por no pagar en espera de que el chavismo les perdonara la deuda. Al final, determinar quién es culpable del impago no es menos importante que lo que ocurrió después. Al afrontar la posibilidad de perder sus nuevos hogares, la comunidad se organizó para protestar y para contactar con las autoridades del Gobierno para hacerles ver que ellos no tenían la capacidad de pagar una hipoteca. La crisis del posible desalojo de OPPPE 36 coincidió con una serie de protestas de la oposición contra el Gobierno de Maduro que se hicieron famosas alrededor del mundo en 2014. De acuerdo con Rosa y sus vecinos, al poco tiempo, oficiales del Ministerio de Vivienda se acercaron al edificio y anunciaron que harían un estudio para determinar la capacidad de pago de los residentes y, una vez concluido el estudio, perdonaron la deuda a dos familias y dijeron al resto de los residentes que el Gobierno suspendía hasta nuevo aviso toda obligación del pago de hipoteca. Cuando visité el complejo de OPPPE 36, Rosa había estado viviendo en su apartamento casi un año y medio sin pagar una sola cuota hipotecaria. El Che movió la cabeza con gesto de estar en desacuerdo al escuchar la historia y dijo que la gente debía pagar algo por sus casas. «La gente dice "yo me merezco este apartamento". ¿Por qué te lo mereces chico? La gente tiene que trabajar», dijo.

A pesar del precario estado del edificio, Rosa y los que viven en él se sienten agradecidos y se mantienen leales al chavismo. Después de todo, técnicamente el Gobierno tiene la potestad en cualquier momento de comenzar a cobrar la hipoteca de nuevo o de desalojar a los residentes. La encargada de las relaciones con el Gobierno y la comunidad del edificio atribuía la escasez de productos básicos al contrabando y la reventa de productos, consecuencia de la avaricia y la sed de riqueza de la gente. Los chavistas con los que hablé en OPPPE 36 apoyaban los esfuerzos del Gobierno por imponer el uso de máquinas de verificación de huellas dactilares en todos los supermercados para evitar el «bachaqueo» y el contrabando, y los vecinos de Rosa culpaban a los extranjeros por ese problema, principalmente a los colombianos que —según ellos— atravesaban la frontera para comprar bienes baratos que luego revendían en su país. La idea de culpar a extranjeros por los problemas de Venezuela se ha convertido en una parte integral del credo chavista. Obviamente, ninguno de los residentes de OPPPE 36 con quienes hablé culpó a los mismos controles de precios del Gobierno de crear las condiciones para una crisis como la que estaban viviendo.

Rosa, siempre amable, nos ofreció almuerzo, y mientras comíamos un plato de arroz con caraotas continuamos discutiendo los problemas del país. El Che se tomó la molestia de hacerme ver que más allá de las quejas de los vecinos del complejo, todos los que allí vivían estaban en una situación muy precaria antes de que el Gobierno les diera un hogar nuevo. Me dijo además que los vecinos rara vez llevan estas quejas hasta las autoridades competentes, por lo que los problemas de este tipo de comunidades en muchos casos no pasan de ser un rumor. Cuando ya nos íbamos, una mujer que subía las escaleras vio la cámara de Vladimir y en tono molesto insistió en saber quiénes éramos y qué hacíamos en el edificio. Bajo el régimen chavista, periodistas y cualquier persona con una cámara y un micrófono se han convertido en objeto de sospecha, a menos de que trabajen para un medio de comunicación del Gobierno. Rosa inmediatamente intervino y le dijo a la mujer que éramos sus invitados, que habíamos ido hasta allí para entrevistarla y que veníamos avalados por el Che. La mujer miró al Che y le sonrió, pero continuaba viéndonos a Vladimir y a mí con desconfianza.

Los problemas de Rosa y OPPPE 36 son sólo una muestra de la baja calidad de la construcción de viviendas del Estado y de cómo resultan en desperdicio de recursos. De hecho, el gasto del Gobierno se ha hecho notoriamente ineficiente en lo que respecta a proveer de servicios básicos a sus ciudadanos. El *Informe de Competitividad Global 2015-2016* del Foro Económico Mundial coloca a Venezuela en el puesto número 140 —el último puesto— en sus clasificación de despilfarro y derroche gubernamental, lo que significa que, bajo esa medición, Venezuela tiene el Gobierno más derrochador del planeta, mucho peor que países en África dirigidos por dictadores o cleptómanos como Zimbaue.[338]

Venezuela también ocupa el último lugar en la clasificación de ética y corrupción del Foro Económico Mundial, que toma en consideración prácticas tales como la desviación de fondos públicos y una cultura de sobornos y «coimas».[339] En un apartado de la sección que se centra en el uso de sobornos y pagos irregulares, el informe de los años 2014-2015 deja a Venezuela en el puesto 137 de 144, empatado con Angola. Eso es una gran proeza pues si bien el presidente Hugo Chávez no tenía la fama de enriquecerse a sí mismo, o a sus familiares más cercanos, el régimen de José Eduardo dos Santos, el líder de Angola que lleva treinta y siete años en el poder, ha sido caracterizado como uno de los más corruptos del continente africano. Isabel, la hija de Dos Santos, una mujer de cuarenta años, es ahora la mujer más acaudalada de África, con un patrimonio personal neto estimado en 3.000 millones de dólares, el cual, según la revista *Forbes*, ha sido construido a base de tomar participaciones importantes en las principales industrias del país con la ayuda de su poderoso padre.[340]

El derroche y la corrupción son los principales culpables de la deficiente infraestructura de Venezuela. Los últimos dos estudios de competitividad del Foro Económico Mundial muestran que Venezuela tiene uno de los niveles más elevados de deficiencia en infraestructuras del mundo, y entre los países de la OPEP sólo Angola y Nigeria están en peores circunstancias. Sin embargo, Angola salió de una guerra civil apenas hace una década —en 2002— y Nigeria sufre de un conflicto armado étnico en la zona petrolera del Delta del Níger y de ataques insurgentes islámicos.

338. Foro Económico Mundial, *The Global Competitiveness Report, 2015-2016*, 1.08, «Wastefulness of Government Spending». http://reports.weforum.org/global-competitiveness-report-2015-2016/competitiveness-rankings/

339. Foro Económico Mundial: *Global Competitiveness Report, 2015-2016*, 2, «Ethics and Corruption».

340. Dolan, Kerry, «Daddy's Girl: How An African 'Princess' Banked $3 Billion in a Country Living on $2 a Day», *Forbes*, 14 de agosto de 2013. http://www.forbes.com/sites/kerryadolan/2013/08/14/how-isabel-dos-santos-took-the-short-route-to-become-africas-richest-woman/

En cambio, Venezuela está libre de conflictos armados y tiene una sociedad mucho menos compleja.

La locura económica venezolana encuentra su más claro reflejo en la clasificación del clima macroeconómico del Foro Económico Mundial, que da seguimiento al nivel de inflación, las prácticas de manejo de presupuesto estatal, la deuda y la calificación crediticia del país. En la edición del índice de 2014-2015 Venezuela ocupaba el lugar 139 de 144 países, el peor clima macroeconómico entre países petroleros, con la excepción de Yemen, un país azotado por un conflicto armado.[341] Si bien algunos países productores de petróleo de África están en peores condiciones que Venezuela en términos de la educación de su población, la sofisticación de sus industrias y la disponibilidad de tecnología, la absurda economía venezolana se considera menos estable y ha tenido que lidiar con el fenómeno económico del «mal holandés» casi medio siglo más que países africanos. De hecho, Venezuela sufrió del «mal holandés» durante décadas antes de que la revista británica *The Economist* acuñara esta expresión a finales de la década de los setenta para referirse a los problemas económicos que sufrían los Países Bajos tras descubrir gas natural a finales de la década de los cincuenta.

Nigeria, la República del Congo, la República Democrática del Congo y Angola, todas, descubrieron petróleo y comenzaron a producirlo en las décadas de los cincuenta y sesenta, casi medio siglo después de que lo hiciera Venezuela. Y no fue sino hasta los setenta que el petróleo de Angola sobrepasó al café como su principal producto de exportación, y Guinea Ecuatorial descubrió petróleo apenas a comienzos de la década de los noventa. Para la época en la que Noruega comenzó a desarrollar las reservas petroleras del mar del Norte, en la década de los setenta, los noruegos ya veían a Venezuela con sus legendarios problemas de riqueza petrolera como una moraleja que buscarían evitar a toda costa. En esa época, el periódico británico *Financial Times* había em-

341. Foro Económico Mundial: *The Global Competitiveness Report, 2014-2015*, «3rd Pillar: Macroeconomic Environment». http://reports.weforum.org/global-competitiveness-report-2014-2015/rankings/

pezado a referirse a la locura petrolera venezolana como el «efecto Venezuela».[342]

Una gran cantidad de países ricos en recursos naturales gestionan su gasto público de manera más responsable que Venezuela. Chile, uno de los vecinos sudamericanos y rico en cobre, ha diseñado su presupuesto con cuidado por muchos años para mantener su gasto público bajo control.[343] Para diseñar su presupuesto, un equipo de economistas en Chile da seguimiento al crecimiento de la economía y estima cuán alto pueden llegar los precios del cobre. El país andino prepara presupuestos de cuatro años en lugar de anuales de manera que pueda dar prioridad a la financiación de planes a largo plazo en detrimento de los antojos a corto plazo de los políticos de turno. Cuando el país recibe más dinero del cobre de lo que tenía previsto, el Gobierno ahorra el dinero en dos fondos, uno de ellos diseñado para pagar deudas y cubrir déficits cuando los precios del cobre están bajos, y el segundo enfocado en ayudar a pagar las pensiones de los chilenos. Es más, los chilenos, independientemente de su condición social, entienden las reglas fiscales del Gobierno y cómo éstas ayudan a dar estabilidad a la economía. El Foro Económico Mundial clasifica a Chile como la economía número veintinueve entre las más estables del mundo, un mejor clima macroeconómico que el de Reino Unido.[344]

De la misma forma, Rusia, bajo el mandato de Vladimir Putin, ha usado una fórmula complicada que toma el precio promedio del crudo durante la década previa, el nivel de la recaudación tributaria y el techo máximo de la deuda que el Gobierno puede asumir, para decidir —a partir de esos números— cuánto puede gastar el Gobierno. Rusia también ahorra ingresos petroleros en dos fondos

342. Citado en «Unhappy Nordic Boom», *Time*, 23 de diciembre de 1974.

343. Para más información sobre la estrategia fiscal de Chile véase: Fondo Monetario Internacional, «Saudi Arabia: Tackling Emerging Economic Challenges to Sustain Growth», 2015. www.imf.org/external/pubs/ft/dp/2015/1501 mcd.pdf

344. Foro Económico Mundial, *Global Competitiveness Report, 2015-2016*.

para que futuras generaciones puedan gozar de la riqueza energética y para financiar proyectos de infraestructura. Los noruegos son aún más conservadores en el gasto. Noruega permite que se utilice únicamente el equivalente al 4 por ciento de su enorme fondo petrolero, el más grande y rico del mundo, para cubrir las necesidades de gasto del Gobierno cada año. Esta máxima jurídica está tan arraigada en la sociedad que prácticamente todos los noruegos la conocen como «la regla presupuestaria». El Fondo Monetario Internacional estima que en 2013 un total de 81 países seguían reglas estrictas de gasto gubernamental o de límite de endeudamiento para lograr equilibrios presupuestarios, y otros 61 países utilizaban presupuestos a medio plazo que cubrían varios años de gasto como una manera de gastar su dinero de forma prudente, pero Venezuela no era y aún no es uno de ellos.[345]

Los países de Oriente Medio ricos en petróleo —aquellos que no están destrozados por conflictos armados fratricidas— han realizado un mejor trabajo que Venezuela a la hora de erigir economías estables y pujantes. Las naciones que pertenecen al Consejo de Cooperación para los Estados Árabes del Golfo (CCEAG), como Kuwait, Arabia Saudí, Emiratos Árabes Unidos o Catar, que además son miembros de la OPEP, aún se esfuerzan por diversificar sus economías para depender menos del petróleo, y han sido mucho más inteligentes y eficientes a la hora de gastar su dinero en infraestructuras y en sistemas educativos y de salud de la más alta calidad para sus ciudadanos. Estos países han logrado evitar el tipo de inflación descontrolada y las devaluaciones de sus monedas que hacen imposible a los venezolanos ahorrar dinero en cuentas de banco y que les obligan a endeudarse de manera desesperada y a gastar ese dinero en automóviles y otros bienes de consumo para salvaguardar sus ingresos. Y estos países han tenido estos logros aun partiendo de etapas históricas similares a Venezuela. Catar era un país pobre que dependía de la industria artesanal de búsqueda de perlas cuando comenzó la exploración petrolera y de gas natural en los años treinta, un par de

---

345. Fondo Monetario Internacional, «Saudi Arabia: Tackling Emerging Economic Challenges to Sustain Growth», *art. cit.*

décadas más tarde que Venezuela, pero el Gobierno de ese país es ahora considerado como el mejor dirigido del mundo, por encima de Noruega y Finlandia, según estimaciones del Foro Económico Mundial, debido a sus niveles de eficiencia y transparencia.

El Gobierno de Emiratos Árabes Unidos (EAU) también es considerado uno de los seis países con las mejores administraciones públicas del mundo por el Foro Económico Mundial. Es cierto que EAU se conoce por sus rascacielos de lujo, como el Burj Al Arab, un hotel de cincuenta y seis pisos que está ubicado en una isla artificial y cuya forma arquitectónica se asemeja a una vela, o bien el Burj Khalifa, de 829 metros de altura, el edificio más alto del mundo, pero EAU también puede jactarse de tener carreteras de alta calidad, puertos, aeropuertos y otros tipos de infraestructuras que superan con creces las de muchos países europeos y de Estados Unidos.[346] Claramente, los países árabes del CCEAG también tienen problemas. Para empezar, carecen de sistemas democráticos y sus antecedentes en materia de derechos humanos y derechos de los trabajadores dejan mucho que desear. La ausencia de sistemas democráticos sólidos, sin duda, permite a sus líderes una mayor flexibilidad para hacer lo que les place, mientras que en Venezuela los políticos deben luchar por ser elegidos y reelegidos cada seis años. La democracia venezolana incentiva a los políticos a usar la riqueza petrolera para perpetuarse en el poder. Los líderes venezolanos del futuro tienen la difícil tarea de resistir el deseo de utilizar la riqueza petrolera para perpetuarse en el poder y por el contrario adoptar una visión de desarrollo a largo plazo para el país y un profundo sentido de disciplina a la hora de manejar los asuntos económicos de la nación.

El 10 de octubre de 1999 a las cuatro de la mañana un avión que transportaba al presidente de Venezuela, Hugo Chávez, aterrizó en Anchorage, la ciudad más poblada de Alaska, para hacer un breve alto en su camino hacia China. El presidente no estaba solo.

---

346. Foro Económico Mundial, *Global Competitiveness Report, 2014-2015.*

Chávez había viajado con una comitiva tan grande que ocuparon cuarenta y tres habitaciones de hotel solamente para comer y ducharse.[347] El objetivo de la visita era almorzar con los oficiales encargados de gestionar el Fondo Permanente de Alaska que invertía parte del dinero que el Estado derivaba de la producción petrolera. El fondo petrolero de Alaska se hizo famoso por enviar cheques por correo cada año a los ciudadanos del estado con un porcentaje de los retornos que generaba. En el mundo del petróleo, el fondo de Alaska es un ejemplo de éxito poco común de cómo proteger dinero derivado de la renta petrolera de las manos de políticos con una debilidad por incrementar el gasto público para lograr mayor popularidad. El fondo es una herramienta que permite al Gobierno gestionar sus finanzas de manera prudente y responsable.

Jay Hammond, un hombre corpulento y con barba al estilo Santa Claus, fue el gobernador de Alaska en la década de los setenta. Hammond creó el fondo en 1976, pues temía que los políticos de aquella época terminaran derrochando la riqueza petrolera del estado. Hammond conocía el caso de Venezuela y quería evitar a toda costa que Alaska cometiera los mismos errores.[348] El político había dedicado varios años de su vida a persuadir a los escépticos ciudadanos de su estado de que crearan un fondo transparente, administrado por expertos financieros provenientes de otros estados —para asegurarse de su independencia— quienes invertirían el dinero del fondo para generar retornos anuales y luego enviarían una tajada de ese retorno anual a los residentes estatales. Cuando Hammond fue elegido gobernador en 1974, los ciudadanos de Alaska estaban listos para adoptar sus recomendaciones. En los años previos a su elección, habían visto con sus propios ojos como los políticos del estado habían derrochado 900 millones de dólares que Alaska obtuvo de la licitación

347. «Venezuelan Leader Discusses Permanent Fund», Associated Press, 10 de octubre de 1999.

348. Hammond, Jay, *The Governor's Solution: How Alaska's Oil Dividend Could Work in Iraq and Other Oil-Rich Countries* (Washington, D.C.: Center for Global Development, 2012).

del enorme yacimiento petrolífero de la bahía de Prudhoe, en la zona norte del estado, el campo petrolero más grande de Estados Unidos. Hammond logró convencer a los legisladores del estado que crearan un fondo con el que ahorrarían hasta un cuarto de los ingresos petroleros estatales. El gobernador tenía tres metas en mente: ahorrar riqueza petrolera para el disfrute de futuras generaciones de alaskeños, obligar a los políticos a hacer su trabajo con menos dinero, y convertir a los alaskeños en rabiosos defensores del fondo y sus dividendos al hacerles llegar un cheque anual. A juicio de Hammond, una vez que le das un cheque a un ciudadano es virtualmente imposible eliminar ese beneficio. E intentar eliminar o de alguna manera afectar ese beneficio significaría el final de la carrera de cualquier político. Como decía Hammond: «Intenté enfrentar la ambición colectiva contra la ambición selectiva».[349]

La llegada de Chávez era una visita extraña por varias razones. Chávez era el líder de una nación en ruinas por causa del petróleo que había servido de inspiración para crear el fondo de Alaska. Más aún, el presidente había llegado a Alaska con un séquito penosamente grande que atraía la atención de los medios de comunicación. Y para colmo, el presidente venezolano quería entender el funcionamiento y el diseño de un fondo petrolero que había sido creado para hacer más difícil a presidentes como él practicar precisamente el tipo de generosidad y derroche estatal del cual estaba haciendo gala durante ese viaje.

El comisionado de rentas de Alaska en esa época, Wilson Condon, explicó a Chávez cómo funcionaba el fondo, y las salvaguardas que tenía para el proceso de envío de cheques a los residentes del estado. El cheque anual ese año ascendía a 1.800 dólares por residente, lo que significaba una gran ayuda, especialmente para los habitantes más pobres. Chávez parecía estar interesado en cómo el dinero beneficiaba a las familias de menores ingresos y comentó a los representantes del estado que estaba explorando varias maneras de mejorar la calidad de vida de los venezolanos más

349. Hammond, J., *op. cit.*, p. 19. http://www.cgdev.org/sites/default/files/Moss-Governors-Solution_0.pdf

pobres. De hecho, apenas unos meses antes de su viaje a Alaska, el presidente había prometido ahorrar ingresos petroleros en un fondo que tendría como propósito ayudar a pagar las deudas del país.[350] Después del desayuno, el presidente se subió a su avión y siguió su camino hacia Shanghai.

Chávez nunca estuvo cerca de seguir los pasos de Alaska. Por el contrario, el presidente venezolano hizo precisamente aquello que Hammond dedicó una vida a combatir en Alaska. Una vez que Venezuela había logrado ahorrar suficiente dinero en el fondo petrolero, Chávez comenzó a gastar ese dinero incluso en un momento en el que no era necesario gastarlo pues los precios del petróleo iban al alza.[351] En poco tiempo, Chávez dejó de ahorrar dinero del todo. El concepto de ahorrar dinero es anatema para los políticos venezolanos de distintas convicciones ideológicas. En 2006, Manuel Rosales, un candidato presidencial de la oposición, se lanzó por la presidencia con una plataforma política que prometía tarjetas de crédito a los venezolanos para que pudieran gastar de manera directa una porción de la renta petrolera sin tener a los políticos como intermediarios de ese gasto. Pero su plan no hacía mención alguna a la creación de un fondo para ahorrar dinero de la renta petrolera para el futuro. En aquellos días, Chávez era demasiado popular y poderoso para lograr ser vencido. Chávez ridiculizó las ideas de su oponente y logró ser reelegido.

Otros líderes mundiales han hecho promesas falsas de transferir la riqueza petrolera directamente a los ciudadanos como estrategia para mantenerse en el poder por más tiempo. En 2008 el entonces líder de Libia, Muammar al-Gaddafi, anunció que despediría a prácticamente todos sus ministros y entregaría la renta petrolera directamente al pueblo para que la gastaran.[352]

350. «Venezuela aprueba fondo especial para pagar deudas», Reuters, 31 de julio de 1996.

351. El fondo tenía 6.000 millones de dólares en 2001; Rodríguez, Pedro L., José R. Morales, y Francisco J. Monaldi, «Direct Distribution of Oil Revenues in Venezuela: A Viable Alternative?», Center for Global Development, septiembre de 2012. www.cgdev.org

352. Khalaf, Roula, y Andrew England, «The Colonel's Risky Foray», *Fi-*

De acuerdo con las declaraciones de Gaddafi, su pueblo no necesitaba burócratas corruptos. El plan era canalizar dinero a grupos comunitarios organizados, que obedecían las órdenes del líder libio. Sin embargo, en algún momento, alguien debió de explicar al dictador que su plan únicamente sustituiría una burocracia corrupta por otra, pues al final optó por no hacer nada. Resultó, en definitiva, que el pueblo de Libia tampoco necesitaba a Gaddafi.

Mientras que Venezuela no ha podido ahorrar una porción de sus petrodólares, naciones que han gestionado sus riquezas prudentemente, con inteligencia, han ido mucho más allá del simple ahorro. Noruega y Emiratos Árabes Unidos, por ejemplo, han creado fondos de inversión —conocidos como fondos soberanos de inversión—que ahorran y además invierten cuidadosamente miles de millones de dólares para generar aún más riqueza para sus países. En marzo de 2016 los activos del fondo petrolero de Noruega ascendían a 853.000 millones de dólares, el doble del valor del PIB del país en 2015.[353] El fondo de Abu Dabi, considerado el segundo más grande del mundo en término de activos después del noruego, invierte en activos como hoteles de lujo, restaurantes con estrellas Michelin y bienes raíces alrededor del mundo, buscando los mejores retornos para su dinero. Eventualmente, un fondo soberano puede generar más dinero en retornos anuales para una nación que la cantidad de dinero que un país puede derivar del petróleo, pero eso requiere disciplina, inversiones astutas y mucha paciencia. En 2012, incluso Nigeria, una nación con una composición racial y religiosa mucho más compleja que la de la población venezolana, optó por ahorrar 1.000 millones de dólares como capital semilla en un intento por erigir un fondo soberano de inversión que se divide en tres fondos distintos, uno de ellos diseñado para ayudar a estabilizar el gasto de Gobierno en tiempos de bajos precios del petróleo, otro para fi-

---

nancial Times, 17 de septiembre de 2008. http://www.ft.com/intl/cms/s/0/be623624-8462-11dd-adc7-0000779fd18c.html#axzz3mlAKLU9I

353. Norway Oil Fund Figures, marzo de 2016. Fuente: http://www.nbim.no/en/the-fund/market-value/key-figures/

nanciar infraestructuras y un tercero para ahorrar dinero para generaciones futuras.

Un grupo de académicos del Instituto de Estudios Superiores de Administración (IESA), la principal escuela de negocios de Venezuela, estudió a una serie de grupos de venezolanos de escasos recursos en 2011 para evaluar la viabilidad de distribuir dinero del petróleo directamente a los ciudadanos. Para su sorpresa, los participantes en el estudio apoyaban abiertamente la idea de recibir dinero directamente en sus cuentas bancarias en sustitución del gasto generoso del Gobierno, y manifestaron preferir recibir bonos o cupones que podían ser utilizados para costear educación y salud.[354] La mayoría de los participantes también estuvo de acuerdo con la idea de que el Gobierno debía ahorrar dinero para mantener el gasto público en tiempos en los que los precios del petróleo estaban bajos. Y apoyaban además la idea de que este dinero del petróleo llegara al bolsillo de todos los venezolanos por igual, para evitar la corrupción que se generaría si los políticos tuvieran la potestad de decidir quién es lo suficientemente pobre para obtener parte de la renta petrolera de manera directa.

Los resultados sugieren que los venezolanos estarían abiertos a aceptar un esquema que obligara a los políticos a ser menos derrochadores y que a la vez diera a los ciudadanos un mayor control sobre su petróleo. Después de todo, una encuesta de 2010 de la venezolana Consultores 21 encontró que casi siete de cada diez venezolanos consideraban que no se habían beneficiado de los ingresos petroleros de la nación durante el mandato del presidente Chávez.[355] Los resultados del estudio del IESA indican que los líderes venezolanos tendrían el apoyo suficiente del electorado para crear un mecanismo que transfiera a los ciudadanos parte de los ingresos petroleros en forma de bonos o cupones y a la

354. Rodríguez, P.L., J.R. Morales, y F.J. Monaldi, «Direct Distribution...», *art. cit.*

355. Rodríguez, P.L., J.R. Morales, y F.J. Monaldi, «Direct Distribution...», *art. cit.*

vez les permita ahorrar parte de la riqueza petrolera en un fondo para financiar el gasto público en los tiempos en que los ingresos del crudo disminuyen.

Alentados por estos resultados, el economista venezolano Francisco Monaldi y dos de sus colegas decidieron explorar la mejor manera de entregar directamente a los venezolanos un dividendo petrolero. La investigación de Monaldi y sus colegas mostró que cada venezolano habría recibido el equivalente a 2.097 dólares en 2011 si los ingresos petroleros de ese año se hubiesen distribuido enteramente entre todos los venezolanos.[356] De igual manera, si el Gobierno hubiese juntado esos ingresos con el subsidio de la gasolina y el dinero que dejó de percibir al vender petróleo con condiciones crediticias favorables a sus vecinos, y se hubiese dado todo ese dinero en un dividendo a los ciudadanos en 2008 —el momento más álgido del *boom* petrolero— cada venezolano habría recibido casi 3.000 dólares en efectivo.[357] Entregar la totalidad de los ingresos petroleros de un país por medio de cheques a los ciudadanos no es realista ni deseable, claro está. Monaldi está a favor de calibrar con cuidado la porción de riqueza petrolera que se entrega a los venezolanos de manera directa para evitar que ese dinero genere desincentivos al trabajo, y a la vez dejar al Gobierno suficiente dinero para que los políticos puedan realizar su labor de proveer de servicios básicos a la población.

Según los cálculos de Monaldi, los 44.000 millones de dólares que Chávez canalizó a su fondo favorito para el gasto público, conocido como Fondo de Desarrollo Nacional (Fonden), durante un período de nueve años, hasta finales de 2011, habrían sido suficientes para dar casi 480 dólares a cada venezolano anualmente.[358] Esto puede parecer poco dinero para aquellas personas que viven fuera de Venezuela, pero habría sido el equivalente a tres

356. Rodríguez, P.L., J.R. Morales, y F.J. Monaldi, «Direct Distribution...», *art. cit.*

357. Rodríguez, P.L., J.R. Morales, y F.J. Monaldi, «Direct Distribution...», *art. cit.*

358. Rodríguez, P.L., J.R. Morales, y F.J. Monaldi, «Direct Distribution...», *art. cit.*

meses de trabajo para aquellas que ganaban un salario mínimo en 2011, y esto implica que Venezuela posee suficientes recursos para ofrecer un dividendo petrolero significativo a sus ciudadanos, especialmente a los más pobres.[359]

Existen maneras de ofrecer a los venezolanos un ejemplo de lo que un dividendo petrolero podría hacer por ellos. El estudio de Monaldi propone incrementar el precio de la gasolina en Venezuela a la mitad del nivel del precio internacional. Esto haría posible cubrir el coste de producirla, y lo sobrante se podría depositar directamente en las cuentas bancarias de los venezolanos. Si el Gobierno hubiese hecho esto en 2011, a juicio de Monaldi, cada hogar en Venezuela habría recibido 674 dólares ese año, el equivalente a más de cuatro salarios mínimos. Este plan podría crear un mejor equilibrio de beneficios a la población, ya que durante años el subsidio de la gasolina ha beneficiado mucho más a los dueños de automóviles —quienes tienden a ser personas de clase media o alta— que a los más pobres. De hecho, en 2010 el 25 por ciento de los hogares venezolanos con mayores niveles de riqueza recibieron más de 3.000 dólares cada uno en subsidios de gasolina, mientras que los hogares más pobres recibieron únicamente 500 dólares ese año.[360] Eso es claramente una distribución poco eficiente e injusta de la riqueza petrolera del país.

El Gobierno radical de Mahmud Ahmadinejad en Irán, un aliado cercano de Chávez, eliminó el subsidio de la gasolina con un esquema similar. En diciembre de 2010, Irán multiplicó el precio de la gasolina por veinte y a la vez dio a los ciudadanos cuentas de ahorros bancarias con la mitad del dinero que el país logró ahorrar al eliminar el subsidio.[361] De la misma manera que Venezuela, Irán tenía precios de la gasolina ridículamente bajos

359. Calculado usando el salario mínimo vigente de 1 500 bolívares y la tasa cambiaria del mercado negro de 9,17 bolívares por dólar.

360. Rodríguez, P.L., J.R. Morales, y F.J. Monaldi, «Direct Distribution...», *art. cit.*

361. Guillaume, Dominique, Roman Zytek, y Mohammad Reza Farzin, «Iran—the Chronicles of the Subsidy Reform», *IMF Working Paper*, julio de 2011. https://www.imf.org/external/pubs/ft/wp/2011/wp11167.pdf

que incentivaban el contrabando a países vecinos. Para vender a los iraníes la idea de aumentar los precios de la gasolina, el Gobierno de Ahmadinejad lanzó una campaña publicitaria masiva y pidió la ayuda de académicos y líderes de la sociedad civil para promover el cambio. Los principales colaboradores del Gobierno también hablaban con frecuencia del incremento del precio de la gasolina y prometieron compartir con los ciudadanos y con el sector privado parte de los ahorros a cambio de aceptar la eliminación del subsidio.

Persuadir a los venezolanos de ahorrar dinero para futuras generaciones o, simplemente, para gastarlo en tiempos de escasos recursos no sería una tarea fácil. A Hammond le llevó años hacer campaña para convencer a los alaskeños de que aceptaran su idea. Y los ciudadanos del estado accedieron a hacerlo únicamente cuando se encontraron lo suficientemente decepcionados y furiosos con el derroche sin sentido de su riqueza petrolera. Alexandra Gillies, una académica que ha estudiado de cerca ejemplos de distribución directa de la riqueza petrolera, encontró que a veces es necesario un líder nuevo dispuesto a dejar un legado importante o una crisis de proporciones históricas para generar ese cambio necesario en un país petrolero.[362] Es muy poco probable que el chavismo adopte semejantes reformas, pues la retórica de izquierda de sus miembros más radicales va en contra del principio de ahorrar riqueza petrolera, ya que la consideran poco práctica, neoliberal y hasta elitista. Lo que ya se considera la peor crisis económica de la historia de Venezuela puede ser el detonante necesario que lleve a los venezolanos a afrontar la mala gestión y el despilfarro de la riqueza petrolera, y que los obligue a adoptar las medidas necesarias para, de una vez por todas, tratar esta vieja adicción.

Venezuela tiene el problema con SUSI, la máquina de imprimir dinero del Banco Central, que imprime demasiados bolívares. En

---

362. Gillies, Alexandra, «Giving Money Away? The Politics of Direct Distribution in Resource-Rich States», Center for Global Development, noviembre de 2010. www.cgdev.org.

marzo de 2016 SUSI continuaba trabajando a su máxima capacidad y a finales de 2015 Venezuela había puesto en circulación casi 3,5 veces más billetes ese año que en el año anterior.[363] La mayoría de ellos eran billetes de cien bolívares, porque las denominaciones más bajas prácticamente habían perdido todo su valor. El 28 de marzo de 2016 una taza de café grande en Café Olé en Caracas costaba 350 bolívares. Se necesitaban 175 billetes de dos bolívares, los de la más baja denominación, para comprar ese café. A unas manzanas, la Casa del Llano vendía arepas Reina Pepiada por 990 bolívares. Eso era el equivalente a casi diez billetes de cien bolívares y la ridícula cantidad de 485 billetes de dos bolívares. Los venezolanos se ven forzados a manejar fajos cada vez más gruesos de billetes porque los precios siguen subiendo. La Casa del Llano incrementaba los precios de las arepas cada tres meses en 2015. En febrero de 2016 el Gobierno decidió rendirse y anunció que imprimiría nuevos billetes de 500 y 1.000 bolívares cada uno para hacerle la vida más fácil a sus ciudadanos.[364]

Otros países se han visto atrapados en el mismo problema que afronta Venezuela y terminaron en situaciones deplorables. Este camino lleva a episodios de hiperinflación tales como los de Austria, Alemania y Hungría tras la primera guerra mundial, las Filipinas bajo la ocupación japonesa durante la segunda guerra mundial, e incluso China cuando la dinastía Yuan imprimió grandes cantidades de billetes para financiar sus guerras. Los episodios más famosos de hiperinflación de la historia han ocurrido en países que intentaban recuperarse después de una guerra o que intentaban financiar grandes campañas militares durante un conflicto armado. Venezuela es un país en paz, y el gasto desenfrenado la ha dejado con una inflación de tres dígitos que no tiene la excusa de provenir de un conflicto armado.

363. Cifras del Banco Central de Venezuela de febrero de 2016 sobre nuevos billetes puestos en circulación.

364. Sánchez, Fabiola, «Banco Central de Venezuela emitiría este año nuevos billetes», Associated Press, 29 de febrero de 2016. http://www.bloomberg.com/news/articles/2015-08-26/venezuela-said-to-ready-larger-bank-notes-as-infla tion-soars

Zimbabue, bajo el mandato del dictador Robert Mugabe, aumentó considerablemente la impresión de dinero y en 2008 la inflación llegó a la cifra irreal del 231.000.000 por ciento.[365] El presidente llevó al país a este despeñadero para financiar el coste de la participación de su Gobierno en la segunda guerra del Congo, considerada la guerra más sangrienta de la historia después de la segunda guerra mundial. En el punto más álgido de este espiral inflacionario, los precios de los productos en Zimbabue se duplicaban cada veinticuatro horas. Los zimbabuenses se veían obligados a usar carretillas para cargar el dinero en efectivo de un lugar a otro. Zimbabue eventualmente imprimió un billete de 100 billones de dólares zimbabuenses. Naturalmente, la economía colapsó pues una sociedad no puede vivir de esa manera, y todo terminó el día en que el Gobierno se vio forzado a adoptar el dólar estadounidense como moneda oficial en 2009. Sin embargo, los zimbabuenses ya habían comenzado a deshacerse de la moneda local y habían empezado a usar dólares estadounidenses antes de que el Gobierno lo hiciera de manera oficial. Lo único bueno que posiblemente resultó de semejante experiencia es que la gente en Zimbabue aprendió a contar números elevados. Después de todo, ¿cuántas veces oye uno hablar de cuatrillones? Sin embargo, la lección más importante para los zimbabuenses fue que no se podía confiar a los líderes de su país la potestad de imprimir dinero.

Pero las cosas no tienen que llegar a esos niveles para que un país decida deshacerse de su capacidad de imprimir moneda local. Ecuador, un país petrolero miembro de la OPEP, sufrió su peor crisis en 1999, cuando la inflación excedió el 60 por ciento anual (una fracción del nivel inflacionario de Venezuela que llegó al 180,9 por ciento en 2015), acompañado de una severa contracción económica.[366] El presidente de entonces, Jamil Mahuad, en-

365. «How Zimbabwe and the Dollar Beat Inflation», *The Wall Street Journal*, 29 de marzo de 2011. http://www.wsj.com/articles/SB100014240527 48704050204576218690273479966

366. «Ecuador Accepts Dollar as Its New Currency», *ABC News*, 9 de septiembre de 2000. http://abcnews.go.com/International/story?id=82666

cerrado en la mansión presidencial con protestas en las calles, decidió adoptar el dólar estadounidense como moneda legal y se deshizo del sucre, la moneda local, que tenía más de 115 años de existencia. Tanto en el caso de Zimbabue como en el de Ecuador, adoptar el dólar como moneda legal derivó en la reducción de la inflación casi de inmediato y ató las manos a los políticos, que de otra manera tendrían la tentación de crear dinero de la nada y de imprimir billetes para mantener altos niveles de popularidad. Ecuador ya no tiene la capacidad de imprimir dinero y la mayoría de ecuatorianos aún apoya la decisión de dolarizar la economía.

Ecuador es ahora un país económicamente más estable que Venezuela. Y se puede argumentar que ha hecho una mejor labor en la reducción de la pobreza. Cuando Ecuador adoptó el dólar en el año 2000, casi cuatro de cada diez ecuatorianos vivían con menos de dos dólares diarios. En 2012 esa misma medida era de 8,4 por ciento de los ecuatorianos, de acuerdo con estadísticas del Banco Mundial.[367] Con una economía dolarizada, el presidente de izquierda Rafael Correa, un aliado del chavismo en la región, aún logró invertir suficiente dinero en infraestructuras y en programas sociales para continuar reduciendo la pobreza. Bajo el chavismo, la pobreza se redujo pero la nueva crisis económica de ese país prácticamente ha borrado esos logros. La dolarización ha permitido que Ecuador sea un país más estable económicamente y eso le ha permitido reducir la pobreza. No obstante, el experimento de la dolarización apenas tiene quince años de vida en ese país y a medida que los precios del petróleo caen, aún está por ver si Ecuador, bajo la dolarización, puede lidiar con los vaivenes bruscos de los precios del crudo.

La dolarización se considera una solución radical y arriesgada. Eliminar la capacidad de un país de imprimir su propia moneda implica que éste no puede devaluar o usar la política monetaria para estimular la economía en tiempos malos, como cuando los precios del petróleo caen. Es más, adoptar el dólar como mo-

---

367. «Poverty Headcount Ratio at $2 a day (PPP) (% of population)», página web del Banco Mundial. http://data.worldbank.org/indicator/SI.POV.2DAY?page=2

neda oficial puede hacer que una economía sea menos competitiva que la de sus vecinos, quienes tienen la capacidad de devaluar
sus monedas para hacer que sus exportaciones sean más baratas
para el resto del mundo. Dolarizar una economía es el equivalente a cortarse un brazo para evitar que una gangrena se expanda al
resto del cuerpo. La persona logra sobrevivir, pero el cuerpo tiene
la limitación de carecer de una extremidad. Dolarizar es una decisión permanente que no puede ser revocada y, ante eso, pocos
países quieren encontrarse en esa posición.

Arabia Saudí y sus vecinos Catar, Emiratos Árabes Unidos y
otros miembros del CCEAG han optado por un camino más flexible al vincular el valor de su moneda al dólar estadounidense, lo
que les limita su capacidad de imprimir dinero.[368] Este esquema
obliga a los políticos a gastar únicamente una cantidad de dinero
equivalente a los dólares que el país logra obtener. Pero ante una
crisis demasiado fuerte, estos países aún tendrían cierta capacidad de usar la política monetaria si fuera necesario para ayudar a
la economía a crecer.

Desafortunadamente, Venezuela rara vez ha usado su política
monetaria de manera responsable. Los políticos venezolanos gastan grandes cantidades de dinero en los buenos tiempos cuando
los precios del crudo suben y sus ingresos petroleros son altos, y
se ven forzados a economizar a la fuerza cuando los precios del
crudo bajan, lo contrario de lo que deberían hacer. El país debería ahorrar en los buenos tiempos para así tener suficiente para
afrontar los tiempos económicos difíciles. El gran problema de
Venezuela siempre ha sido no saber cuánto gasto es demasiado.
La nación petrolera se ha convertido en el equivalente a un adicto
al gasto que necesita aprender cómo usar sus tarjetas de crédito
de manera responsable.

Aquellos que creen que Venezuela algún día manejará su
economía de manera responsable no quieren adoptar el dólar
como moneda oficial, y los que piensan que los políticos venezolanos continuarán arruinando a la nación en un futuro si tienen

---

368. Fondo Monetario Internacional, «Saudi Arabia: Tackling Emerging
Economic Challenges to Sustain Growth», 18 de marzo de 2015. www.imf.org

acceso a tanta riqueza, creen que el país debería dolarizarse. Steve Hanke, un profesor de Economía de la Universidad Johns Hopkins, conocido promotor de la dolarización, quien en su momento aconsejó al Gobierno de Ecuador que adoptara el dólar, impulsa la idea de permitir a los venezolanos usar el dólar de manera legal al mismo tiempo que la moneda local. En octubre de 2015, el presidente Maduro descartó públicamente la idea de que su Gobierno adoptara el dólar como moneda legal para vender y comprar productos y servicios en Venezuela, pero su Gobierno ya había permitido a la empresa de automóviles Ford vender automóviles en dólares en el país.

Ruth de Krivoy, una economista que fungió como presidenta del Banco Central de Venezuela, me dijo que la idea de una dolarización no termina de gustarle para la nación porque implicaría perder una herramienta económica muy importante. Según De Krivoy, para empujar a Venezuela a usar su moneda de manera más responsable —posiblemente vinculando su precio al dólar—, a ahorrar dinero y a adoptar reglas fiscales más estrictas y responsables serían necesarias «situaciones que generen cambios en los valores sociales». De otra manera, es muy poco probable que Venezuela lo haga por su cuenta. Krivoy utiliza una metáfora muy apta para describir este problema: «¿Yo que soy un loco de atar, voy a buscar una camisa de fuerza y voy a pedirle a alguien que me la ponga, y me la amarre bien duro? Eso no pasa en la vida real».[369]

Un manejo más prudente del gasto y de la moneda frenaría la espiral inflacionaria con el tiempo y permitiría a los venezolanos volver a confiar en su moneda. Con una inflación bajo control, los venezolanos tendrían por fin el incentivo para ahorrar dinero en lugar del incentivo perverso de salir de compras y endeudarse constantemente. En 2015 los venezolanos comenzaron a darse cuenta de que el bolívar se había convertido en un pedazo de papel inservible que el Gobierno les obligaba a usar como dinero. En un mundo en el cual la inflación sube a niveles insostenibles,

---

369. Entrevista telefónica con Ruth de Krivoy, 30 de septiembre de 2015.

eventualmente las personas deciden por su cuenta abandonar la moneda local. La inflación desbocada, de tres dígitos, en Venezuela podría obligar al país a adoptar una política monetaria más sensata: ya sea fijar el valor de la moneda al dólar o bien adoptar el dólar como moneda legal en el país.

El primer paso para que la sociedad venezolana comience a superar su adicción a gastar el dinero petrolero sin control es admitir que tiene un problema. La larga tradición de Venezuela de gastar más dinero del que puede digerir ha deformado su economía, sus instituciones y su sociedad. Venezuela se ha convertido en un mundo al revés en el que los políticos no le deben explicaciones a nadie, y donde los votantes han aprendido a mendigar a un Gobierno todopoderoso para sobrevivir. Las fuerzas armadas están bajo las órdenes de generales que se sienten con el derecho de demandar privilegios, aviones y armas nuevas, y poder sobre la población civil, aun cuando nunca han luchado en una guerra y su papel es prácticamente decorativo. Los empresarios se han acostumbrado a obtener ganancias enormes, fuera de toda realidad, sin ser verdaderamente competitivos o eficientes. Y los consumidores, enamorados de sus tarjetas de crédito, no tienen incentivo alguno para ahorrar. Por el contrario, su incentivo es endeudarse y gastar cada vez más. La pobreza y la inequidad son preocupaciones legítimas en Venezuela, pero el problema de fondo del país es el mal manejo de su riqueza. No ha habido suma de dinero suficiente para hacer de Venezuela una economía estable y bien manejada. Ninguna cantidad de dinero ha sido suficiente para que Venezuela logre reducir la pobreza de manera consistente y sostenible a través del tiempo. De hecho, pareciera que al país le va peor a medida que logra más ingresos petroleros. Venezuela se ha convertido en un país sin futuro que vive únicamente en el presente.

Para un ser humano, superar la adicción de toda una vida requiere atender reuniones de apoyo y recibir algún tipo de terapia, así como adoptar medidas de seguridad. Los alcohólicos se deshacen del alcohol que hay en sus casas; los adictos a la comida mantienen un férreo control sobre lo que hay en la nevera, y los adictos a las compras deben mantenerse alejados de sus tarjetas de crédito hasta que aprenden a usarlas de manera responsable. La debacle económica más profunda de su historia podría finalmente llevar a los venezolanos a adoptar las políticas monetarias y de gasto sensatas que han adoptado otros países petroleros para que su economía sea más estable, menos impredecible y absurda. Pronto los venezolanos podrán llegar finalmente a entender que ahorrar dinero para los tiempos de vacas flacas y para invertir en el futuro —y a la vez gastar lo justo para fortalecer su capital humano y ayudar a sacar a muchos de la pobreza— es una política responsable. Más importante aún, una crisis económica profunda puede enseñar a una nueva generación de políticos venezolanos que verdaderamente deben dedicar más tiempo a resolver problemas que a causarlos, que los controles de precios y un sistema obtuso de controles de cambio no son más que parches y soluciones a medias que, utilizados durante largos períodos de tiempo, crean incentivos perversos y no hacen más que empobrecer al país. Venezuela ha dependido de este tipo de soluciones demasiado tiempo. Los venezolanos también podrían finalmente entender que deben manejar su industria petrolera de manera eficiente, tomando el ejemplo de empresas estatales bien dirigidas como Aramco de Arabia Saudí, que invierte lo suficiente como para mantener su industria fuerte aun cuando invierte en lo social.

Es posible que los venezolanos no estén listos aún para aceptar cambios tan radicales, porque cambiar nunca es fácil. A las personas también les lleva muchos años cambiar, y atraviesan experiencias muy dolorosas antes de aceptar una adicción. Y esperar que Venezuela simplemente algún día mejore no es suficiente. Mendoza Pottellá, el experto petrolero del Banco Central, no apoya la idea de que el país adopte un sistema como el de Alaska, pues argumenta que dejaría menos dinero al Gobierno para poder hacer su labor. Mendoza Pottellá me dice que los países petroleros tienen la capacidad de manejar sus asuntos financieros con responsabilidad. «Mira el Gobierno de Noruega», me dice. Pero Noruega tiene una larga historia de instituciones públicas fuertes y de manejo financiero responsable antes y después de encontrar petróleo, a diferencia de Venezuela, cuya experiencia ha sido totalmente lo contrario. Los líderes políticos venezolanos nunca han adoptado pasos serios durante varios Gobiernos seguidos para manejar su riqueza petrolera de la manera en que lo ha hecho Noruega. Todas las promesas que en algún momento hicieron de manejar de manera prudente la riqueza petrolera no han pasado de ser promesas y los políticos al final han gastado todo el dinero que el país en algún momento logró ahorrar. Venezuela logró en algún momento experimentar un período en el cual el bolívar fue una moneda fuerte y relativamente estable frente al dólar, pero eso ocurrió en otra época, cuando el petróleo era un producto con un precio mucho menos volátil de lo que es hoy.

Es imprescindible para nosotros, como seres humanos, entender quiénes somos y asumir la responsabilidad por nuestras acciones, y lo mismo es aplicable para los países. Venezuela nunca se ha comportado como Noruega, no es Noruega y probablemente nunca se convertirá en Noruega. Quizá sea más realista esperar que los venezolanos aspiren a ser una nación tan responsable como Chile, un país rico en cobre. Pero para eso se necesita una clase política moderna, comprometida con el país y con visión de futuro, que tenga como objetivo dejar un legado positivo para el país en lugar de intentar perpetuarse en el poder a punta de gasto público. Mejorar el futuro de Venezuela también requeriría de una población mucho más educada. Dar a los venezolanos una educación obligatoria y básica en economía es de suma importancia. El país continuará cometiendo los mismos errores del último siglo si la población carece de un entendimiento básico de cómo funciona el mundo del dinero y de los problemas que han hecho de Venezuela el país que es hoy en día. Las nuevas generaciones de venezolanos deben aprender en las escuelas la verdadera fuente de los problemas de un país adicto a las riquezas petroleras.

Es crucial que los venezolanos entiendan cómo la historia del petróleo ha formado a Venezuela. Los venezolanos idolatran a Simón Bolívar como una figura mítica y casi religiosa. La figura de Bolívar evoca una época heroica de Venezuela previa al descubrimiento del petróleo, cuando la región sacrificó sangre para lograr independizarse de la dominación del imperio español. Sin embargo, eso ocurrió hace más de doscientos años. Venezuela dejó de ser esa tierra de luchas heroicas y se convirtió en algo totalmente distinto cuando descubrió petróleo. La nación eminentemente agrícola se convirtió en un petroestado. La política dejó de girar en torno a una lucha por la libertad y se convirtió en una ruleta de dictadores, populistas y golpes de estado. Ni siquiera la Constitución de Venezuela es la misma que en aquellos días. Desde que Venezuela se independizó de España, en 1811, el país ha tenido veintitrés Constituciones distintas. La ideología de los venezolanos, sus hábitos, incluso sus gustos cambiaron con la cultura del petróleo. Sin embargo, las imágenes del héroe Bolívar se ven por todo el país, con estatuas del líder en un brioso caballo, lanza en mano. Las plazas y los edificios llevan su nombre. La obsesión de los venezolanos con el glorioso pasado de Bolívar les impide ver quiénes son ellos en el presente, una nación con una clase política irresponsable cuyo problema principal siempre ha sido saber cómo manejar tanta riqueza.

Muy pocos venezolanos recuerdan al hombre responsable que dio a Venezuela la oportunidad de convertirse en una nación moderna, Juan Pablo Pérez Alfonzo. Se le recuerda como el fundador de la OPEP, pero no se recuerda nada más de su visión. Al final de su vida, Pérez Alfonzo desarrolló una reputación de fatalista y catastrofista. Nadie puso atención a sus advertencias de las calamidades que el país afrontaría por el derroche del exceso de riqueza petrolera. Nadie quería oír cómo el petróleo había arruinado la ética de trabajo de los venezolanos. A nadie le gusta un aguafiestas y mucho menos a los venezolanos. Pérez Alfonzo murió en Washington, D.C., de un cáncer de hígado, el 3 de septiembre de 1979. En su testamento pidió que quemaran sus restos en Estados Unidos. Su familia justificó su decisión diciendo que quería ahorrar a los venezolanos tener que lamentar su muerte.[370]

---

370. «Juan Pérez Alfonzo, Venezuelan, Regarded as Founder of OPEC», *The New York Times*, 4 de septiembre de 1979.

Es muy posible que Venezuela continúe por el mismo camino escabroso que ha seguido desde que descubrió petróleo, con una economía disfuncional. Después de todo, tras varias generaciones los venezolanos no saben hacer las cosas de otra manera. Cuando pregunté a Robert Bottome, el octogenario editor de la publicación económica *VenEconomía*, si recordaba alguna época en la que los automóviles en Venezuela no mantenían su valor en el tiempo, lo pensó un momento y confesó que no recordaba haber visto eso en su vida. Varias generaciones de venezolanos más jóvenes tampoco conocen una realidad distinta.

Venezuela tiene mucho que ofrecer. El país tiene una de las reservas de oro más grandes del mundo, tiene mucho mineral de hierro, grandes extensiones de tierra fértil, un océano de petróleo, y una de las reservas de gas natural más grandes del planeta. La belleza natural del país es legendaria. Tiene playas impresionantes con arena blanca y agua cristalina, la caída de agua más alta del mundo, y mesetas legendarias, los tepuis, que se formaron cuando los continentes se dividieron, las mismas que inspiraron a sir Arthur Conan Doyle a escribir su novela *El mundo perdido* y que ahora son consideradas Patrimonio de la Humanidad por la Unesco. Los venezolanos gozan de la vida y con calidez dan la bienvenida a los demás a su país.

Los venezolanos pueden no estar listos para hacer lo que deben hacer para construir una economía sana y sostenible en el tiempo. Siempre que haya un incentivo perverso para que Venezuela continúe malgastando su riqueza en el tiempo, cada diez o veinte años, las debacles económicas de ese país recordarán al mundo que Venezuela sigue siendo la economía petrolera más demencial del planeta. En el pasado siglo Venezuela ha sido una dolorosa lección moral para el resto del mundo y ya es hora de que aprenda de los demás.

Epílogo

A principios de diciembre de 2015 los venezolanos votaron contra el chavismo en elecciones parlamentarias, otorgando a partidos de la oposición el control sobre 112 curules en la Asamblea Nacional, una supermayoría de dos tercios del Congreso. Era la mayor derrota que el chavismo había sufrido en sus diecisiete años en el poder y un mensaje claro de los venezolanos, hartos de vivir con una economía cada día más deteriorada. Los medios internacionales reprodujeron una foto del Che venezolano con cara de decepción al escuchar los resultados. En las siguientes semanas, los políticos del Congreso saliente dominado por chavistas utilizaron sus últimos días en la Asamblea para designar una nueva Corte Suprema llena de jueces leales al chavismo. Y un mes después, en enero de 2016, esos mismos jueces recién designados impugnaron la elección de tres legisladores, que se vieron obligados a renunciar a sus cargos. De un plumazo, la Corte intentó anular la supermayoría en la Asamblea que la oposición había logrado en las urnas. La intención era quitar al Congreso la capacidad de cambiar algunas leyes clave, incluidas la reforma de la Constitución, el poder de despedir a miembros del gabinete chavista y el poder de facilitar un proceso para revocar el mandato del presidente Nicolás Maduro. Venezuela parecía destinada a una parálisis política en 2016, con un Congreso dominado por la oposición y el resto del Gobierno en manos del chavismo.

El presidente Maduro no se tomó bien la derrota. En un discurso televisado poco después de la elección, el presidente increpó a los votantes el haber abandonado al chavismo y además amenazó con dejar de construir viviendas para los pobres porque muchos de ellos habían apoyado a sus enemigos políticos. «Yo quería construir 500.000 viviendas el próximo año. Ahorita lo estoy dudando... No porque no pueda construirlas, porque puedo construirlas. Pero te pedí tu apoyo y no me lo diste», dijo Maduro señalando a la cámara mientras se dirigía a los venezolanos.[371] Sus palabras eran un ejemplo claro de cómo los políticos venezolanos han llegado a pedir el apoyo político por la vía del clientelismo. La oposición en la Asamblea prometió llevar adelante una ley que daría eventualmente a venezolanos como Rosa Meza, la madre de Jenny, el título legal de sus casas, pero Maduro prometió que haría lo imposible por bloquear esa ley, pues eso permitiría la privatización del programa de viviendas construidas por el Gobierno. A mediados de enero, miles de familias venezolanas que habitaban las viviendas del Estado continuaban en un limbo legal, pues no eran dueñas de sus casas, y muchos continuaban viviendo en ellas sin pagar un solo bolívar al Estado. La posibilidad de mantener un techo sobre sus cabezas en última instancia dependía de la generosidad y las buenas intenciones del presidente de turno.

La economía venezolana estaba en ruinas a comienzos de 2016. Apagones eléctricos y las deficiencias del servicio de agua en Caracas llegaron a tal punto que el Gobierno pidió a los hoteles que limitaran el uso del agua y la electricidad que consumían sus huéspedes. Las habitaciones de hoteles de cuatro y cinco estrellas carecían de electricidad entre las 11 de la mañana y las 3 de la tarde todos los días, por ley, para ahorrar electricidad. Los em-

371. «Maduro reprocha que regaló viviendas, taxis y tabletas y no recibió el apoyo esperado», *Tal Cual*, 8 de diciembre de 2015. http://www.talcualdigital.com/Nota/121213/maduro-reprocha-que-regalo-viviendas-taxis-y-tabletas-y-no-recibio-el-apoyo-esperado

pleados de restaurantes a veces trabajaban horas extra únicamente para esperar la llegada de camiones cisterna llenos de agua a altas horas de la noche, pues la demanda era muy alta durante el día. Y las tintorerías tenían problemas a la hora de lavar la ropa de sus clientes. Las largas colas de consumidores en los aledaños de tiendas y supermercados empeoraban y la escasez de productos se hacía cada vez más grave. Como respuesta ante la severa falta de productos de consumo y comida, el presidente Maduro pidió a los venezolanos que comenzaran a criar pollos y sembrar huertos en sus casas para comer. A finales de 2015, Maduro designó a un joven sociólogo de extrema izquierda, Luis Salas, como su nuevo zar económico encargado de resolver los problemas más graves del país. Salas era conocido por argumentar en sus escritos que «la inflación no existe en la vida real».[372] A su juicio, la inflación en Venezuela no venía de la desmedida creación de dinero por parte del Gobierno, sino del deseo caprichoso de los capitalistas de aumentar los precios de manera indiscriminada. Dos meses después de haber asumido el cargo, el presidente Maduro lo reemplazó por un ministro con credenciales un poco más aceptables para el sector privado, en un intento de apaciguar el creciente descontento de la población con un Gobierno que no parecía entender cómo resolver el descalabro económico del país.

En enero de 2016 Maduro declaró una «emergencia económica» y pidió al nuevo Congreso el poder de continuar creando e imprimiendo dinero y la libertad de expropiar cualquier empresa para asegurar la disponibilidad de productos de consumo en Venezuela. Ese mismo mes, el Banco Central, tras más de un año de silencio, finalmente reveló cifras económicas básicas que indicaban que a septiembre de 2015 el país había sufrido una contracción económica del 4,5 por ciento. Un poco más tarde reveló que la inflación en 2015 había alcanzado el 180,9 por ciento, la más alta que el país había visto jamás.

El bolívar estaba cada día más devaluado. A mediados de marzo de 2016, poco más de un año después de mi estancia de

---

372. Salas Rodríguez, Luis, «22 claves para entender y combatir la guerra económica», (Caracas: Fundación Editorial El Perro y la Rana, 2015).

tres semanas en el hotel Renaissance, un dólar estadounidense costaba casi 1.200 bolívares en el mercado negro, un aumento brutal del nivel de 180 bolívares por dólar que primaba durante mi visita apenas doce meses antes. El billete de 100 bolívares seguía siendo el de más alta denominación en Venezuela y valía apenas 8 centavos de dólar. En febrero, Maduro se había visto obligado a devaluar la tasa oficial de cambio a 10 bolívares por dólar de la tasa previa de 6,3 por dólar y eliminó una de las tres tasas de cambio oficiales, pero eso no hizo absolutamente nada por resolver el problema de escasez de dólares en la economía.

La caída de los precios del petróleo prometía traer aún más dolor a Venezuela en el año. El precio que el país petrolero recibía por su crudo cayó a 25,4 dólares por barril en promedio a finales de marzo, una cifra peligrosamente cercana a lo que le costaba a Venezuela producir un barril de petróleo. Y los precios no daban señal de recuperarse mucho en el corto plazo. Venezuela ya no podía permitirse dar a sus ciudadanos la gasolina más barata del mundo y el presidente Maduro tuvo que incrementar su precio por primera vez en veinte años.[373] Pero el incremento fue insignificante, y dejó intacto el subsidio que cuesta a Venezuela miles de millones de dólares anuales. Los venezolanos continuaban gozando de la gasolina más barata del planeta. Con menos dólares entrando en la economía, Venezuela seguía teniendo problemas para importar comida y a la vez pagar sus deudas internacionales con bancos y tenedores de bonos. En enero de 2016 el presidente de PDVSA y ministro de Petróleo, Eulogio Del Pino, anunció que la empresa estatal petrolera buscaría refinanciar sus deudas para posponer varios pagos y así tener más margen de maniobra. La dura situación venezolana parecía indicar que el país se vería obligado a dejar de pagar sus deudas en 2017 si no encontraba alguna manera de refinanciarlas. La oposición, por su parte, se centró en lanzar un referendo que le permitiera revocar el mandato de Maduro en 2016, pero con los chavistas controlando la

373. «Tras veinte años, Maduro aumenta precio de la gasolina en Venezuela», *El Nuevo Herald*, 17 de febrero de 2016. http://www.elnuevoherald.com/noticias/mundo/america-latina/venezuela-es/article60913632.html

Corte Suprema y con suficiente apoyo por parte de las fuerzas militares parecía más que probable que el chavismo continuaría en el poder, a pesar de la desastrosa situación económica del país.

Mientras Venezuela sufría su peor crisis económica desde que descubrió petróleo, ningún líder o político venezolano se atrevía a proponer políticas para reducir el gasto y ahorrar la riqueza petrolera en un futuro. No era el momento político correcto para ese tipo de propuestas. Los venezolanos y sus líderes estaban demasiado centrados en sus problemas a corto plazo para pensar en soluciones a futuro. Como muchas veces antes en su historia, el país entero se encontraba atrapado, sin otra opción más que rezar para que los precios del crudo se recuperaran de nuevo y rescataran al país de las consecuencias desastrosas de sus propios errores.

Agradecimientos

Seré honesto. Escribir un libro sobre las disfunciones de la economía venezolana fue en algunos momentos una verdadera pesadilla. La mayoría de los oficiales del Gobierno nunca me devolvieron las llamadas, cancelaron citas e ignoraron mis preguntas. A veces, altos políticos venezolanos a quienes pude conocer de cerca en mis años en Venezuela sentían que no podían correr el riesgo de hablar abiertamente o de manera privada sobre cómo dirigían el país. Muchos líderes empresariales rehusaron hablar sobre sus operaciones por miedo a desatar la furia del Gobierno, perder su medio de vida o ser encarcelados. Incluso los vendedores ambulantes se callaban inmediatamente cuando les decía que estaba escribiendo un libro. A veces me daba la impresión de que si hubiera escrito un libro sobre la vida sexual de los venezolanos, éstos hubieran sido más abiertos conmigo. Hablar sobre dinero y la economía en Venezuela se ha convertido en un tabú. Por eso todos aquellos que me ayudaron en mi investigación y hablaron conmigo abiertamente o en privado merecen todo mi agradecimiento y respeto.

Le debo un enorme agradecimiento a la generosa ayuda de Óscar García Mendoza, quien compartió su amplia lista de contactos para mi investigación y quien además me dio una visión muy completa del mundo de la banca en Venezuela. Luis Vicente

León de Datanálisis me tendió una mano invaluable con datos y su valiosa perspectiva sobre los gustos, deseos e inclinaciones políticas de los consumidores venezolanos. Las encuestas de Datanálisis son el referente en un país donde los datos honestos y confiables son prácticamente inexistentes. Robert Bottome de *VenEconomía* siempre ha estado dispuesto a aclarar dudas y compartir su vasto conocimiento de la economía de su país. Antonieta López y Melquíades Pulido fueron generosos con su tiempo y sus contactos y me ayudaron a darme una visión más clara de lo que afronta el sector privado. Alexandra Belandia me abrió las puertas al mundo de los barrios de Caracas.

Economistas como Asdrúbal Oliveros, de Ecoanalítica, y Alejandro Grisanti siempre estuvieron dispuestos a compartir sus perspectivas y estimaciones económicas. Ruth de Krivoy compartió su experiencia como expresidenta del Banco Central de Venezuela. Francisco Monaldi, experto economista petrolero, compartió sus contactos conmigo y me sugirió investigaciones que podía utilizar para mi libro. Carlos Mendoza Pottellá fue generoso con su tiempo y con datos y me ofreció además una idea más clara de la ideología petrolera del Gobierno. Luis Xavier Grisanti me ofreció su vasto conocimiento del negocio petrolero desde una perspectiva académica y desde el punto de vista de las empresas internacionales que operan en Venezuela. Y el difunto Juan Socias López me dio una visión muy clara del funcionamiento de las reglas cambiarias en Venezuela. Su vasta experiencia se echará mucho de menos.

Elio Ohep, un amigo y consejero de enorme generosidad, fue invaluable en mi enfoque en el sector petrolero y fue además un leal compañero de senderismo en El Ávila durante mis visitas a Caracas. Muchísimas gracias por eso. Mis amigos en los medios, especialmente Pietro Pitts, fueron claves a la hora de hablar conmigo de manera franca sobre sus vidas en Venezuela y al compartir pequeños detalles que ayudaron a formar este libro. Sobre todo, le tengo una inmensa gratitud a Mayela Armas, una amiga y colega cuya dilatada experiencia cubriendo economía fue una valiosa fuente de información. En mi opinión, Mayela es y ha sido por muchos años la periodista más sagaz, bien conectada y conocedora de la fuente económica en Venezuela.

Mi agradecimiento va también para muchos otros amigos dentro y fuera de Caracas por su tiempo, hospitalidad y ayuda. Lamentablemente son demasiados para mencionar en este espacio. Mi aprecio y agradecimientos van para mis queridos amigos Marvin y Adriana, y para 1-800-LEO, quien hizo posible que yo viviera en Venezuela durante años y cuyo ingenio y capacidad de improvisación siempre fue impresionante, incluso inspiradora. Él ejemplifica la calidez y la bienvenida que he llegado a esperar de los venezolanos y que realmente admiro.

En el proceso de escritura, estoy especialmente agradecido con Óscar Melhado, a quien admiro mucho y cuya larga amistad siempre me ha servido de motivación y aliento. Su profundo conocimiento de la economía y su experiencia en países petroleros en África contribuyeron al proceso de escritura y edición de este libro. Matthew Walter, un amigo y colega desde hace muchos años, me proporcionó un valioso tiempo de edición, y Vladimir Marcano fue un acompañante de primera clase durante la etapa de entrevistas y su obra fotográfica realza la experiencia de lectura de este libro.

Sin duda, estoy sumamente agradecido a mi agente literaria Jill Marsall, quien entendió el libro y reconoció su valor desde el primer momento y quien fue una guía invaluable en el negocio editorial. Mis agradecimientos además al equipo del sello Deusto en Editorial Planeta, particularmente a Roger Domingo, quien no dudó en publicar el libro desde el primer momento en que leyó el manuscrito. Y por supuesto le debo absoluta gratitud a mi adorada esposa, Beatriz, quien con paciencia alimentó y cambió los pañales de nuestra hija recién nacida mientras yo pasaba semanas en Venezuela intentando que este libro se hiciera realidad. Ella apoyó mi obsesión con Venezuela mientras yo dedicaba incontables horas a escribir y editar este libro durante la semana y los fines de semana. Beatriz fue y sigue siendo mi editora y lectora más fiel. Gracias a ella existe este libro.

Índice de nombres